金融发展支持实体经济研究
——以江苏省为例

王竹君　著

南京大学出版社

图书在版编目(CIP)数据

金融发展支持实体经济研究：以江苏省为例 / 王竹君著. — 南京：南京大学出版，2017.12
 ISBN 978-7-305-19696-6

Ⅰ. ①金… Ⅱ. ①王… Ⅲ. ①金融支持－影响－区域经济发展－研究－江苏 Ⅳ. ①F127.53

中国版本图书馆 CIP 数据核字(2017)第 314217 号

出版发行　南京大学出版社
社　　址　南京市汉口路 22 号　　　　邮　编　210093
出 版 人　金鑫荣

书　　名　**金融发展支持实体经济研究——以江苏省为例**
著　　者　王竹君
责任编辑　卜磊磊　王日俊

照　　排　南京南琳图文制作有限公司
印　　刷　江苏凤凰数码印务有限公司
开　　本　718×1000　1/16　印张 14　字数 214 千
版　　次　2017 年 12 月第 1 版　2017 年 12 月第 1 次印刷
ISBN 978-7-305-19696-6
定　　价　69.00 元

网址：http://www.njupco.com
官方微博：http://weibo.com/njupco
官方微信号：njupress
销售咨询热线：(025) 83594756

本书为江苏高校优势学科建设工程资助项目(PAPD)、江苏高校人文社会科学校外研究基地"江苏现代服务业研究院"、江苏高校现代服务业协同创新中心和江苏省重点培育智库"现代服务业智库"的阶段性研究成果。

书　　名:金融发展支持实体经济研究——以江苏省为例

著　　者:王竹君

出 版 社:南京大学出版社

序　言

十八大以来,"供给侧改革"和"金融安全"成为引导金融市场发展的两大主线。一方面,当前我国经济正处于转型升级的关键时期,结构性矛盾比较突出,推进"供给侧改革",其目的是为了增强供给结构对需求变化的适应性和灵活性,不断让新的需求催生新的供给,让新的供给创造新的需求,在互相推动中实现经济发展。"去杠杆"作为"供给侧改革"的五大任务之一,对于稳定经济增长、降低企业经营风险,具有重大现实意义。结合江苏省来看,虽然江苏省实体经济和政府部门的债务水平和风险总体可控,但在"去杠杆"进程中依然存在一些结构性的矛盾和问题,包括制造业有效信贷需求疲弱、银行资产质量下行、各类金融风险上升、支持企业对接资本市场的服务能力有待提高等,是非常值得关注的热点问题。"去杠杆"其实质是结构性改革的一环,如何理解"去"的涵义至关重要。

另一方面,2016 年 4 月 25 日下午习近平总书记在主持就维护国家金融安全学习时强调:"金融安全是国家安全的重要组成部分,是经济平稳健康发展的重要基础。维护金融安全,是关系我国经济社会发展全局的一件带有战略性、根本性的大事。金融活,经济活;金融稳,经济稳。必须充分认识金融在经济发展和社会生活中的重要地位和作用,切实把维护金融安全作为治国理政的一件大事,扎扎实实把金融工作做好。"这是我国第一次将金融安全的重要性提高到治国理政的新高度,这关系到党和国家工作全局、经济社会发展大局和国家安全战略格局,意义深远。2017 年 7 月召开的全国第五次金融工作会议上,习近平总书记发表重要讲话指出:"金融要把为实体经济服务作为出发点和落脚点,全面提升服务效率和水平,把更多金融资源配置到经济社会发展的重点领域和薄弱环节,更好满足人民群众和实体经济多样化的金融需求。"此次会议对金融提出的回归本源的要求,应该说点到了当前金融领域的痛点，在流动性宽松、实体经济不景气的背景下，金融机构脱实向虚，既是出于利益的需求，也是寻找增长点的无奈之举。江苏省作为全国的经济大省，金融形势既具有全国的普遍性，也具有自身的特殊性，如何平衡好经济发展与金融安全的问题，既关系到江苏省经济的转型升级，又关系到江苏省金融改革的战略推进。

近年来，在国际国内经济下行压力因素综合影响下，我国金融发展面临不少风险和挑战。从外部金融风险看，伴随着美国货币政策的收紧，推升了美元升值的预期和人民币贬值的压力，引发国际资本流向美国，中国面临资本流出和人民币贬值压力，加剧国内流动性紧张，对正常的贸易和对外投资造成不利影响。从内部风险来看，杠杆率的持续快速上升，且过度集中于房地产市场，导致中小企业融资难、融资贵的问题长期难以解决，同时同业业务、影子银行的加杠杆和市场套利行为促使资金"脱实向虚"，实体经济得不到有效的资金支持，金融的造血功能没有充分体现。在此背景下，"一行三会"密集出台多项政策，针对行业乱象、违法行为进行整治和打击，以弥补监管漏洞。人民银行推出 MPA 考核、银监会 10 天 7 个文件落地、证监会严惩数家公司、保监会发布 39 条措施明确保险业风险防控的九大重点领域，其目的就是要加强对金融乱象的整治，严守底线思维，确保不发生系统性的金融风险。

江苏省作为经济大省，地方政府债务规模一直处于全国前列，省委省政府高度重视金融系统领域的发展，为有序、有效去杠杆，增强抗风险能力，营造有利于经济社会持续健康发展的金融财政环境，出台了一系列的政策文件。在《省政府关于供给侧结构性改革去杠杆的实施意见》（苏政发〔2016〕48 号）明确提出通过股权融资等手段降低非金融企业的杠杆率，基本形成直接融资与间接融资平衡发展、短期融资与中长期融资结构合理、政府债务依规严格约束、金融风险受到严格管控的社会融资格局。可以看出，当前金融与实体经济发展，在"去杠杆"的引导下，既要关注总量指标的变化，更要关注金融供给结构的变化，着眼于金融服务实体经济质量和效率的提升，创新思路、分类施策、循序渐进、守好底线，与供给侧结构性改革其他重点任务协同推进。当务之急必须高度重视部分地区、部分行业、部分企业金融债务以及政府债务负担相对较高的问题。江苏省金融对实体经济的支持具有以下几个特征：

首先，实体经济企稳回升，金融对实体经济支持成效突出。近年来，在全国经济面临转型升级的背景下，江苏省经济也面临一定的下行压力，省委省政府切实采取有效措施加大对实体经济的支持力度，2016 年 9 月出台了《省政府关于金融支持制造业发展的若干意见》，要求加大金融对供给侧结构性改革的支持力度，加大金融对制造业的信贷投放，有效增加制造业信贷投放，促进金融支持制造业发展，推动江苏建设具有国际竞争力的先进制造业基地。2016 年，全省社会融资规模增量 16 758.2 亿元，同比多增 5 363.8 亿元。从融资结构看，对实体经济发放的贷款增加较多，但占比有所下降，全年新增各项贷款 11 713 亿元，同比多增 3 242.7 亿元，占社会融资规模增量的 69.9%，占比较上年下降 4.4 个百分点。在金融支持下，2016 年江苏经济初步呈现底部企稳态势，工业生产略有回升，企业订单需求连续小幅提升，产业运行出现一些积极变化。一是工业生产底部企稳。2016 年，江苏省实现规模以上工业增加值 3.5 万亿元，同比增长 7.7%，增速比上年回落 0.6 个百分点。各季度累计同比增速分别为 7.7%、7.8%、7.8%和 7.7%，年内各季增速较为平稳。二是企业订单需求连续小幅提升。出口订单方面，受全球经济弱势改善、稳外贸增长政策逐步落实以及季节性因素等推动，不少外向型企业反映出口订单需求继二季度止跌后继续小幅提升。其中，纺织、服装、化学原料制品、金融制品和机械设备制造等行业出口订单环比增加较多。国内订单方面，不少受访企业表示，国内订单需求也继续呈小幅回升走势，主要集中于政策提振领域：一是受基建项目推进及房地产交易回暖等推动，机械、钢铁、水泥、木材加工、家电等相关行业国内订单需求有所回升；光伏、新能源客车以及汽车制造等部分政策受益行业国内订单保持较快增长；受行业整合加快以及季节性因素等影响，化学原料制品、化纤等化工领域国内订单增长加快。二是工业领域出现了一些积极变化。(1)战略性新兴产业逐步成为新的增长动力。2016 年，全省战略性新兴产业实现产值 4.9 万亿元，同比增长 8.9%，占规模以上工业产值的比重为 30.2%，比上年提高 0.8 个百分点。(2)先进制造业加快发展。全年规模以上工业中,汽车制造业实现产值 7 967.7 亿元,比上年增长 13.1%;医药制造业产值 3 992.4 亿元,增长 12.3%;电气机械及器材制造业产值 17 986.5 亿元,增长 9.4%。(3)代表智能制造、新型材料、新型交通运输设备和高端电子信息产品的新产品产量实现较快增长。全年工业机器人产量增长 90.6%,服务器增长 50.2%,碳纤维增强复合材料增长 36.6%,智能手机、智能电视分别增长 30.2% 和 21.0%,太阳能电池增长 22.6%。(4)过剩产能有效化解。2016 年,全省原煤、平板玻璃和船舶行业产量同比分别下降 28.7%、12.5% 和 22.2%,粗钢、水泥产量分别仅增长 3.4%、0.3%。工业经济运行的质量和效益明显提升。2016 年,江苏省规模以上工业企业实现主营业务收入 15.8 万亿元、利润总额 1.1 万亿元,分别比上年增长 7.5%、10%。(5)企业技改创新、产业迁移以及跨业经营等转型升级投资热情相对较高。为了应对复杂的经济环境,培育新的增长点,许多企业仍积极进行技改创新、产业迁移以及跨业经营等转型升级方面的投资。苏州大型化纤企业 HLHQ 表示,今明两年将进行产业迁移方面的投资,将生产延伸到产业链上游的 PX、石脑油甚至是原油的生产炼化行业,以降低生产成本,并扩大市场份额。

其次,去杠杆成效初显,结构问题仍需关注。保持合理的杠杆率是政府、企业等部门在扩大投资、生产、消费中不可或缺的工具和手段。但过高的杠杆率往往会加重实体经济债务负担、滞缓市场流动性、阻塞货币政策传导路径,造成潜在金融风险和债务风险不断集聚,不利于经济结构调整和转型升级。党中央、国务院对"去杠杆"工作高度重视,将其列为供给侧结构性改革"三去一降一补"五大任务之一。江苏省省委、省政府出台了关于推进供给侧结构性改革的一系列文件,其中对"去杠杆"工作作出专门部署。全省各地各有关部门会同驻地中央金融监管部门,紧紧围绕党中央、国务院和省委、省政府的决策部署,全力落实各项工作要求,推动"去杠杆"工作取得一定成效。从地方层面,"去杠杆"工作主要有三大任务:降低实体经济企业杠杆率,加强政府债务管理,防范化解企业、政府债务风险。2016 年末,江苏省工业企业资产负债率 52.24%、地方政府债务率 68.5%、不良贷款率 1.36%,均低于全国平均水平,全省实体经济企业、政府总体债务水平不高,债务风险整体可控。但是,总体杠杆率水平并不一定是风险的症结所在,高杠杆背后的结构性问题才是重中之重。部分行业、部分地区的企业和政府债务负担相对较高,潜在风险不容忽视。江苏乃至全国企业部门的高杠杆问题主要集中在国有企业,尤其是僵尸类企业。在"去杠杆"过程中,可能存在牺牲优质民营企业、制造业企业"好杠杆"[①],来维持低效率国有企业、房地产企业"坏杠杆"的问题。此外,地方政府债务置换后的信贷额度,不少还是流入基础设施类的平台类企业,这也是值得关注的问题。同时,家庭部门住房贷款增加较快,局部地区杠杆率有所上升,相关风险值得关注。2016年,全省本外币个人住房贷款余额 9 867.51 亿元,比年初新增 6 518.65 亿元,占全省各项贷款新增额的 59%。其中,南京个人住房贷款增加 2 269.88 亿元,苏州个人住房贷款增加 2 011.12 亿元,南京和苏州个人住房贷款增加额合计占全省的比重达 65.66%。

再次,"民间投资"受房地产的虹吸效应影响较大。虽然江苏民间投资依然领先全国平均增速和地区固定资产投资增速,但是投资增速下行压力不容忽视。这背后既有需求低迷、风险暴露带来的短期冲击,也存在行业准入体制和投融资机制因素的长期制约。2016 年 1—8 月,江苏省民间固定资产投资完成额 2.1 万亿元,同比增长 9.8%,虽然分别领先全国平均增速和地区全部固定资产投资增速 7.7 个和 0.8 个百分点,但增速较上半年回落 1.3 个百分点,占地区全部固定资产投资比重较上半年和一季度分别下降 1 个和 0.5 个百分点,民间投资对固定资产投资增长的贡献率达到76.3%,比上半年下降 3.1 个百分点。导致民间投资增速下滑的原因主要有:一是工业领域产能过剩问题严重,导致投资回报率下降。通过企业家问卷调查显示,2016 年三季度企业固定资产投资预期指数为 45.34%,较上季度下降 2.19 个百分点,比 2000 年以来平均水平低 4.45 个百分点,已连续20 个季度处于 50% 以下的收缩区间,继续处于历史较低水平。二是热点城市房价快速上涨,对民间投资形成虹吸效应。在实体经济需求疲弱,民营资

---

① 货币政策委员会委员黄益平教授在分析中国杠杆率问题时,将各个部门的杠杆划分为"好杠杆"和"坏杠杆"。

本缺乏良好的投资机会时,房价快速上涨,一方面会吸引更多民间资金"脱实向虚",流向房地产市场,另一方面还会带动土地和房产的价格上涨,反过来增加工商运行的成本,挤压民营经济的发展空间。三是不少领域民营资本准入限制犹在,制约投资动力。虽然近年来民间资本投资领域不断拓宽,某些垄断行业也逐步向民间资本开放,但针对民间资本的"玻璃门"、"弹簧门"、"旋转门"犹在,削弱了民间资本的投资动力。2016 年国务院专项督察中,督查组就指出,江苏促进民间投资工作在政策制定落实、政府管理服务等方面尚存在一些突出问题,主要表现为部分民营企业对国家鼓励民间资本投入的优惠政策获得感不强。四是民营企业内源性融资减缓,外部融资附加成本提高。江苏省民营经济活跃,但是民营经济的融资仍然会因身份问题而遭受歧视,很多银行更加倾向于向国有企业、政府平台机构投放贷款,对民营企业则要提出更多的担保、抵押等附加条件,增加了民营企业的融资成本。

为实体经济服务是金融的天职和宗旨,也是防范金融风险的根本举措。未来几年正值江苏省经济爬坡过坎、转型升级的关键时期,发展的"稳"和"进"更加离不开金融的"助"和"推"。要主动适应深化供给侧结构性改革新要求,树立质量优先、效率至上的理念,在服务实体经济中实现经济发展和金融业发展的"双赢"。银行金融机构要扎根江苏实体经济的丰厚土壤,把更多金融资源配置到经济社会发展的重点领域和薄弱环节,满足经济发展中多样化的金融需求。本书通过对江苏省金融支持实体经济的情况进行分析,以期分析存在的问题,在解决问题中抢抓发展机遇,在扬长补短中塑造发展特色,努力开创江苏金融改革发展的新局面。

目　录

第一章　江苏省经济金融运行情况

2016年,国内经济下行压力有所减轻,经济总体保持平稳增长;与此同时,结构性矛盾依然突出,通胀压力有所上升,地区性资产泡沫问题凸显,经济金融领域的风险增多。面对更加复杂严峻的内外部环境和经济金融形势,江苏省主动适应经济发展新常态,继续坚持稳中求进的工作总基调,以供给侧结构性改革为主线,统筹做好改革发展稳定各项工作,妥善应对各种风险挑战,经济社会发展实现了"十三五"良好开局。全省经济运行总体平稳,主要经济指标保持在合理区间;有序做好"三去一降一补"工作,供给侧改革扎实推进;转型升级步伐持续加快,新经济新业态快速发展;城乡区域发展更协调,经济金融生态发展取得新成效。总体形势呈现积极进展、持续改善的态势。金融业总体运行平稳,社会融资规模增量较多,贷款和直接融资增加,表外融资减少,房地产领域贷款增长加快,贷款利率持续走低,保险业发展势头显著。

2017年既是党的十九大召开之年,又是供给侧结构性改革的深化年,根据发展的阶段性特征,江苏省将继续坚持稳中求进工作总基调,统筹推进"五位一体"总体布局,协调推进"四个全面"战略布局。深入推进"三去一降一补",强力释放社会创新活力和潜力,加快推进农业供给侧结构性改革,更大力度落实城乡发展一体化,以深化改革扩大开放为线路,全面统筹稳增长、调结构、促改革、惠民生、优生态和防风险等各项工作。进一步加大金融服务和支持实体经济的力度,深入研究和推动金融及相关领域改革。引导金融机构审慎经营,促进货币信贷和社会融资规模合理增长,优化信贷结构,切实做好金融风险防范化解工作,确保不发生系统性风险。

第一节　江苏省金融运行情况

2016 年,江苏省金融业平稳运行,社会融资规模增长较多。银行业稳步发展,规模进一步增长。从贷款看,贷款增长有所加快,直接融资增加显著,表外融资有所下降,小额贷款公司贷款持续萎缩。从结构看,人民币贷款增长快速,外汇贷款增长势头放缓;中长期贷款增长加快,而短期类贷款呈现下滑趋势。分行业来看,增长分布不均衡。房地产和基础设施建设类贷款增长加快;涉农和小微企业贷款增长平稳,制造业贷款呈现负增长。从存款看,人民币存款保持平稳增长,外汇存款增长加快。从资金价格看,货币市场利率低位徘徊略有上升,人民币贷款利率持续走低。与此同时,保险业发展势头较好,增长加速。

一、银行业总体稳健,货币信贷结构有所变化

1. 贷款规模增长加快,贷款结构过于集中

2016 年末,全省金融机构本外币贷款余额为 9.30 万亿元,同比增长 14.52%,比上年同期上升 2.55 个百分点。2016 年,全省金融机构本外币各项贷款增量为 1.18 万亿元,同比多增 3242.69 亿元,比 2012—2015 年增量平均值多 4132.14 亿元,位列全国第二位。占同期社会融资规模增量 69.89%,同比下降 4.44 个百分点。

全省 2016 年各项贷款增量较多的原因主要有以下六个方面:一是稳增长仍然具有重大的政治经济意义。虽然政府将 GDP 的增长目标有所下调,但是经济增长仍然有底线,只有稳增长才能为调结构促改革提供一个稳定的宏观环境,因此,实质上稳增长的地位是上升的。二是伴随着各项调控政策延续 2015 年多次降息和降准的政策效应,2016 年央行适时运用公开市场操作,频繁开展短、中、长期借贷便利等货币政策工具,货币市场流动性整体较充裕,商业银行可贷资金增加较多。三是《商业银行法》删除了贷款余额与存款余额比例不得超过 75% 的规定,将存贷比由法定监管指标转变为

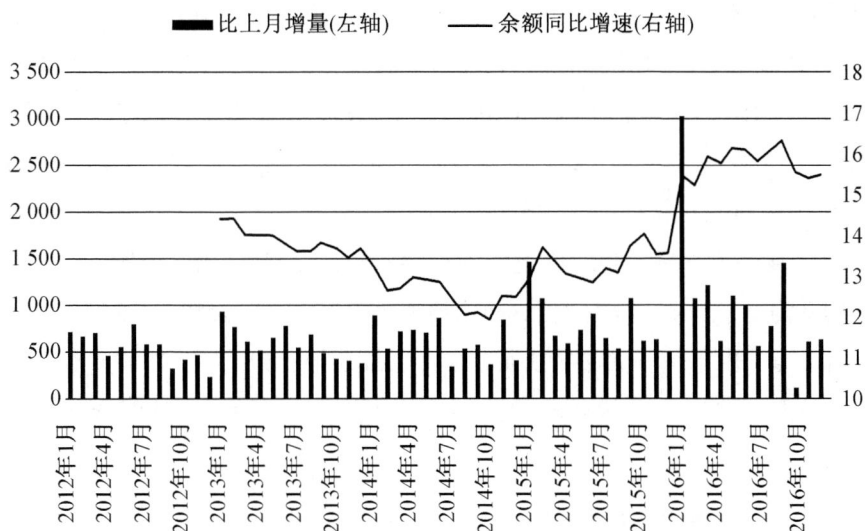

图 1-1　2012—2016 年人民币贷款月增量和余额同比增速

流动性监测指标;外加受信贷资产证券化稳步推进和地方政府债务置换等因素的影响,银行机构的信贷供给意愿和能力显著增强。四是自 2016 年一季度起,中国人民银行将现有的差别准备金动态调整和合意贷款管理机制升级为"宏观审慎评估体系"(MPA),并由过去的狭义贷款管理转向广义贷款管理;外加银监会推出《商业银行表外业务风险管理指引(征求意见稿)》,商业银行表外业务的增长势头将受到约束,对表外业务的严监管将促使部分表外业务转为表内信贷资产,这也使信贷资产得以增长。五是自 2015 年以来国家有关部门推出房地产"去库存"的政策,个人购房需求旺盛,地方政府融资平台在建项目融资约束有所放松,外加 2016 年住房调控频出利好政策和消息,在当前实体经济不振、经济不景气的大环境下,银行承担风险的意愿降低,银行主动收缩风险较高的贷款,集中投放风险收益比较好的按揭类贷款,基础设施建设领域和房地产相关领域的贷款增势迅猛。六是作为"十三五"开局之年,大批与市政相关的基础设施、城市轨道交通、停车场等其他与城镇化相关的项目集中上线,对资金的集中需求促使信贷资产增加。

　　2016 年全省各项贷款变化主要呈现以下几个特点:(1)从币种结构看,人民币贷款快速增长,外汇贷款增长趋缓。2016 年末,全省金融机构人民币贷款余额为 9.11 万亿元,同比增长 15.52%,增幅同比提高 2.16 个百分点;从余额同比增速来看,2016 年的增速仍处于 2012 年以来的较高位置。2016 年,全省金融机构人民币贷款增长较快,增量为 1.22 万亿元,同比多增 2953.02 亿元,比 2012—2015 年的平均增量多 4636.90 亿元。2016 年末,全省金融机构外汇贷款余额为 266.60 亿美元。全省金融机构外汇贷款增量为 -88.11 亿美元,比上年同期多 34.26 亿美元,比 2012—2015 年同期平均增量少 80.41 亿美元;同比增速为 -24.84%,降幅同比收窄 0.81 个百分点。由于美联储加息预期较强,人民币贬值压力较大,外加贸易融资监管较严,受多方面因素影响,经济主体倾向减少外币负债,外汇贷款增长乏力。

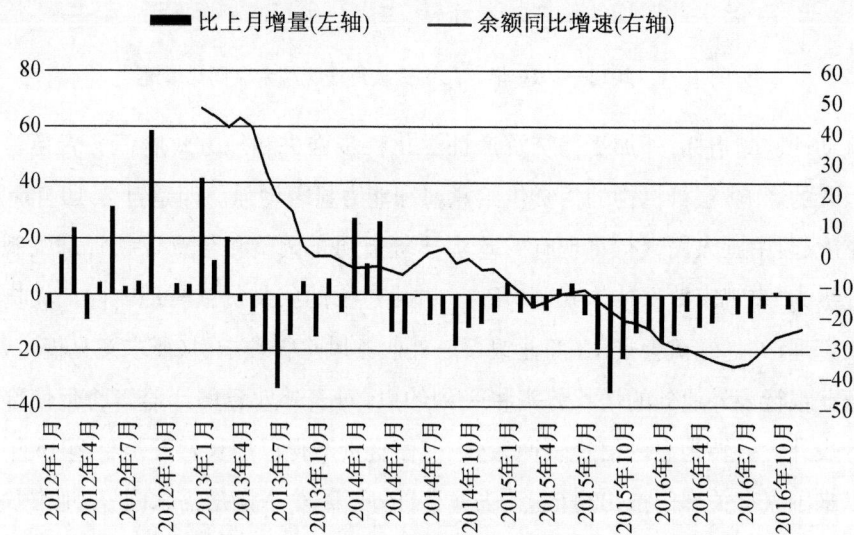

图 1-2 2012—2016 年外汇贷款月增量和余额同比增速

(2) 从期限结构看,短期类贷款[1]呈下滑趋势,中长期贷款增长加快。短期类贷款中,短期贷款和票据融资此消彼长,票据融资持续增长,而短期贷款增量减少。2016 年末,全省金融机构本外币短期类贷款余额为 3.65 万亿元,同比增速为 -1.63%,比上年同期下降 8.68 个百分点。增量

---

① 短期类贷款包括短期贷款和票据融资。

为－648.80 亿元,同比少增 3083.74 亿元,比 2012—2015 年平均增量少 3664.29 亿元。分项目看,2016 年票据融资增量为 719.54 亿元,同比少增 826.01 亿元,比 2012—2015 年平均增量少 143.77 亿元;短期贷款增量为－1368.34 亿元,同比少增 2257.73 亿元,比 2012—2015 年平均增量少 3520.52亿元。与短期类贷款相比,2016 年末,全省金融机构本外币中长期贷款余额为 5.53 万亿元,同比增长 27.95%,比上年同期上升 11.98 个百分点。2016 年全省金融机构本外币中长期贷款增量为 1.21 万亿元,同比多增 6171.86 亿元,比 2012—2015 年平均增量多 7692.01 亿。短期类贷款增量减少,中长期贷款保持较高水平增长的原因主要有:受经济持续低迷,实体经营风险频发等因素影响,企业的短期贷款持续萎缩;而由于前期去库存的强劲势头,房地产处于周期高点,个人住房贷款需求显著增加;此外,为规避风险,银行向基础设施建设等政府类项目发放贷款的意愿强烈。

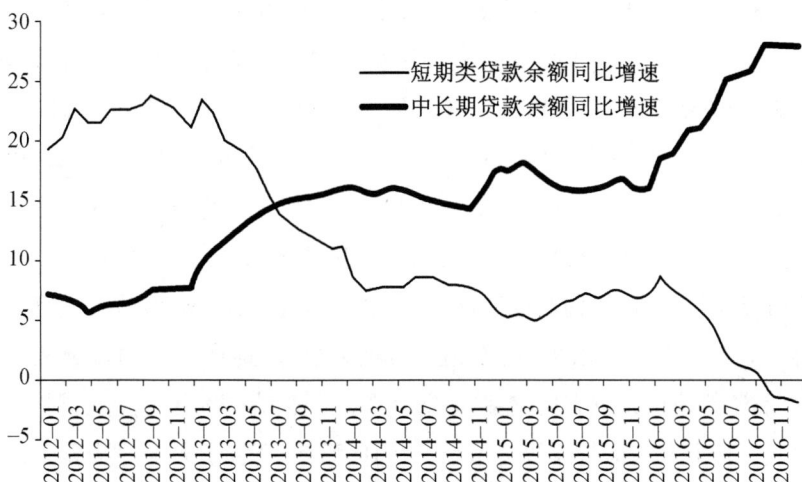

图 1-3　2012—2016 年各期限贷款余额同比增速

　　(3) 基础设施类贷款和房地产领域贷款双双加速增长。2016 年,全省本外币基础设施行业贷款增量为 2477.32 亿元,同比多增 1056.43 亿元,比 2012—2015 年平均增量多 1494.50 亿元,创历史新高。至 2016 年末,全省本外币基础设施行业贷款余额为 1.45 万亿元,同比增长 20.64%,增幅同比提高 7.04 个百分点,比 2012—2015 年的平均增速提升 10.75 个百分点。

此外,2016年,承担部分基础设施建设任务的租赁和商务服务业本外币贷款增量为 2428.10 亿元,同比多增 1021.14 亿元,比 2012—2015 年平均增量多 1521.93 亿元。在实体经济信贷需求依旧不振,风险防范压力依然较大的大环境下,金融机构仍然将基础设施行业作为信贷投放的重点。2016年末,本外币房地产贷款余额为 2.72 万亿元,同比增长 32.40%,增幅同比上升 12.98 个百分点。2016 年,全省金融机构本外币房地产贷款①增量为 6664.87 亿元,同比多增 3342.46 亿元,比 2012—2015 年平均增量多 4210.97 亿元。2016 年,全省房地产贷款增长主要依赖于个人购房贷款的快速增长,贷款结构主要呈现以下特征:一是普通住房开发贷款、地产开发贷款增量为负。2016 年末,普通住房开发贷款余额为 1621.26 亿元,同比增速为—13.51%,比上年同期上升 1.19 个百分点,比 2012—2015 年同期平均增速下降 15.46 个百分点。全省 2016 年普通住房开发贷款增量为—253.31 亿元,比上年同期多 77.21 亿元,比 2012—2015 年同期平均增量少 271.89 亿元。受土地储备机构不得再向银行业金融机构举借贷款②的影响,全省地产开发贷款 2016 年增量为—556.39 亿元,同比少增 945.08 亿元,比 2012—2015 年平均增量少 921.30 亿元。其中,政府土地储备机构贷款增量为—675.79 亿元,同比少增 1066.91 亿元。普通住房开发贷款为负的主要原因是,从银行角度看,受前两年房地产市场低迷的影响,为防范行业信贷风险,银行机构对房地产开发依然持有谨慎的态度;从开发商角度看,自 2016 年下半年以来,房产销售持续火爆,房地产企业的资金相对宽裕,提前还款的现象也有所增多,多重因素共同影响导致住房开发贷款有所减少。二是个人购房贷款快速增长。2016 年末,全省个人购房贷款余额为 2.09 万亿元,同比增长 45.97%,增幅同比上升 22.4 个百分点,比 2012—2015 年平均增速提高 27.9 个百分点。2016 年,全省个人购房贷款增量为 6567.78 亿元,同比多增 3839.43 亿元,比 2012—2015 年平均增量多 4834.74 亿元。分季度看,2016 年四个季度个人购房贷款增量分别为

---

① 房地产贷款包含房地产开发贷款、购房贷款、证券化的房地产贷款。
② 2016 年 2 月 4 日财政部、国土资源部、中国人民银行、银监会发布的《关于规范土地储备与资金管理等相关问题的通知》(财综〔2016〕4 号)

1414.27亿元、1914.28亿元、1838.12亿元、1401.11亿元,同比分别多增919.68亿元、1429.10亿元、1046.31亿元、452.81亿元。从季度增量来看,全省个人购房贷款增量集中在前三季度,增速较为明显;进入四季度后,随着一系列房地产调控政策的出台,个人购房贷款增长较前期有所放缓。

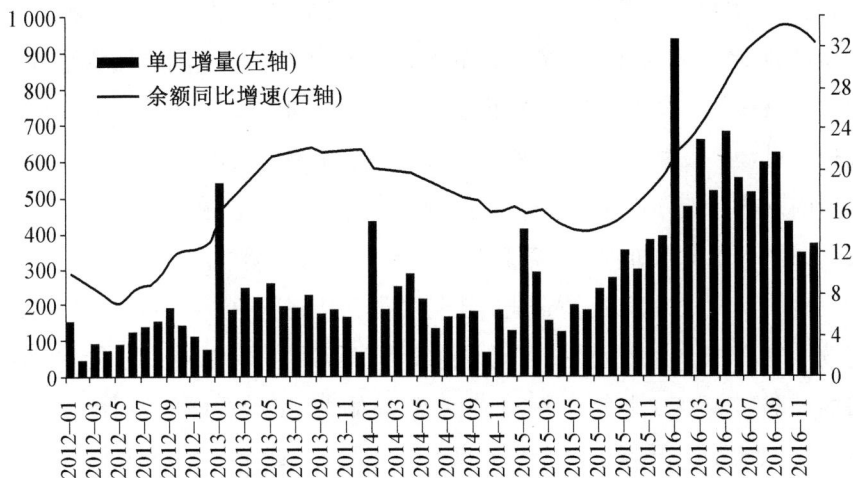

图1-4　2012—2016年房地产贷款单月增量以及余额同比增速

（4）从行业投向看,小微企业和涉农贷款持续增长,制造业贷款呈现负增长。从小微企业贷款和涉农贷款看,2016年末,本外币小微企业贷款余额为2.14万亿元,同比增长14.00%,增幅同比提高2.6个百分点,比2012—2015年平均增速上升5个百分点。全省金融机构本外币小微企业贷款①2016年增量为2675.06亿元,同比多增1035.99亿元,比2012—2015年平均增量多1067.10亿元。2016年末,全省金融机构本外币涉农贷款余额为2.83万亿元,同比增长8.21%,比上年同期上升0.17个百分点,比2012—2015年同期平均增速下降1.62个百分点。2016年,全省金融机构本外币涉农贷款增量为2749.21亿元,同比多增602.16亿元,比2012—2015年平均增量多105.73亿元。小微企业贷款和涉农贷款保持增长的原因主要有:为了响应2016年度的中央经济工作会议中提出的要为帮

_____

① 全省金融机构本外币小微企业贷款、涉农贷款、制造业贷款均不包含票据融资。

助企业降低成本打出"组合拳",以及习总书记提出的"精准扶贫"的号召,中国人民银行和银监会大力引导金融机构向小微和涉农领域进行信贷投放。中国人民银行 2016 年的工作会议中提到,稳妥推进农村"两权"抵押贷款试点,继续开展涉农和小微企业信贷政策导向效果评估,支持大众创新万众创业,完善国家助学贷款政策,加大金融精准扶贫力度。银监会也印发了《关于做好 2016 年农村金融服务工作的通知》,要求银行业金融机构认真贯彻落实中央扶贫开发工作会议、中央农村工作会议和中央一号文件精神,持续改进农村金融服务,大力推进农业现代化。在扶持薄弱环节方面,中国人民银行南京分行充分发挥再贷款、再贴现的结构引导功能,在全国率先探索开展县域银行业金融机构新增存款更多用于当地贷款评价工作,积极引导金融机构加大对"三农"、小微企业的支持力度。从制造业贷款看,受实体经济持续低迷,产能过剩、企业盈利能力持续下降等因素影响,制造业贷款继续萎缩。2016 年末,本外币制造业贷款余额为 1.53 万亿元,同比下降 3.64%,增幅同比下降 0.96 个百分点,比 2012—2015 年平均增速下降 8.32 个百分点。2016 年,全省金融机构本外币制造业贷款增量为－572.53 亿元,比上年同期和 2012—2015 年平均增量分别少 138.04 亿元和 1125.21 亿元。

(5) 表外融资总量有所下降。2016 年,全省金融机构表外融资增量为－205.52 亿元,比去年同期多 362.94 亿元,比 2012—2015 年平均增量少2216.52 亿元。表外融资下降趋势明显。

分项目看:委托贷款保持平稳增加。2016 年,全省金融机构委托贷款增量为 2210.03 亿元,同比多增 1114.93 亿元,比 2012—2015 年平均增量多 632.19 亿元。委托贷款增量占同期社会融资规模增量的比例为 13.19%,同比上升 3.58 个百分点。银行承兑汇票增量下降。2016 年,全省金融机构银行承兑汇票净额增量为－2424.28 亿元,比去年同期少 381.77 亿元,比 2012—2015 年平均增量少 2476.88 亿元。增量占同期社会融资规模增量比例为－14.47%,同比上升 3.46 个百分点。主要是因为 2016 年以来监管部门出台多个文件,对票据业务的监管日趋加严,对商业银行防范和加强票据业务风险管控的要求进一步提高。信贷贷款增量下降明显。2016 年监管部门对信托业务和同业业务等多项表外业务的监管要求未见松动,全省金融机构信托贷款增量为 8.73 亿元,同比少增 370.22 亿元,比 2012—2015 年的平均增量少 371.84 亿元。增量占同期社会融资规模增量的比例为 0.05%,同比下降 3.27 个百分点。

2. 人民币存款增长平稳,外汇存款增长加快

2016 年末,全省金融机构本外币存款余额为 12.56 万亿元,同比增长 12.80%,增幅同比提高 1.21 个百分点。2016 年,全省金融机构本外币各项存款增量为 1.42 万亿元,同比多增 2234.58 亿元,比 2012—2015 年平均增量多 3435.79 亿元。2016 年,全省的存款主要呈现以下特点:

(1)人民币存款保持平稳增长

2016 年末,全省金融机构人民币存款余额为 12.11 万亿元,同比增长 12.27%,比上年同期上升 0.55 个百分点。2016 年,全省金融机构人民币存款增量为 1.32 万亿元,比上年同期和 2012—2015 年同期平均增量分别多 1466.75 亿元、2795.23 亿元。

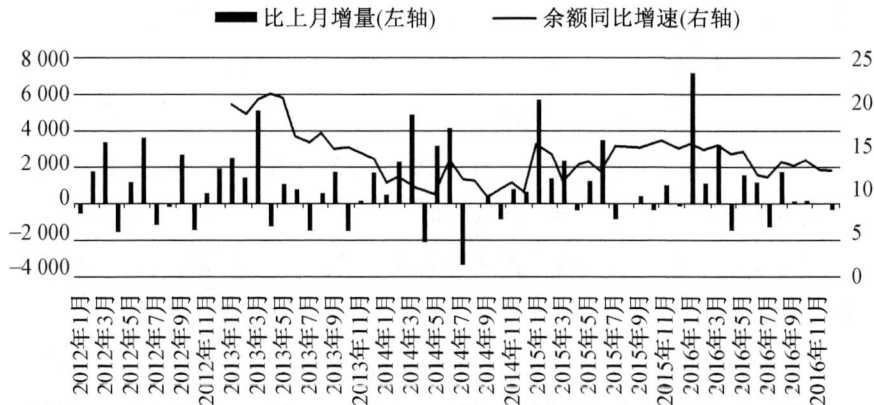

图 1-5　2012—2016 年人民币存款单月增量以及余额同比增速

一是非金融企业存款增长加快。2016 年末,全省金融机构人民币住户存款余额为 4.39 万亿元,同比增长 8.23%,增速同比提高 1.57 个百分点。2016 年全省金融机构人民币住户存款增量为 3337.52 亿元,比上年同期多 476.07 亿元,比 2012—2015 年平均增量少 312.21 亿元。从长期趋势来看,住户存款呈下降趋势,主要原因是:一是证券、信托等非存款类产品增加,而随着互联网金融的加速发展,各种余额理财工具集中涌现,部分资金寻求其他如股票、理财的投资形式,分流了大量银行存款;二是虽然房市呈现波动性发展,但总体趋势不断上涨,仍然不断吸引着资金投向房地产领域。2016 年末,全省金融机构人民币非金融企业存款余额为 4.53 万亿元,同比增长 16.30%,增速比上年同期上升 5.69 个百分点。2016 年,全省金融机构人民币非金融企业存款增量为 6344.60 亿元,同比多增 2382.67 亿元,比 2012—2015 年平均增量多 3269.63 亿元。非金融企业存款增加较多,主要是因为:一是与去年相比,企业的盈利状况有所改善,中国人民银行南京分行工业企业财务监测数据显示,2016 年 590 户监测企业实现利润总额同比增长 31.64%,比上年同期提升 37.14 个百分点,增长明显。二是2016 年江苏企业债券累计发行 7438.50 亿元,比上年同期增加 2143.70 亿元,形成部分资金积淀。三是贷款大幅增加形成部分派生性存款。

二是广义政府存款增加较多。2016 年末,全省金融机构人民币广义政府存款余额为 2.50 万亿元,同比增长 20.44%,增速比上年同期上升 6.72个百分点。2016 年,全省金融机构人民币广义政府存款[①]增量为 4239.45亿元,同比多增 1734.47 亿元,比 2012—2015 年平均增量多 1878.61 亿元。2016 年广义政府存款增加较多的主要原因为:一是地方政府债发行量较多[②],主要表现在广义政府账户的资金沉淀增加;二是政府平台类企业的融资渠道多元化,资金宽裕,导致存款增加。

三是非银行业金融机构存款增量下降明显。2016 年末,全省非银行业金融机构存款余额为 6667.06 亿元,同比增速为 −9.53%,增速同比下降62.59 个百分点。2016 年,全省非银行业金融机构人民币存款增量为 −702.02 亿元,比去年同期少 3151.74 亿元,比 2012—2015 年平均增量少 2038.64 亿元。非银行业金融机构存款增长放缓主要受同业存放利率低位运行,以及 2016 年以来股市活跃度[③]下降等因素影响。

---

① 全省金融机构人民币广义政府存款包含财政存款和机关团体存款。
② Wind 数据显示 2016 年江苏省地方政府债发行额 4511.9 亿元。
③ Wind 数据股票市场交易统计显示,2016 年全年成交额为 162.51 万亿元,比上年减少126.78 万亿元。

（2）外汇存款加快增长

2016 年末,全省金融机构外汇存款余额为 644.42 亿美元,同比增长 21.05％,比上年同期上升 19.62 个百分点。全省金融机构外汇存款增量稳步提高,2016 年增量为 112.08 亿美元,同比多增 104.52 亿美元,比 2012—2015 年平均增量多 56.99 亿美元。

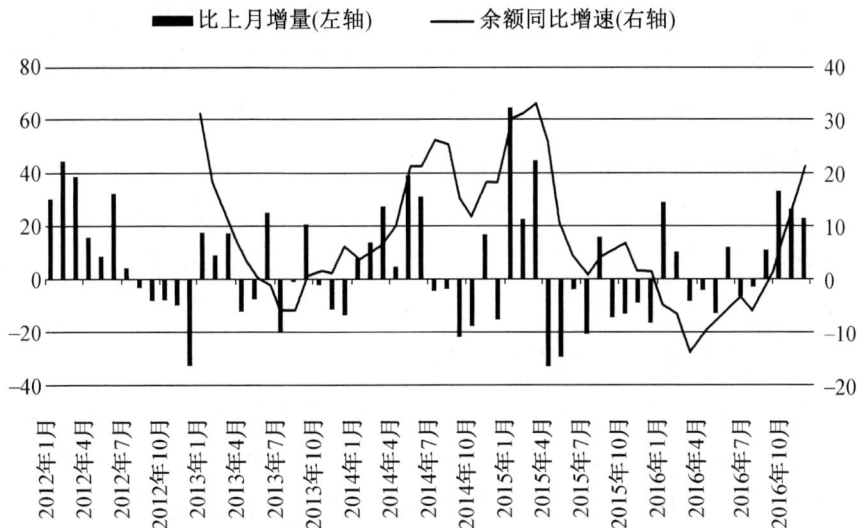

图 1-6　2012—2016 年外汇存款单月增量以及余额同比增速

从存款主体看,外汇存款的增量主要来自于非金融企业和住户。2016 年,全省非金融企业外汇存款增量为 74.64 亿美元,同比多增 75.23 亿美元;全省住户外汇存款增量为 33.01 亿美元,同比多增 16.93 亿美元。受 2016 年人民币对美元汇率呈总体下行趋势的影响,企业和居民持有美元的意愿明显加强,外汇存款增势明显。

3. 货币市场利率低位回升,人民币贷款利率继续走低

（1）货币市场利率中枢上行

在稳健货币政策引导下,货币市场利率整体保持在低位振荡,中枢上行。前三季度,货币市场利率窄幅振荡,自 2016 年 10 月下旬开始,货币市场利率加快上行。2016 年 12 月份,银行间货币市场质押式回购月加权平均利率为 2.56％,较上年同期上升 61 个基点;全省同业拆入、拆出加权平均利率分别为 2.4589%、2.5989%,较上年同期分别上升 45.34 个、53.66 个基点;全省同业存款加权平均利率为 3.0749%,较上年同期上升 65.05 个基点。

(2) 人民币贷款利率继续走低

个人住房贷款持续下行。12 月份,全省人民币贷款加权平均利率为 5.2836%,环比、同比分别下降 14.87 个、27.87 个基点,维持在自 2012 年以来的较低水平。12 月份,全省个人住房贷款加权平均利率为 4.4800%,环比、同比分别下降 0.24 个、6.04 个基点,处于近六年来的较低水平。票据贴现、转贴现利率低位回升。12 月份,全省票据贴现、转贴现加权平均利率分别为 3.7961%、3.6236%,环比分别提高 64.32 个、71.24 个基点,同比分别提升 45.52 个、14.77 个基点。虽略有提升,仍处于 2012 年以来的较低水平。

(3) 美元存贷款利率维持低位波动

12 月份,全省美元存款加权平均利率、贷款加权平均利率分别为 0.3212%、2.0941%,环比分别上升 8.49 个、11.23 个基点,同比分别下降 7.42 个、8.82 个基点。美元存贷款整体利率水平维持低位运行。

(4) 全省利率市场化改革进一步推进

一是利率定价自律机制有序运转,成员单位进一步扩大。督促金融机构进一步提高自主定价能力,根据市场供求关系决定各自的利率,不断健全市场化的利率形成机制。江苏省自律机制形成了省、市、县三位一体、金融机构全覆盖的组织格局,并针对差异化存款定价、财政存款招标、协定存款等议定了定价规则,初步形成"自律机制合理引导、大型机构自主定价、中小机构跟随定价"的差异化定价模式。辖内共有 78 家机构参加合格审慎评估(江苏银行直接向全国自律机制申报),最终参评通过率达到 98%。其中,64 家机构成为全国市场利率定价自律机制基础成员,较上年增加 16 家;在首次设立的观察成员中,全省有 13 家机构获得资格。在存款挂牌利率管理等方面发挥行业自律和监管管理的重要作用。

二是全省稳步推进利率市场化改革,对优化资源配置起到重大意义,为推动辖区金融机构转型发展注入新动力。同时,随着利率调控和传导机制的优化健全,促进了社会融资成本降低,为区域经济健康可持续发展营造较好的货币金融环境。截至 2016 年末,辖内 77 家同业存单发行人中已有 56 家完成备案,合计备案额度 4475.5 亿元,其中 45 家发行 6646.7 亿元,发行额居全国第二(剔除全国性银行);48 家具备大额存单发行资格的机构全部完成备案,备案额度 1226 亿元,其中 45 家机构实际发行 783 亿元,发行额居全国第二(含江苏银行,剔除全国性银行)。

4. 银行业运行总体平稳,"三农"、小微服务水平提升

(1)银行业运行总体平稳

一是保持银行流动性合理适度。2016 年普降存款准备金率 0.5 个百分点,对省内 26 家地方法人金融机构定向降准 0.5～1.5 个百分点,累计开展常备借贷便利(SLF)102.44 亿元,中国人民银行会同财政部门开展地方国库现金管理操作 80 亿元,为金融机构提供了长、中、短期流动性。存款准备金缴存基数平均法考核,为金融机构流动性管理提供有效缓冲机制。

二是银行业资产质量总体稳定,不良压力有所增加。截至 2016 年末,全省银行业金融机构不良贷款余额 1262 亿元,较年初增加 50 亿元;不良贷款率 1.36%,比年初下降 0.14 个百分点。虽然银行账面资产质量有所好转,但隐性不良资产仍具有相当规模,未来风险防范压力依然较大。截至 2016 年末,江苏省金融机构逾期 90 天以上贷款余额为 1930 亿元,与不良贷款比例为 112.6%。为应对内部绩效考核和外部监管考评,大部分银行选择逐步有序暴露不良,部分问题贷款仍被归类在关注类贷款内。债券市场的短期风险虽然得到控制,但其中暴露出的高杠杆和违规代持等风险点需引起高度警惕。此外,通过互联网金融风险专项整治摸底排查发现,不少大型互联网金融平台存在非法集资嫌疑,虽然风险尚未暴露,但隐患较大。

(2)三农、小微企业支持力度加大

2016 年继续推进"两权"抵押贷款发放。截至 2016 年末,试点地区承包土地的经营权抵押贷款余额 9.4 亿元,当年累计发放 2256 笔、9.2 亿元,同比分别增长 178%、149% 和 81.3%;农民住房财产权抵押贷款余额 4.624 亿元,当年累计发放 2517 笔、3.5 亿元,同比分别增长 31%、32% 和 2.84%。中国人民银行南京分行为了推进两权抵押贷款发放,采取了以下措施:一是代拟并提请省政府出台《关于开展农村承包土地的经营权和农民住房财产权抵押贷款试点的实施意见》,明确试点目标和重点工作任务。二是指导试点地区落实各地试点方案中的具体措施,加快"两权"抵押贷款配套机制建设,推动各承办金融机构制定完善"两权"抵押贷款管理机制和实施细则。三是牵头试点工作推进小组各成员单位对全省 12 个试点地区开展专项督查,督促各地深入推进试点工作。四是协助中国人民银行总行在江苏泗洪召开全国"两权"抵押贷款试点现场推进会。五是联合江苏省金融办等五部门组织召开全省"两权"抵押贷款试点工作新闻通气会。

(3)金融支持向重点领域和薄弱环节进一步倾斜

一是启动金融支持制造业提质增效行动计划。中国人民银行南京分行出台《江苏"金融支持制造业提质增效行动计划"(2016—2020)实施方案》(南银发〔2016〕61 号),组织开展全省金融支持制造业发展项目对接会,配合省金融办建立制造业信贷投入月度通报制度,督促金融机构加大信贷资源倾斜。2016 年,全省累计达成产融合作融资意向 1800 个,涉及贷款需求近 1000 亿元。

二是扎实开展金融助推脱贫攻坚工作。中国人民银行南京分行牵头省扶贫办、金融办等部门出台了《关于金融助推脱贫致富奔小康的实施意见》(南银发〔2016〕55 号);推动相关农村商业银行建立完善金融扶贫主办行制度,实行"一户一档",精准对接低收入人口的多元化融资需求。按照中国人民银行总行《扶贫再贷款管理细则》要求,在 22 个省级扶贫开发工作重点县开展扶贫再贷款业务。截至 2016 年末,全省扶贫小额贷款余额为 34.22 亿元,仍在受益的建档立卡农户达 40.16 万户。

三是推动科技金融和文化金融深入发展。将科技金融、文化金融作为重点信贷工作,纳入 MPA 考核,按照"量增、面扩、有创新"三个标准,对法人机构政策执行情况考评打分,根据打分结果,给予相应的激励约束措施。中国人民银行南京分行会同省委宣传部、省金融办出台了《江苏省文化金融合作试验区创建实施办法》(南银发〔2016〕146 号)等三个文件,认真开展文化金融合作试验区、文化金融服务中心和文化金融特色机构的创建与认定工作。

四是稳妥推进金融支持化解过剩产能。深入落实"有扶有控"的信贷政策,对不符合国家产业和环保政策导向、风险点已暴露的企业,实行信贷逐步退出策略。截至 2016 年末,全省钢铁、水泥、平板玻璃和船舶等重点产能过剩行业贷款余额 933.6 亿元,同比下降 17.4%。

五是继续做好创业担保、养老等民生领域的金融服务工作。截至 2016 年 12 月末,全省创业担保贷款余额 23.9 亿元,开办以来累计发放创业担保贷款 131.4 亿元,累计发放劳动密集型小企业贴息贷款 23.8 亿元,实现带动就业 23.3 万人。中国人民银行南京分行联合省民政厅等部门转发五部委《关于金融支持养老服务业加快发展的指导意见》(银发〔2016〕65 号),引导金融机构开发适合养老服务机构和养老服务产业需求的金融产品,有效满足多层次、多样化的养老服务业发展和居民养老金融服务需求。

(4)严格住房信贷调控,维护房地产市场健康平稳发展

一是依托省级市场利率定价自律机制,先后对南京、苏州、无锡等市开展因城施策的差别化住房信贷政策调整。

二是联合江苏银监局出台了《关于规范个人住房贷款业务促进住房金融健康发展的通知》(南银发〔2016〕32 号),加大住房信贷政策的宣传与执行力度。

三是加强房地产市场监测分析,加强对资金通过各种渠道进入房地产领域的调研分析,特别是对"地王"现象的案例剖析,通过窗口指导、后续监督管理等手段,确保完成中国人民银行总行关于房地产市场"双降"的任务。

二、社会融资规模领跑全国,金融市场活跃度较高

社会融资规模大幅增长。2016 年江苏省社会融资规模增量为 1.68 万亿元,比上年同期多增 5363.84 亿元,比 2012—2015 年的平均增量多增 4285.50 亿元,占同期全国社会融资规模总量的 9.4%,同比提高 2 个百分点。2016 年全省社会融资规模主要呈现以下特征:

1. 直接融资增长较快,票据业务相对萎缩

2016 年,省内金融机构直接融资增量达 4857.03 亿元,同比多增 1731.85亿元,比 2012—2015 年平均增量多 2395.92 亿元。分项目看:非金

融企业债券融资净额为 3625.50 亿元,同比增加 1118.39 亿元,比 2012—2015 年平均值多 1476.48 亿元;占同期社会融资规模增量的 21.63%,同比下降 0.37 个百分点。非金融企业境内股票融资为 1231.52 亿元,比上年同期和 2012—2015 年同期平均值分别多 613.46 亿元、919.44 亿元;占同期社会融资规模增量的 7.35%,同比上升 1.92 个百分点。

2016 年,江苏省票据贴现累计发生额 7.4 万亿元,比上年同期下降 2.6 亿元,降幅为 25.9%。票据市场利率总体趋降,年初年尾波动较大,这主要是受整个资金市场面的影响。票据利率自年初春节高点一路走低,季末、月末起伏现象不明显,年初主要受春节前备付金等导致市场资金稀缺的影响,年末则是受债券市场"钱荒 2.0"的影响。票据市场利率下降及利差水平收窄,导致获利空间不断压缩,票据整体盈利水平下降。从全省来看,票据贴现、转贴现利率低位回升。12 月份,江苏省票据贴现、转贴现加权平均利率分别为 3.7961%、3.6236%,比上月分别上升 64.32 个、71.24 个基点,比上年同期分别上升 45.52 个、14.77 个基点,但依然处于 2012 年以来的较低水平。

2. 债券市场继续壮大,金融创新成果比较丰富

召开江苏省债务融资工作推进会,中国人民银行、交易商协会以及政府相关部门加强沟通协调,继续做大直接债务融资规模,降低企业融资成本。稳妥解决个别企业债券到期兑付问题,为江苏省债券融资营造良好的信用环境。继续做好地方债发行的相关工作。2016 年累计发行债务融资工具 4266.80 亿元,同比多发 66.95 亿元,剔除央企后发行额 4152.80 亿元,已连续五年保持全国第一。2016 年,江苏省共发行地方债 4511.75 亿元,其中置换债 3638.05 亿元,新增债 873.70 亿元。

2016 年,大力发展绿色金融,紧抓"两减六治三提升"专项行动契机,深入落实《关于构建绿色金融体系的指导意见》(银发〔2016〕228 号)要求,积极推动绿色金融改革创新,探索支持节能减排和环境保护正向激励的绿色金融政策。2016 年 12 月,省内江苏南通农村商业银行成功发行省首单绿色金融债券,该笔业务也是全国农商行系统内首只绿色金融债券。

三、金融生态环境建设扎实推进，多元化融资渠道逐渐形成

出台《2016—2020年江苏省县域金融生态环境建设规划》，修订完善《江苏省金融生态县创建考核办法》。督促未开展创建申报的县（市、区）主动做好创建工作。2016年，5家从未申报过金融生态县的地区均申报了"金融生态达标县"，全省金融生态县创建工作实现"大满贯"。组织完成2016年县域金融生态环境综合评估工作。深化"金融生态县"创建工作，对金融生态环境存在突出问题的9个县（市、区）提出风险警示，向金融生态创建工作推进不力的2个县（市、区）发出风险警示。

1. 证券业实力提升，资本市场发展喜人

证券行业整体实力稳定提升。2016年末，江苏省共有沪深上市公司317家，较上年新增41家；证券公司6家，分公司78家；期货公司10家，期货营业部140家；证券投资咨询机构3家。此外，全省共有781名私募基金管理人登记备案。

省内上市公司通过首发、配股、增发等在沪、深证券交易所筹集资金2254.6亿元，同比增加1040.6亿元，增幅达85.7%。上市公司总股本2838.5亿股，同比增长31.8%；市值37174.1亿元，同比增长1.2%。

各大省份、主要地区的沪深A股公司市值合计数排名依次为北京、广东（含深圳）、上海、江苏；但是如果将深圳的数据单独列出，江苏省数据与广东省数据基本一致，且略高于广东省。

2. 保险业规模继续扩大，行业创新多元化

（1）市场体系趋于成熟，业务高速增长。2016年实现原保险保费收入2690.2亿元，同比增长35.2%；原保险赔付支出915.1亿元，同比增长24.9%。分险种看，财产险保费收入733.4亿元，同比增长9.1%，人身险保费收入1956.8亿元，同比增长48.5%。

（2）服务创新多元化。近年来，江苏省运用新技术推动保险服务创新，保护保险消费者权益，提升行业核心竞争力。江苏省保险行业协会、保险学会、保险中介行业协会组织协调，指导会员公司做好服务创新，省内保险机构充分履行消费者保护的社会责任。2016年，江苏保监局组织行业开展了

"学保险、用保险,以客户为中心服务年"活动,首次对全省保险业开展了重要服务创新项目评选活动,共收到各类服务创新项目 230 个,省级保险机构在"3·15"期间开通了服务公众号,充分运用微信、APP 等移动终端开展承保、保全、小额理赔、咨询投诉服务,以及提供其他增值服务。

第二节 江苏省经济运行情况

2016 年,面对复杂多变的宏观经济环境和艰巨繁重的改革发展任务,江苏坚持稳中求进工作总基调,自觉践行新发展理念,以供给侧结构性改革为主线,扎实做好各项工作,经济社会保持平稳健康发展,实现了"十三五"良好开局。经初步核算,全省实现生产总值 76086.2 亿元,按可比价格计算,比上年增长 7.8%。分产业看,第一产业增加值 4078.5 亿元,增长 0.7%;第二产业增加值 33855.7 亿元,增长 7.1%;第三产业增加值 38152 亿元,增长 9.2%。

一、社会总需求稳步扩大,结构持续优化

1. 固定资产投资增势回落

2016 年,江苏完成固定资产投资 49370.9 亿元,同比增长 7.5%,增速比 1—11 月回落 0.3 个百分点,比上年回落 3 个百分点。全年投资增长呈"先扬后抑"态势,下半年后回落趋势明显,连续 6 个月增速回落。

分经济类型看,国有及国有控股投资 10444.3 亿元,增长 5.1%;港澳台及外商投资企业投资 4692.8 亿元,增长 20.3%;民间投资 34233.7 亿元,增长 6.8%。分产业看,第一产业投资 293.1 亿元,增长 26.2%;第二产业投资 24673.8 亿元,增长 7.8%;第三产业投资 24403.9 亿元,增长 7.1%。完成基础设施投资 7764.1 亿元,同比增长 4%,增速较上年回落 10.2 个百分点。技术改造投资 14570 亿元,增长 14.8%,增速高于全部投资 7.3 个百分点,其中工业技改投资增长 10.2%。高耗能行业投资增速回落,全年完成投资 4457.9 亿元,同比增长 4.1%,比全部投资低 3.4 个百分

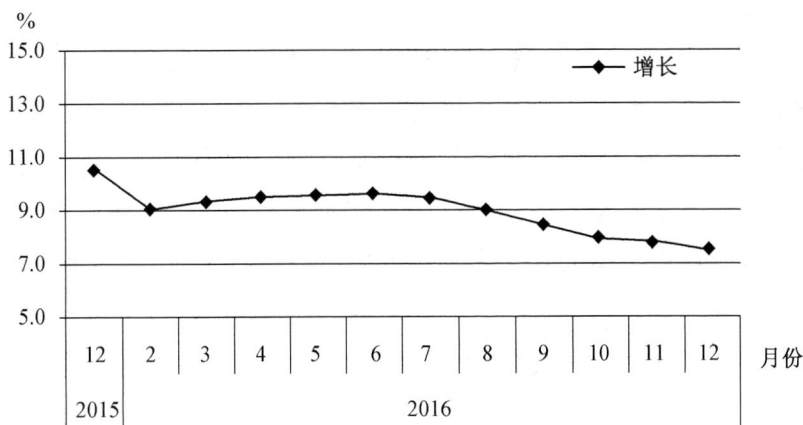

图1-7　江苏省固定资产投资同比增速

点,比上年回落0.7个百分点,占全部投资的比重由去年同期的9.3%降为9%。服务业投资中,租赁和商务服务业增长36.6%、公共管理和社会组织增长31.1%,教育增长8.6%。房地产开发投资8956.4亿元,同比增长9.8%,增速较上年加快10.9个百分点。全省商品房销售面积13962.1万平方米,增长22.3%,增速比上年加快6.4个百分点。其中,住宅销售面积12657.7万平方米,增长23.2%,增速比上年提高6.4个百分点。分地区看,三大区域固定资产投资增速均有不同程度回落。2016年,苏南、苏中、苏北地区分别完成固定资产投资22454.3亿元、11256.5亿元、15660.1亿元,同比分别增长1.1%、13.4%、13.8%,较1—11月增速分别回落0.7个、0.2个和0.1个百分点,比2015年分别回落2个、3.2个和5.9个百分点。13个设区市中,仅苏州同比下降5.3%,其余各市固定资产投资均保持正增长。增速与1—11月比较,苏州、徐州、南通、淮安、宿迁均有不同程度回落,其余各市增速均小幅加快。

2. 消费品市场延续较快增长势头

2016年江苏省实现社会消费品零售总额28707.1亿元,同比增长10.9%。其中,城镇消费品零售额25768亿元,增长10.8%;农村消费品零售额2939.1亿元,增长12%。按消费形态分,批发和零售业零售额25899.1亿元,比上年增长10.6%;住宿和餐饮业零售额2808亿元,增长

14%。全省限额以上社会消费品零售总额 14408.2 亿元,比上年增长 9.9%。从消费品类值看,吃穿用类消费增长平稳,消费升级类商品增长 较快。限上粮油食品类、烟酒类、服装鞋帽针纺织品类及日用品类分别同 比增长 12.5%、9.3%、9.1%和 6.5%,通信器材类、书报杂志类、文化办 公用品类商品分别增长 16.9%、10.2%、26.2%,建筑及装潢材料类、五 金电料和家具类分别增长 15.4%、20.1%和 14.8%,汽车类、石油及制品 类分别增长 10.5%、2.4%。全年全省无店铺限上零售额实现 451 亿元, 增长 64.2%,增速高于有店铺零售 64.6 个百分点,其中网上商店零售同 比增长 65.1%。

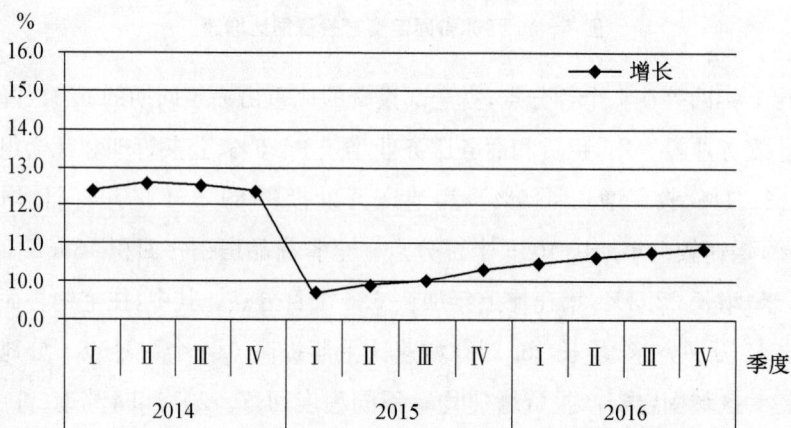

图 1-8 江苏省累计社会消费品零售总额同比增速

分地区看,2016 年,苏南、苏中、苏北分别完成社会消费品零售总额 16584.2 亿元、5110 亿元、7012.9 亿元,同比分别增长 10.5%、10.7%、 12.1%,增速与 1—11 月比较,苏南、苏中分别比上年加快 0.8 个、0.7 个百 分点,苏北持平。13 个设区市中,仅淮安、盐城两市增速较上年有所回落, 分别回落 0.6 个、0.8 个百分点;连云港增速与上年持平;其余各市均有不 同程度加快,其中苏州、宿迁加快幅度较为明显,分别加快 1.7 个、1.6 个百 分点。

3. 居民收入稳定增长,城乡差距进一步缩小

2016 年,省内居民人均可支配收入达 32070 元,较上年增长 8.6%。其

中,工资性收入 18664 元,增长 8.6%;经营净收入 4724 元,增长 5.8%;财产净收入 2880 元,增长 13.5%;转移净收入 5802 元,增长 8.5%。按常住地分,城镇居民人均可支配收入 40152 元,增长 8.0%;农村居民人均可支配收入 17606 元,增长 8.3%。全省居民人均可支配收入中位数 27436 元,增长 9.3%。城乡居民收入差距进一步缩小,城乡居民收入比从上年的 2.29∶1 缩小为 2.28∶1。

4. 对外贸易有所好转

按人民币计价,2016 年全省进出口总额 33634.8 亿元,比上年下降 0.7%,降幅较上年收窄 1.5 个百分点。其中,进口 12571.6 亿元,同比下降 2.2%,降幅较上年收窄 3.6 个百分点;出口 21063.2 亿元,同比增长 0.2%,增幅较上年回升 0.1 个百分点。一般贸易进出口总额 16103.2 亿元,同比增长 8.6%,占进出口总额比重达 47.9%,超过加工贸易 5.5 个百分点。其中,一般贸易出口额 10253.4 亿元,同比增长 6.4%,增幅比上年回升 7.4 个百分点,占出口总额比重达 48.7%,比上年提升 0.2 个百分点。从贸易方式看,从出口主体看,国有企业、私营企业出口额分别下降 0.8% 和 2.4%,外资企业增长 2.3%。从出口市场看,对美国、欧盟出口比上年增长 4.7% 和 4%,对日本出口下降 1.7%,对印度、俄罗斯、东盟出口分别增长 9.5%、18.1% 和 6.3%。对"一带一路"沿线部分国家出口保持较快增长,出口额 5098.1 亿元,增长 6.1%,高出全省增幅 5.9 个百分点,占全省出口额的 24.2%,比上年提升 1.3 个百分点。

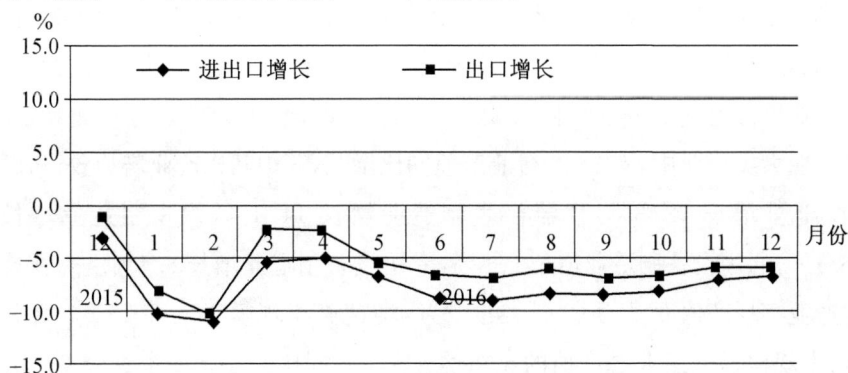

图 1-9　江苏省 2016 年累计进出口、出口同比增速

分地区看,2016 年,按人民币计价,苏南、苏中、苏北地区分别完成进出口总额 28491.6 亿元、3348.8 亿元、1794.4 亿元,同比分别下降 1.3%、增长 3.5%、增长 2.1%,增速与 1—11 月比较,苏南、苏中分别回升 0.6 个、1 个百分点,苏北回落 1.4 个百分点。13 个地市中,苏州、连云港、淮安、扬州、宿迁 5 市进出口总额同比负增长;增速与 1—11 月比较,徐州、连云港、淮安、镇江 4 市增速有所回落,分别回落 6.6 个、2.2 个、4.8 个和 4.3 个百分点,其余各市增速均有不同程度加快。

二、产业结构持续优化,转型升级成效显著

1. 农业生产小幅回落

2016 年,江苏粮食播种面积 8149.1 万亩,同比增加 12.1 万亩;受天气影响,全年粮食总产量 3466 万吨,同比减产 95 万吨,下降 2.7%。全年预计油料产量 131.9 万吨,下降 7.8%。累计出栏生猪 2847.3 万头,同比下降 4.4%;年末生猪存栏 1690.6 万头,下降 5%;猪肉产量 216.4 万吨,下降 4.2%;家禽累计出栏 71462.1 万只,同比下降 2.8%;年末家禽存栏 30122.6 万只,下降 1.6%;禽肉产量 118.1 万吨,下降 3.2%;禽蛋产量 198.5 万吨,增长 1.2%。预计水产品总量 524.7 万吨,同比基本持平或略减。高效设施农业面积新增 50.8 万亩。

2. 工业稳步增长,转型升级成效凸显

2016 年,江苏规模以上工业增加值 3.5 亿,同比增长 7.7%。全年全省规模以上工业企业实现主营业务收入 15.8 万亿元、利润总额 10525.8 亿元,同比分别增长 7.5%、10%。分经济类型看,国有企业、股份制、民营、私营工业增加值同比分别增长 4.2%、9.3%、9.8% 和 10.6%。分行业看,40 个工业大类行业中,有 34 个行业产值同比增长,其中新兴产业增长较快,医药制造业增长 12.3%,仪器仪表制造业增长 14.1%,汽车制造业增长 13.1%,通用设备制造业增长 6.4%,专用设备制造业增长 8.4%。高新技术产业实现产值 6.7 万亿元,增长 8%,增速高于规模以上工业 1 个百分点;占规模以上工业总产值的比重达 41.5%,同比提高 1.4 个百分点。分区域看,三大区域规上工业增加值均微幅回落。2016 年,苏南、苏中、苏北

区域分别实现规模以上工业增加值 17377.9 亿元、8395.3 亿元、9202.9 亿元，同比分别增长 6％、9.7％、9.9％，增速较 1—11 月均回落 0.1 个百分点，比 2015 年分别回落 0.3 个、0.9 个和 1.1 个百分点。13 个设区市中，仅无锡、徐州两市规上工业增加值累计增速较 1—11 月加快 0.1 个百分点，扬州持平，其余 11 市均微幅回落；与 2015 年比较，无锡、徐州、苏州规上工业增加值增速有所加快，分别回升 1.4 个、0.5 个和 0.5 个百分点；其余各市均有不同程度回落，其中南京、连云港回落较为明显，分别回落 3.3 个、3.6 个百分点。

3. 服务业保持较高增速

2016 年江苏服务业增加值同比增长 9.2％，比 GDP 增速高 1.4 个百分点；占 GDP 比重达 50.1％，比上年提高 1.5 个百分点，实现历史突破[①]。2016 年 1—11 月，全省规模以上服务业单位实现营业收入 11129.9 亿元，比上年增长 15.6％，增速同比提高 3.2 个百分点。盈利状况持续改善，1—11 月实现营业利润 978.8 亿元，同比下降 3.4％，降幅比 1—10 月收窄 6.5 个百分点，已连续 4 个月收窄。其中，交通运输仓储和邮政业增加值 2834.2 亿元，增长 4.3％；金融业增加值 6060 亿元，增长 13.8％；房地产业增加值 4586.7 亿元，增长 8.6％。现代服务业和民生相关产业加快发展。互联网和相关服务业营业收入增长 117.6％，软件和信息技术服务业营业收入增长 19％，邮政业营业收入增长 19.6％，旅行社及相关服务、文化艺术业、体育服务业、卫生服务业、养老服务业营业收入同比分别增长 51.7％、31.7％、30.3％、12.1％和 19.5％。全年公路客货运周转量增长 2.9％；铁路客货运周转量增长 4.1％，机场旅客吞吐量、货邮吞吐量分别增长 20.2％、6.3％，规模以上港口货物吞吐量增长 3.7％。

4. 财政收入低位增长，居民消费价格小幅上涨

2016 年，受"营改增"政策影响，财政收入回落明显。全省完成一般公共预算收入 8121.2 亿元，同比增长 1.2％；同口径增长（剔除营改增影响）5％，比上年回落 6 个百分点。税收收入 6531.8 亿元，同比下降 1.2％；非税收入

---

① 2016 年全国服务业规上企业年度统计周期为 1—11 月。

1589.4亿元,增长12.1%。从主要税种看,增值税同比增长88.6%,营业税同比下降45.8%,企业所得税增长6.7%,个人所得税增长6%。

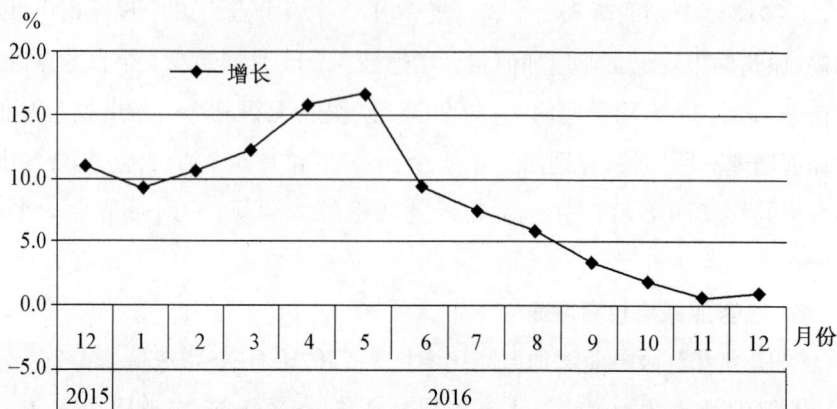

图1-10 江苏省2016年累计一般公共预算收入同比增速

分地区看,三大区域一般公共预算收入增速均有不同程度回落。2016年,苏南、苏中、苏北分别完成一般公共预算收入4520.9亿元、1256.7亿元、1696.3亿元,同比分别增长8.2%、下降1.7%、下降10.1%,增速较1—11月分别回落0.2个、0.1个和0.7个百分点。13个设区市中,徐州、南通、连云港、淮安、盐城、镇江六市一般公共预算收入负增长,分别下降2.8%、5.7%、27.5%、9.9%、13.1%、3.2%,全省仅南京、苏州两市一般公共预算收入保持两位数增长,同比分别增长12%、10.8%,比上年分别回落5.1个、回升0.8个百分点。

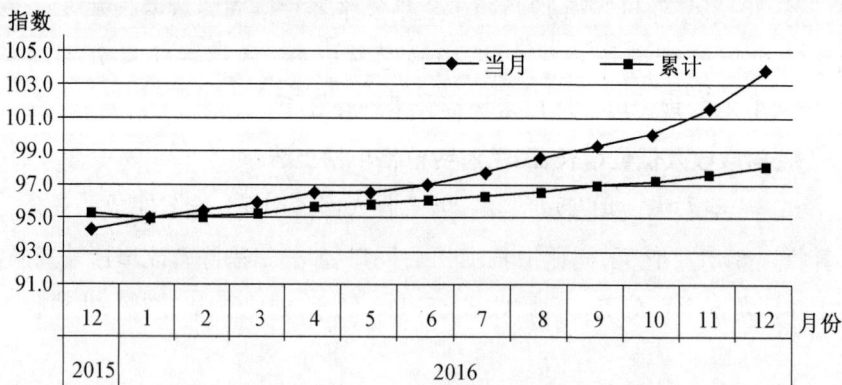

图1-11 江苏省2016年工业生产者出厂价格指数

2016年,江苏居民消费价格同比上涨2.3%,高于上年0.6个百分点。城市和农村分别上涨2.4%和1.8%。其中,食品烟酒类上涨3.8%,衣着类上涨1.8%,居住类上涨1.2%,生活用品及服务类上涨1.6%,教育文化和娱乐类上涨0.9%,医疗保健类上涨9.1%,其他用品和服务类上涨2.7%,交通和通信类下跌1.2%。食品价格中,鲜菜上涨11.3%,畜肉类上涨11.1%,食用油上涨0.9%,粮食上涨0.2%。全年工业生产者出厂价格同比下跌1.9%,跌幅同比收窄2.8个百分点;工业生产者购进价格下跌2%,跌幅收窄5.9个百分点。自10月份开始,工业生产者出厂、购进价格继连续57个月下跌后首次"由负转正",12月份分别上涨3.9%、8.2%。

三、供给侧结构性改革有序推进,经济增长新功能不断涌现

1. 供给侧结构性改革持续显效

一是去产能获得明显进展,全省原煤、平板玻璃和船舶行业产量同比分别下降28.7%、12.5%和22.2%,粗钢、水泥产量分别增长3.4%、0.3%。二是房地产"去库存"逐步推进,至年底全省商品房待售面积6519.1万平方米,其中住宅3774.8万平方米,同比分别下降5.6%和11.6%。三是去杠杆稳妥进行,年末规模以上工业企业资产负债率为52.24%,同比下降0.76个百分点。四是降成本成效初现,全年规模以上工业企业每百元主营业务收入中"三项费用"为6.91元,同比减少0.14元。五是棚户区改造、铁路、农村电网改造、环境生态等短板领域建设加快。全年铁路运输业投资同比增长323.2%,航空运输业投资增长132%,环境治理业投资增长22.8%。

2. 产业结构调轻调优

从生产看,2016年全省规模以上轻、重工业增加值同比分别增长7.6%、7.7%,轻工业增速与上年持平,而重工业则回落0.9个百分点;重工业增加值占规模以上工业比重为71.4%,比2015年下降0.3个百分点。医药、汽车、仪器仪表等先进制造业增长较快,2016年产值分别增长12.3%、13.1%和14.1%。从投资看,火力发电投资下降6.5%,石油加工、炼焦和核燃料加工业投资下降8.1%,而计算机及办公设备、医药、新能源制造业等高技术行业投资则呈现快速增长,增速分别达到25.2%、23.5%

和 24%。

3. 新行业新产品增势强劲

符合转型升级方向的新行业、新产品快速增长。2016 年,中药饮片加工制造业产值同比增长 25%,雷达及配套设备制造业增长 41.7%,信息化学品制造业增长 25.6%,电动机制造业增长 37.3%。代表智能制造、新型材料、新型交通运输设备和高端电子信息产品的新产品产量实现较快增长。2016 年,工业机器人产量增长 90.6%,服务器增长 50.2%,碳纤维增强复合材料增长 36.6%,智能手机增长 30.2%,智能电视增长 21%,太阳能电池增长 23%。

4. 创新创业力度持续加大

预计 2016 年全省 R&D 经费投入占 GDP 比重将达 2.6% 左右,科技进步贡献率达 61%,区域创新能力连续八年位居全国之首。2016 年,全省高新技术产业产值同比增长 8%,占规上工业比重达到 41.5%。另据人社部门相关数据,2016 年全省共扶持城乡劳动者成功创业 22.82 万人,带动就业 89.31 万人,分别同比增长 16.8% 和 20.1%;创业带动就业比达 1∶3.9,同比提高 0.1 个百分点。新型行业不断涌现,特别是以互联网+、现代物流等为代表的新业态,对城镇新增就业的贡献率达到 8.9%。

总的来看,2016 年全省经济保持平稳增长,发展质量和效益提高。但同时也要清醒地看到,经济运行仍面临不少困难和挑战,供给结构不适应需求变化的矛盾依然突出,经济下行的压力依然较大。下一步,要认真贯彻落实中央和省委省政府决策部署,坚持稳中求进工作总基调,坚持以提高发展质量和效益为中心,以推进供给侧结构性改革为主线,聚力创新,聚焦富民,统筹做好稳增长、促改革、调结构、惠民生、优生态、防风险各项工作,促进全省经济社会持续稳定健康发展,以优异成绩迎接党的十九大胜利召开。综观国内外形势,江苏省发展既面临诸多有利条件,也面临不少风险挑战。从国际看,全球经济复苏乏力的总体特征尚未出现转折性变化,影响经济平稳运行的干扰因素仍未消除,外部风险和不确定性将继续通过贸易、投资、金融等多渠道影响全省经济平稳发展。特别是美国再工业化战略的深入推进,将给以制造业为主、对外开放程度高的江苏省带来巨大的挑战。从国内看,虽然受益于供给侧结构性改革的深入推进,全国经济运行中的积极因素不断增加,但整体经济下行压力依然较大,投资特别是民间投资增长仍显乏力,新消费、新需求的作用仍不明显,去年对经济增长贡献较大的车市和楼市也存在不确定性。从省内看,供给侧结构性矛盾仍然突出,传统产业完全跟上需求升级步伐仍有待时日;财政收支平衡压力加大,苏北、苏中地区一般公共预算收入大面积出现负增长;房地产、金融等领域潜在风险增加,一些地区政府融资平台债务规模较大、增长较快。

2017年,全球经济发展格局仍将错综复杂,有利和不利因素仍旧相互交织。江苏省将继续深入贯彻习近平总书记系列重要讲话精神,统筹推进"五位一体"总体布局和协调推进"四个全面"战略布局,牢牢把握"稳中求进"工作总基调,牢固树立和贯彻落实新发展理念,适应把握引领经济发展新常态,坚持以提高发展质量和效益为中心,以推进供给侧结构性改革为主线,紧紧围绕"两聚一高"奋斗目标,统筹做好稳增长、调结构、促改革、惠民生、优生态、防风险各项工作。

一是持续深化供给侧结构性改革。坚持以"五大重点任务"为核心,加快淘汰过剩产能,合理降低企业杠杆率,着力化解三四线城市房地产库存,多措并举降低实体经济运行成本,加快补齐经济社会发展短板。统筹落实推进好全面深化改革各项关键性举措,为保持全省经济平稳健康运行提供强有力的工作保障。

二是加快推动产业转型升级。加快推动要素资源向先进制造业、战略性新兴产业集聚,引导传统制造业向智能制造、服务型制造转型,着力在智能制造、新材料、绿色环保等产业打造一批领军型企业,推动新兴产业集群建设,推动"江苏制造"向"江苏智造"转型加快;深入推进制造业和互联网融合发展,努力培育服务于先进制造业的生产性服务规模快速壮大,为具有国际竞争力的先进制造业基地建设提供有力支撑。

三是聚力提升创新驱动力。加快推进创新型省份建设,进一步强化对各设区市贯彻落实省科技创新40条政策措施情况的督促检查,加大力度吸引技术人才、创新人才落户,不断强化与中科院、各大高等院校的创新合作,有效推动创新成果在江苏省转化,持续优化创新要素保障和激励机制,加快建设具有全球影响力的产业科技创新中心。

四是努力扩大有效投入。进一步强化预期管理,有效落实国家、省系列企业减负措施,利用产业规划、政策引导、激励机制等多种方式稳定企业家发展信心,努力营造更加宽松的产业发展环境,加快提升利用外资的质量和效益,力争民间投资继续保持较快增长。加快推进投资内部结构调整,引导企业加大对新技术、新产品、新业态、新商业模式的研发投入,加快补短板项目建设进程,有效激励社会资本参与更多领域投资。

五是加速提升富民惠民水平。加快制定落实提高城乡居民收入水平33条政策的具体措施。进一步强化民生保障体系建设,充分发挥社会政策托底作用。努力通过产业升级、"双创"发展等多种途径提升居民收入水平,优化收入结构;全力稳定就业水平,持续完善创业培训,降低创业风险,着重做好去产能职工安置和应届大学生的就业服务工作。高度关注重点贫困群体,准确掌握致贫信息,通过创业扶持、就业帮扶等"一户一策"的方式,进一步提升精准扶贫的内生动力。

六是更大力度推进生态文明建设。扎实开展"两减六治三提升"专项行动。严格落实煤炭消耗总量和强度"双控"机制,着力减少污染物排放。实施大气污染防治行动计划,着力抓好环境污染治理。严格落实主体功能区规划,严守红线和底线。着力加强生态环境保护,深入开展生态环境保护制度综合改革试点,开展生态文明建设年度评价,做好自然资源统一确权登记和自然资源资产动态变化监测等试点,着力推进生态文明体制机制创新。

第二章 金融支持实体经济的理论分析

实体经济与虚拟经济犹如现代经济的两个车轮,两者之间既相互联系又相互独立。实体经济是一国经济发展的根本,是虚拟经济存在和发展的基础;虚拟经济的产生源于实体经济发展的内在需求,实体经济的正常运转和快速发展,离不开虚拟经济的支持。但是,如果虚拟经济的发展脱离实体经济,可能会导致泡沫经济和经济危机。因此,正确处理好实体经济和虚拟经济之间的关系,既关系到我国产业结构调整,更关系到我国经济的长期持续健康发展。

第一节 金融发展与经济增长之间的关系分析

关于银行信用对实体经济的作用,早在马克思的《资本论》中就已经有所阐述,论述了信用以及虚拟经济对现实经济的影响和作用;其后,很多经济学家对金融发展与经济增长之间的关系展开研究,有理论分析也有实证分析,并构建了相应的理论模型,利用数据实证分析了两者之间的关系。

一、信用与现实经济的关系分析

马克思在《资本论》中提出银行信用是适应产业资本循环周转和再生产运动的需要而产生的,银行通过借贷关系,将再生产中游离出来的闲置货币资本和社会上的闲置货币集中起来,再将它们带给需要货币资本的企业。所以,银行信用在实际经济发展中具有以下几个方面的特点:(1) 银行信用的实质是银行作为中介使货币资本所有者通过银行和职能资本之间发生的信用关系。银行能把社会上各种闲置资本集中起来,银行信用不受个别资本的数量和周转的限制。(2)银行信用有可能突破商业信用的局限性,从而扩大了信用的规模和范围。一方面,银行信用不受个别资本数量和周转的限制。因为银行能够集中许多职能资本的闲置资本和食利者阶层的货币资本以及其他阶级和阶层的货币收入及储蓄,资本的来源广泛,可以超出单个资本的限制,形成巨额的资本。另一方面,银行信用也不受商品流转方向的限制。银行信用是以货币的形式提供的,而货币资本可以投向任何部门。

二、金融发展与经济增长关系的理论分析

金融发展对经济发展有重要的影响,好的金融体系可以将资金从低效率的持有者转移给高效率的使用者,促进经济发展。熊彼特(Schumpeter,1911)提出金融发展通过降低交易成本、影响居民的储蓄与投资决策,从而实现经济增长。自熊彼特提出金融促进论,经济学家们就开始认识到并强调金融体系对于企业家精神的释放和经济发展的重要性;当代的发展经济学研究也强调并证实了信贷约束是经济发展的一个重要制约,促进经济发展的一个重要途径就是要缓解信贷约束,释放企业家精神,从而促进经济的增长(如 Banerjee,2003);金融发展还会通过更好的风险分担(保险)来提高生产效率,降低经济的波动,促进经济的发展(如 Ramey and Ramey,1995)。国外学者的研究主要形成了三种观点:Goldsmith(1969)、Fry(1978)等学者的研究认为,金融发展对经济增长具有促进作用。另一种观点认为,金融发展对经济增长具有抑制作用(Patrick,1966)。也有学者的研究表明,金融发展与经济增长具有交互作用(Demetriades and Hussein,1996)。国内学者从不同角度对我国金融发展与经济增长之间的关系进行了大量的研究。

1993 年 Pagano 利用最简单的内生增长模型(AK 模型)就清晰地描绘出了一个金融—增长联结机制的范式,这成为后续关于金融—增长命题的理论研究和实证研究的基准模型。该范式给出了稳态中的经济增速表达式为 $\gamma_y = A\varphi s - \delta$,其中 γ_y 为稳态中的经济增长率,A 为资本边际生产率,s 是国民储蓄率,φ 代表储蓄向投资转化的效率,δ 为折旧率。从这个关系式中

可以看到,如果 φ 代表金融体系的资金转化效率,金融活动则对经济增长产生了直接的影响;另外,如果假设金融活动对经济增长具有间接影响的话,那么就体现在资本边际生产率或国民储蓄率上,即金融活动间接地通过资本的边际生产率和国民储蓄率来影响经济增长。这就是金融活动影响经济增长的具体联结机制。此后,很多学者从实证的角度,运用样本数据分析金融发展与经济增长之间的关系。

三、金融发展与经济增长关系的实证分析

围绕着金融发展与经济增长之间的关系,很多学者运用不同国家的样本数据进行实证分析,并得出了有益的结论。Arestis 和 Caner(2004)认为,若一国在宏观经济不稳定的情况下贸然推动金融自由化,即使它可以带来短期的经济扩张,但最终往往导致金融危机。Lee 和 Wong(2005)运用门限回归模型分析了通货膨胀、金融发展和经济增长这三个变量之间的关系,结果表明:如果一国在通货膨胀较严重的情况下过度加快金融发展,则反而不利于经济的增长。Shen 和 Lee(2006)则通过分析 48 个国家的相关数据发现,一国的腐败率越高,则该国金融业的发展对经济增长的负面影响就越大。Graff 和 Karmann(2006)通过分析 90 个国家 1960—2000 年的相关数据发现,金融发展无论是低于"平衡发展水平"还是高于"平衡发展水平",均对经济增长不利,由此他们提出了"金融平衡发展水平"的概念。Loayza 和 Ranciere(2006)通过对 75 个国家 1960—2000 年的相关数据进行实证分析后发现:如果不具备合理的制度前提,则金融可能会对经济带来不利影响,而只有具备合理的制度前提,金融发展才能有效地促进经济增长。Klapper、Amit、Guillen 和 Quesada(2007)运用世界银行的创业调查数据进行实证分析发现:一国私人信贷占 GDP 的比例越高,则该国的企业密度(每一千个职业人口中的企业个数)也越高。Galindo、Schiantarelli 和 Weiss(2007)发现:当通货膨胀严重时,人们很难发现好的投资机会,这样,金融发展就难以对经济增长起促进作用。Beck、Demirguc-Kunt、Laeven 和 Levine(2008)运用跨国数据进行实证分析发现:金融发展水平(用私人信贷占 GDP 比率代表)高的国家往往有更多的新企业。Ramcharan(2010)则指

出,只有实体经济部门与金融部门处于平衡发展水平,且实体经济的机会较多及产业结构更多样化,则越有利于刺激金融发展并促进经济增长。

国内学者也通过大量文献的实证研究结果表明,金融发展对经济增长具有促进作用(王志强和孙刚,2003;范学俊,2006;王永齐,2006;陆静,2012)。与此同时,也有不少学者的研究结果表明,金融发展对经济增长的促进作用存在着地区性差异(李勇和高煜,2010;杨龙和胡晓珍,2011)。李延凯和韩廷春(2011)的研究认为,金融发展对经济增长促进作用的有效性受其所在外部金融生态环境(包括:政府对经济的干预、法制环境和文化信用环境)的影响。武志(2010)的研究认为,虽然金融增长能够促进经济增长,但金融发展的内在实质却只能由经济增长所引致,两者具有相互促进的关系。

第二节 经济转型升级与
商业银行转型的互动机制分析

当前,我国经济处于"三期叠加"的大背景下,资源环境不堪重负,人口红利优势逐渐弱化,传统的高投资、高污染、高能耗的发展模式难以为继,必须加快产业转型升级,走集约化、内涵式的发展道路。在经济转型升级过程中城镇化作为中国现代化进程中一个基本问题,既是我国经济发展方式转变的重心所在,也是我国经济增长最强大、最持久的内生动力。但是长期以来,囿于投融资体制,我国城镇化进程一直受资金瓶颈的制约。商业银行作为推进城镇经济发展的重要力量,随着监管日趋严格、金融"脱媒"加速、外资银行规模的不断扩大、利率市场化进程的不断推进,迫切需要加快业务转型提高综合服务能力。城镇化进程中消费结构的转变、主导产业由工业向现代服务业的转变以及经济发展重心由城市向城乡的转变,为商业银行的转型提供了历史性机遇。因此,如何缓解城镇化进程中的资金约束,提供长期稳定和有效的融资机制,这既是对商业银行金融服务提出的新要求,也为商业银行转型提供了难得的机遇。

一、城镇化进程为商业银行转型提供了良好的机遇

商业银行的转型需要一个良好的外部环境,而城镇化进程中消费性需求、投资性需求的转变和产业结构的调整则为其提供了坚实的经济基础和战略机遇。

1. 消费性需求的转变为商业银行转型提供了广阔的市场空间

世界各国城市化的经验表明,城镇化进程的推进伴随着农民转为市民的过程,意味着巨大消费潜力的释放,不但会带来消费规模的扩大,而且会带来消费结构的转变。改革开放以来,中国的城镇人口比重已从1978年的约18%增长到2015年的约56.1%。研究表明,若中国在今后30年内城市人口比重增加到75%以上,全社会的消费总额至少提高到2012年的1.5倍左右。同时,2016年城镇居民的人均消费为23079元,是农村居民的人均消费10130元的2.3倍左右。这表明农民转变为城市居民还将带来收入和消费至少2.3倍左右的增长,但是这两年的数据也显示,城乡居民人均消费水平的差距在不断缩小。

同时,城镇化进程意味着消费观念的更新和消费结构的升级。1978—2016年,我国城镇居民和农村居民的恩格尔系数分别从57.5%、67.7%下降到29.3%和32.2%,表明日常消费支出占收入比重不断下降。通过细分城乡居民的消费内容和消费结构发现,随着居民收入的增加,"吃、穿、用"消费性支出占居民消费的比重呈下降趋势,而"住、行、学"所占比重呈上升趋势[1](王国刚,2010)。其中,城镇居民的"吃、穿、用"占居民消费性支出的比重,从1995年的71%下降到2013年的52%;农村居民这一比重则从71%下降到47%;城镇居民"住、行、学"占居民消费性支出的比重,从1995年的26%上升到2013年的44%,农村居民这一比重则从28%上升到50%(见图2-1和图2-2)。

---

[1]　本文所指"吃、穿、用"分别是统计指标中的食品、衣着和家庭设备及服务支出;"住、学、行"支出是统计指标中的居住、交通和通讯、文教娱乐用品及服务、医疗保健。

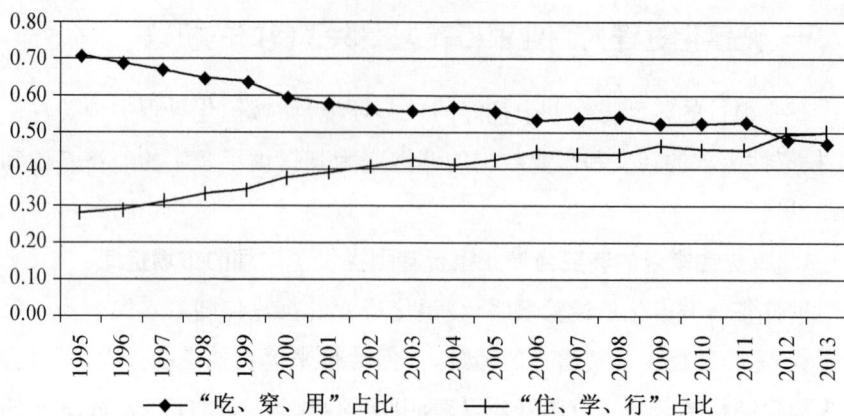

图 2-1　农村居民消费结构的变化

数据来源：wind 资讯。

由此可见，随着城乡居民收入水平的提高，表明消费结构不断改善，消费水平不断提高。消费规模的扩大和消费结构的转变，不但为商业银行提供了广阔的市场空间，也对商业银行的产品创新和业务转型提出了客观需求。

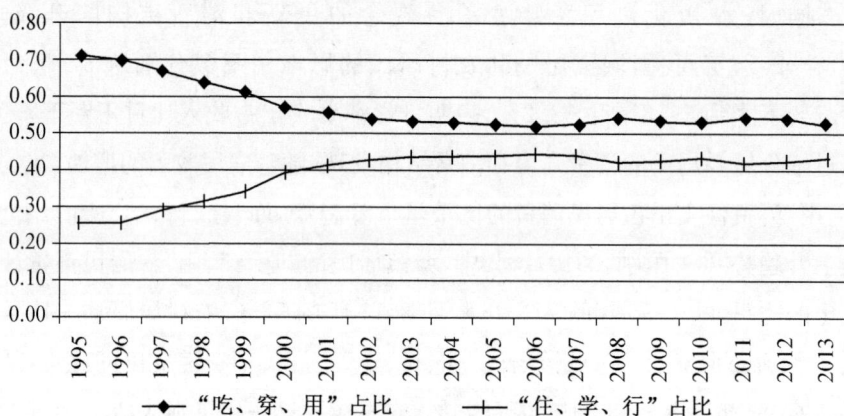

图 2-2　城镇居民消费结构的变化

数据来源：wind 资讯。

2. 投资性需求的转变为商业银行持续发展提供了业务空间

城镇化进程中消费需求的扩大和城镇人口规模的增加，需要增加消费品和城市公共基础设施的供给，必将带来相关产业的产能扩张和生产性投资支出增加,这将引致大规模的投资性需求。城镇化过程中消费需求的增加,从目前中国城乡居民的消费情况看,"住、行、学"方面的消费对象严重短缺,必须着力解决"住、行、学"的供给问题,有效地扩大居民的消费。与"吃、穿、用"的绝大多数产品的生产不同,"住、行、学"中的主要产品(如住宅、学校、医院和道路等)更多的是依赖投资将工业经济中提供各种建材、设备和技术等集成为满足"住、行、学"消费所需要的消费对象和消费条件。不仅如此,城镇化又是民生工程,必将引发固定资产投资需求的增长。2003 年至2008 年期间,中国固定资产投资总额为 64 万亿元,其中 85% 是城市投资,达 54 万亿元;同期城市人口增加了 1 亿,意味着每增加一个城市人口大约会引出 50 万元的城镇固定资产投资(王建,2009)。若中国城市人口比重达到 75%,仅从静态来看,增加 4.5 亿城市人口需要增加的固定资产投资需求为 225 万亿元。若从动态来看,城镇化进程还伴随着道路、给排水、电力、通讯、垃圾和污染物处理等基础设施投资的增加,这些基础设施不仅用来满足新增城市人口的基本需要,也是提高城乡居民生活质量、健康水平与文明水平的重要保证。

因此,消费性投资和生产性投资资金需求的扩大,都需要商业银行发挥造血功能,为城镇化进程提供充足的资金支持。

3. 产业结构的调整为商业银行转型指明了方向

发达国家的城市化进程表明,城镇化不只是人口的城镇化,更重要的是伴随着城镇人口规模的不断扩大,带来要素的重新聚集和产业结构的不断升级,经济发展的主导产业也呈现梯度变化的过程。

一方面,城镇化进程将带来要素的重新聚集。城镇化的发展动力源于人口、资本、土地等生产要素在空间上的聚集。Chenery and Syrquin(1975)通过分析 100 个国家的城镇化进程发现,随着城镇化进程的不断推进,劳动和资本资源会从生产率较低的农业部门向生产率较高的工业部门转移。这种聚集不仅使城镇成为区域经济的活动重心,通过人口的集聚、生活方式的变革、居民生活水平的提高,扩大生活性服务业需求;而且城市生产要素的配置、三次产业的联动、社会分工的细化,也会扩大生产性服务业需求,从而带动城镇经济的发展。

另一方面,城镇化进程将推动区域主导产业的转变。Northam(1979)研究发现,城镇化进程呈现拉平的 S 形曲线,将经历初期、中期和后期三个阶段。在这三个阶段,经济的产业结构和城镇化的动力机制呈现出不断变化和逐步升级的特征。在初期阶段,农业部门占主导地位;在中期阶段,工业部门占主导地位;在后期阶段,服务业将占主导地位。目前,我国城市化水平已经达到54%,十八大明确提出到2020年,我国城市化水平将提高到75%,进入城镇化的后期阶段。城镇化后期,经济结构将转变为以教育经济、文化(包括影视、娱乐等)经济、医疗保健经济、养老经济、旅游经济、总部经济、设计研发经济、金融经济、商业经济和会展经济等为主要内容。

综上所述,无论是消费结构的转变、投资需求的扩大,还是产业结构的调整,都需要依靠商业银行提供金融支持,这为商业银行的转型提供了良好的机遇和平台(见下图)。

图2-3 城镇化进程与商业银行转型的互动机制

二、商业银行是城镇化进程推进的"孵化器"

商业银行作为社会资源和产品的分配中心,在城镇化进程中发挥着重要的造血、输血功能和宏观调控作用。商业银行不但可以通过发放消费贷款,促进消费者消费需求的转变,而且可以通过贷款和投资业务反映国家经济政策和产业政策的取向,推动产业结构的调整。

1. 商业银行的信用中介功能是消费需求转变的重要保证

消费是经济增长的重要推动力。城镇化进程中消费规模的扩大和消费结构的升级,尤其是"住、行、学"等耐用消费品方面的需求,需要商业银行发挥资金调节功能,搭建信用中介平台,解决市场信息不对称问题,提高资金的使用效率。

首先,房地产作为资金密集型行业,对商业银行具有很强的依赖性。房地产开发经营过程中土地购买、开发建设、房产销售、房地产经营的四个阶段紧密相连,环环相扣,而资金成为衔接各个环节的关键因素。因此,在房地产金融活动中,房地产开发贷款、房地产流通贷款或者房地产消费贷款,都需要商业银行发挥其信用中介职能,提供稳定充裕的信贷资金来源,切实解决城镇化进程中"民有所居"的问题,促进房地产市场的稳定健康发展。其次,随着居民生活水平的提高,出行旅游占居民收入比重越来越高。商业银行不但要加强支付平台的搭建,还要加强旅游景点的自助设备等配套设施的建设。同时,汽车作为居民出行的交通工具,汽车消费金融服务需求不断扩大,需要商业银行在资金筹集、信贷运用、抵押贴现、汽车保险等领域加强产品创新,满足消费者的金融需求。最后,在城镇化进程中教育、医疗等支出的不断提高,也需要商业银行创新产品,为市场需求提供良好的资金支持。

2. 商业银行的信用创造功能是投资性需求转变的重要力量

基础设施作为一种公共产品,往往带有超前性、社会性、公益性,并具有资金投入量大、建设周期长、沉没成本高、需求弹性小等特点。因此,仅仅依靠政府的财力难以满足基础设施建设的资金需求,这就要求商业银行必须通过融资模式创新提供长期、集中、大额的资金来源。商业银行应承担健全城镇功能和发展城镇社会服务的重任,重点解决距离中心城市较近的卫星镇的金融需求,如供排水、交通、能源、信息、防灾减灾等基础设施建设需求,为资金向城市基础设施建设领域配置发挥先导性的"铺路和搭桥"作用。

另一方面,生产性投资需要商业银行发挥造血功能,为企业提供源源不断的资金支持。商业银行不但要支持居民住房消费能力的提高,更重要的是要为房地产开发等生产性投资提供资金保障,发挥商业银行的资金"蓄水池"作用,将闲置的、零散的资金集中在一起,以满足大规模的投资需求;将资源从低效率利用的部门转移到高效率的部门,使一个社会的经济资源能最有效地配置在效率最高或效用最大的用途上,实现稀缺资源的合理配置和有效利用。

3. 商业银行的经济调节功能是推动产业结构调整的重要载体

商业银行作为一国经济调节的重要基础和根本途径,为政府实施宏观调控创造了条件;货币政策的三大传统手段,即法定存款准备金、贴现率、公开市场业务的实施都是以商业银行为载体。

一方面,商业银行通过贷款的投放,实现资源的合理利用和高效使用。城镇化进程伴随着产业结构的调整,第三产业将成为商业银行的主战场,这就要求商业银行将产业战略布局从支持工业经济发展,转变为工业和服务业并重。城镇化中经济重心由城市向城乡的转变,要求资金投向主要集中在发展城镇经济、促进社区服务水平提高上,重点支持农业产业化、农产品结构调整、农产品深加工、运输、储存等,同时积极支持面向城镇社区服务的各类服务机构,特别是有需求潜力和就业容量大的服务业,促进城镇第三产业发展。

另一方面,商业银行是中央银行控制银行派生存款,进而控制经济活动的重要途径。商业银行通过严格贯彻落实中央银行的货币政策措施,合理分配和贷放资金,保证宏观经济的稳定、健康发展,从而有利于调整产业结构,优化社会资源的配置,进而提高社会货币资金的使用效率。

三、商业银行以转型促城镇化的对策研究

上文分析表明,消费性需求的转变、消费规模的扩大以及产业结构的调整,在给银行带来较大发展空间的同时,将会引起银行的客户结构中小化、收入结构的多元化的转变,这就要求银行推进公司金融向个人金融的转变,更加突出地体现"以人为本"的特性;通过渠道转型与再造,为城镇化进程提供专业化、特色化、综合化的金融服务。

1. 加快经营模式转型,为城镇化进程提供专业化的金融服务

城镇化进程中,客户结构中小化和收入结构多元化已成为商业银行发展的基本趋势,商业银行必须转变盈利模式和经营模式,以零售业务为增长点,通过打造流程银行,创新电子渠道,为客户提供专业专注的金融服务。

（1）以零售业务为增长点,推动城镇化进程中消费结构的转变

随着居民的金融需求不断呈现个性化趋势,商业银行需要积极开拓网络结算与服务、财务顾问、投资银行等业务领域,增强银行的综合服务能力。一是商业银行要积极跟进市场,掌握客户需求,实施和完善以市场和客户需求为中心,将零售业务产品整合为基础账户服务、投资理财服务、个人信贷服务、信用卡四大产品线,为客户提供综合化的产品组合及优惠套餐方案,迅速扩大单个客户金融产品渗透率。二是商业银行要打造集转账、投资和智能理财于一体,具备多卡统一管理和多通道金融投资功能的综合性个人金融账户。尽快形成投资范围覆盖票据、债券、信贷、资本、外汇等各类市场,投资风格适应低、中、高各类风险偏好客户的理财产品供应体系。三是商业银行要创新住房金融产品、旅游金融产品和汽车金融产品,积极开办住房贷款、消费贷款等业务,加快信用卡新产品、新功能的研发推广进度,提高城镇居民的生活水平和生活质量。

（2）打造流程银行,提高客户服务效率

虽然商业银行经过股份制改造和上市,但是仍然存在"重规模轻质量、重速度轻效益",盲目追求规模扩张的问题。但随着市场竞争的加剧,部门银行体制僵化的弊端开始日益显现,如容易导致部门之间推诿扯皮;部门、层级过多,导致业务环节过长、效率低下,难以适应市场及客户需求的变化。为了更好地满足客户需求,必须根据客户类别和客户需求进行组织架构和业务流程的再造和设计,实行专业化管理和专业化营销,形成专业的行业规划、市场定位、专业化团队、专业化营销和专业化评审体制。

（3）加强电子银行渠道建设,提供丰富多样的服务和营销渠道

随着信息化程度的不断提高,电子银行业务将成为未来商业银行核心竞争力的决定性因素之一,商业银行应加强电子支付环境的改善以及新兴渠道的建立,为城镇化进程中消费需求的转变,提供专业、安全、便利的支付环境,也为电子银行业务的发展创造大量的业务需求和价值增长机会。

2. 加强业务模式转型,提供特色化的金融服务

结合城镇化进程中产业结构调整的需要,商业银行应主动求变,在完善主导、传统制造业金融服务体系的基础上,加强产品创新力度,创新融资模

式,加大对现代服务业、县域金融和中小企业的支持力度。

（1）以产品创新为突破口,满足城镇化进程中的资金需求

城镇化进程中现代服务业逐渐成为主导产业,这也要求信贷资金要重点向现代物流、零售业、教育、科学研究和商务服务等生产性服务业倾斜。商业银行要把握好二、三产业融合、制造业企业分离发展服务业的机会,利用现有制造业的客户基础和资源,延伸营销和服务科技研发、物流配送、专业配套、设计策划等生产性服务业企业,调整优化产业信贷支持政策。

一是创新信贷产品体系。现代服务业作为城镇化进程中的主导产业,不但具有知识密集型、智力密集型和创新密集型等特征,专利、版权、品牌等无形资产的比重大幅增加,而且具有高技术含量、高投入、高成长和高风险的特征,这对商业银行以稳健为主的风险管理体系提出了新的要求。商业银行必须改变过去以固定资产作为金融质押品为主的产品体系,针对无形资产开展金融创新,提供以无形资产为金融质押品的融资产品,为高新技术企业提供孵化基金。

二是创新信贷营销模式。针对现代服务业既联结传统产业又联结新兴产业、既隶属生产型又隶属消费型、兼有劳动力密集和知识智力密集的多层次、广分布的产业特点,加强服务业细分市场运行特征和风险特征研究,对目标客户分类管理,把握好不同类型企业的成长特点和风险特征。针对现代服务业的成长特点和风险特征,积极开展信贷制度创新,调整和细化服务业实体的信贷准入标准、业务流程和风险控制制度。

三是创新服务业融资模式。针对现代物流、现代商贸固定资产占有少,但物质流、资金流和信息流充足的特点,以控制企业物资流、现金流为手段,加快开发完善贸易融资产品体系。以供应链核心企业为依托,围绕上下游关联企业,打造"1＋N"式整体一揽子信贷服务模式。

（2）县域金融和城镇金融为重点

一方面,信贷资金的投向应以大力支持城镇能源供应、道路改造、美化绿化、商贸设施等工程建设为主要导向;以提高城镇硬件发展水平,提升城镇的整体形象,为城镇加快发展奠定坚实的物质基础为主要目的。另一方面,信贷资金的投入,必须要能推进城镇资本、技术、劳动力、土地等要素市

场建设,为城镇发展注入新的活力,特别是农村劳动力向城镇的迁徙和流动,改变我国传统的二元经济结构。

（3）加大对中小企业的资金支持力度

中小企业在城镇化进程中是繁荣经济、扩大就业、调整结构、推动产业创新的重要力量。金融产品作为沟通银行和中小企业的桥梁,商业银行应针对中小企业的金融需求,创新产品与服务,推动适合中小企业需求特点的金融产品和信贷模式创新。而且,商业银行要加强与现代服务业集聚区管理平台的融资合作,可试行"统贷平台"融资运作的新模式,统一贷款、统一还款,实现对园区内中小企业的广泛渗透。同时,随着供应链管理在企业应用的日益广泛,商业银行应加强物流、信息流与资金流的融合,面向供应链各环节中的资金流通,以大客户为龙头企业,沿着供应链或产业链,大力向上下游中小企业推介订单融资、商业发票融资、保理等贸易融资产品,并借助网上银行等设施,拓展网上供应链,打造适合中小企业的授信、盈利模式,切实解决中小企业融资难的问题。

3. 推动渠道转型与再造,打造综合化的金融服务体系

为了适应"客户导向"的需要和现代科学技术发展的需要,商业银行网点的服务也由单一操作功能向自助服务、电话银行、网上银行、网点销售服务转型,提升客户满意度,实现零售网点由交易核算型向销售服务型转变。

一方面,以"三综合"为切入点,提高商业银行的综合服务能力。一是建设综合性营业网点。通过打造综合性网点,整合各类资源,提高网点服务客户的效率和质量,搭建产品销售平台、产品展示平台、客户服务平台、客户体验平台,满足客户全方位的金融服务需求,提高商业银行的综合服务能力。二是加强综合营销团队的建设。商业银行应依托对公业务的优势,着力强化公私业务交叉营销和联动营销,以综合金融解决方案作为切入点,通过度身定制并推介合适的产品和服务,与客户建立包括对公类和零售类业务在内的全方位业务合作关系,实现客户价值创造的最大化。三是加强综合柜员团队的建设。强化岗位间联动协作,在专业、专注的基础上为城镇化进程中消费者、生产者提供理财、财富管理和融资服务,实现客户的资金融通和资产增值。

另一方面,发挥商业银行的联动效应。城镇化的长期可持续发展需要持续的资金、人力、物力注入,要满足城镇化的巨大金融需求,商业银行应充分发挥搭桥和铺路的先导性作用,以金融社会化理念整合政府、市场、金融、企业和社会各方资源,主动深入开展机制建设,引导更多社会资金,合力推进城镇化建设。

首先,加强与政府机构的合作。商业银行通过整合银行的融资优势与政府的组织协调优势,通过组织增信,把政府的力量化为市场的力量。充分利用政府主导优势,发挥财政资金撬动功能,提高风险抵补、贷款贴息和奖励支持水平。同时,加强与开发区、研发平台等载体的合作。及时掌握技术和产品最新进展,从源头上掌握客户、产品和技术信息,争取客户拓展和风险识别的主动权。

其次,加强与科研评估机构的合作。针对现代服务业,特别是文化创新产业、科技服务业及软件和信息服务业知识密集、智力密集的发展特征,加强与技术产权交易所、专业评估公司等机构的合作,加快研发推广知识产权质押融资、版权质押融资等创新型信贷产品,形成知识智力融资新模式。

再次,加强与其他金融机构的合作。商业银行要把握金融需求多样化的发展趋势,加强与证券、保险、投资基金等其他相关行业之间的合作,满足客户多方面的金融需求。特别要注重与实力较强的创投公司、VC/PE 的深度合作,发挥此类机构在新兴产业领域的价值发现和风险识别的专业优势,组建投贷联盟,降低介入风险。同时,积极探索银行"债转股"模式,与各类投资机构共享企业高成长收益。通过建立营销伙伴联盟,共享客户信息、营销渠道,风险控制专长等资源,降低信息不对称风险。

最后,加强境内外机构的业务联动。人民币国际化进程的不断推进,为境内外业务联动提供了良好的业务空间。商业银行可以通过境外机构,利用在岸市场和离岸市场的汇率价格差异和利率差异,以贸易融资为背景,设计合适的理财产品,为国内客户提供融资服务,降低企业的融资成本,为城镇化进程中的企业提供金融服务。

第三节　金融支持实体经济
发展存在的问题分析

实体经济与虚拟经济犹如现代经济的"两个车轮",两者之间既相互联系又相互独立。实体经济是一国经济发展的根本,是虚拟经济存在和发展的基础;虚拟经济的产生源于实体经济发展的内在需求,实体经济的正常运转和快速发展,离不开虚拟经济的支持。但是,如果虚拟经济的发展脱离实体经济,可能会导致泡沫经济和经济危机。因此,正确处理好实体经济和虚拟经济之间的关系,既关系到我国产业结构调整,更关系到我国经济的长期持续健康发展。近年来,我国出现的"脱实向虚"现象,不但影响了我国实体经济的发展,而且对货币政策的实施产生了较大的负面影响。本文从货币和资本的职能角度入手,阐释"脱实向虚"的本质内涵、主要表现、成因机制,从而对"脱实向虚"进行系统的经济学分析,并从经济规律上寻找促进"脱实向虚"资金归位的路径和对策。

一、"脱实向虚"的内涵阐释

2014 年 7 月李克强总理在国务院工作会议中明确提出促进"脱实向虚"信贷资金归位,这是"脱实向虚"第一次在官方文件中被提出。目前,关于"脱实向虚"的研究仍然非常匮乏,"脱实向虚"的定义尚没有明确界定(鄢斗,2012)。但是,要分析"脱实向虚"的成因和机制必须合理的界定"脱实向虚"的内涵。这就要从"实体资本"和"虚拟资本"、"实体经济"和"虚拟经济"两对相对应的概念入手。其中,实体资本、实体经济和虚拟资本的定义马克思在资本论中都给出了明确的界定。虚拟经济作为一个新的经济学名词,是从马克思《资本论》中的"虚拟资本"演绎而来,其概念和范畴至今尚无统一的解释,这也导致我国学术界一直存在不同的理解。党的"十六大"报告提出要正确处理虚拟经济与实体经济关系以后,引起了国内学术界对虚拟经济研究的高度关注。很多学者都对虚拟经济的定义作了明确的界定和区分(李晓西、杨琳,2000;李扬,2003;成思危,2009;叶祥松、晏宗新,2012)。但是既有的定义并没有从货币和资本的职能、资本的价值和使用价值角度进行明确的区分。

我们认为,无论是"实体经济"还是"虚拟经济",都源于货币和资本;是"实"还是"虚",最终取决于货币和资本在经济运行中所执行的职能。一方面,货币作为资本主义生产过程的先导,货币除了作为货币具有的实用价值以外,又取得一种追加的使用价值,即作为资本来执行职能的使用价值。在这里,它的使用价值正在于它转化为资本而生产的利润(马克思,1857)。这意味着货币只有转化为资本才能实现增值。另一方面,资本是在运动中增殖的,资本的运动过程就是其周而复始的循环过程。货币在资本循环中起着润滑作用,同时又通过信用渠道放大资本的潜能。生息资本只有在借贷货币实际转化为资本并生产一个余额(利息是其中的一部分)时,才成为生息资本。根据货币在实体经济和虚拟经济中实际所执行的职能角度来看,信用形式或证券化等虚拟资本形式并不必然是虚拟经济。比如股票筹集的资本进入企业运行时不是虚拟经济,但股票作为所有权证书进入市场流通时就是虚拟经济。因此,衡量虚拟经济的关键是看货币和资本在流通过程和生产过程中所扮演的职能。不管是虚拟资本还是实体资本,只有资本最终流向没有用于企业再生产过程的才是虚拟经济。

从虚拟经济的衡量标准来看,"脱实向虚"指产业资本转化为货币资本的程度较高,货币资本在实际执行职能过程中从实体经济游离出来执行生息资本的职能,丧失了货币的使用价值,是资本并没有实现增殖的一种货币空转的现象。主要表现为大量闲置资本通过房地产、汇市等大肆进行投机活动,形成的虚拟经济领域投资过热实体经济过冷的现象[①]。

二、"脱实向虚"在经济运行中的"假象"

1. "脱实向虚"形成实体经济与虚拟经济"貌合神离"的现象

在现代信用经济中,商业信用和货币信用交织在一起,信贷只是徒有其

---

① 关于房地产是虚拟经济还是实体经济仍然存在较大的争议。比如吴立波(2000)认为虚拟经济不但包括以牟取差价为目的的经济活动,还包括以金融业为基础的房地产及文物珍品等的投机活动。针对我国"脱实向虚"资金主要是通过各种渠道投向房地产领域以及通过房地产倒买倒卖投机活动的现象,本文将房地产市场也归类为虚拟经济。

名。当前,我国"脱实向虚"的主要特征就是实体企业利用虚构的交易背景作为融资平台,套取银行贷款投入房地产、民间借贷等。从"脱实向虚"的特征可以发现,在整个"脱实向虚"的链条环节中,本质上资金并没有完全脱离实体经济的纽带,并没有改变"G—W—G"的资本运作形式,至少在形式上和程序上资金的目的是为实体经济而服务的,但是在实际流通过程中可能出现两种情况:

一是资金通过在各个环节的流转,最终流入到产业资本家手中执行其资本使用价值职能;但是由于人为拉长了产业资本获得资金的链条,提高了实体经济的融资成本。二是在虚构的交易背景下,货币并没有转化为生产资本或商业资本用于扩大再生产实现资本的使用价值,只是在银行和企业之间进行了多次空转。后一种情况,货币通过商业诈骗的形式成为高利贷资本,实质上将资本总公式"G—W—G"简化成没有中介(或者是以虚假交易为中介)的两极"G—G′",即交换成更多货币的货币。且后一种情况在"脱实向虚"中表现得更加明显。因此,"脱实向虚"形成了实体经济与虚拟经济"貌合神离"的现象,虚假的交易和虚化的商品在资本的流通过程中扮演着重要的媒介作用,此时的资本不是为买而卖,而是为增值而买卖,买卖沦为融资工具。

2."脱实向虚"造成虚拟经济发展的幻象

虚拟经济是一把"双刃剑"。从虚拟经济的积极功能分析,它的发展总体上对实体经济发展有积极的促进作用,如为实体经济提供融资支持,促使资本流向效益高的领域和企业,提高整个社会的经济效益,以及通过财富效应刺激消费和投资需求等(洪银兴,2005)。但是虚拟经济中也潜伏着影响国家金融安全的宏观风险,如果虚拟经济发展超过实体经济可以支持的度,就会产生泡沫经济。当前,我国"脱实向虚"主要表现为企业家投资实体经济的意愿下降,大量资金开始进入房地产和其他资产投机领域,资产泡沫愈演愈烈。"脱实向虚"本质上并不是虚拟经济的发展,而只是一种货币资金的空转,通过投机、套利等方式实现资本的增值。

因此,"脱实向虚"只是虚拟经济发展的幻象,要严格区分"脱实向虚"与虚拟经济发展之间的差异,认清我国虚拟经济发展的现实情况。一方面,我国金融资产占GDP的比重仍然较低。2011年我国金融资产占总资产的比重为47%,同期美国金融资产占总资产的比重为72.79%,英国占比达到80%。

表 2-1 中国和主要发达国家金融资产占总资产的比重

	2007 年	2008 年	2009 年	2010 年	2011 年
美国	69.61%	69.94%	72.34%	72.82%	72.66%
英国	80%	80%	79%	79%	80%
中国	44.39%	44.77%	46.69%	47.89%	47.20%

数据来源:WIND资讯。

另一方面,我国资本市场发展仍然不完善。我国直接融资中债券市场和股票市场发展比较滞后,实体企业的直接融资渠道不畅,仍然以间接融资为主。其中,存款和贷款占金融资产的比例一直维持在55%以上,债券和股票在金融资产的占比合计只有13%左右,美国同期则在50%以上(见图1)。这表明,我国的货币资金较多地停留在货币流通阶段,没有转化为资本充分发挥资本的价值。同时,金融产品比较匮乏,投资渠道比较单一,导致房地产市场、股市、汇市等过度投机。

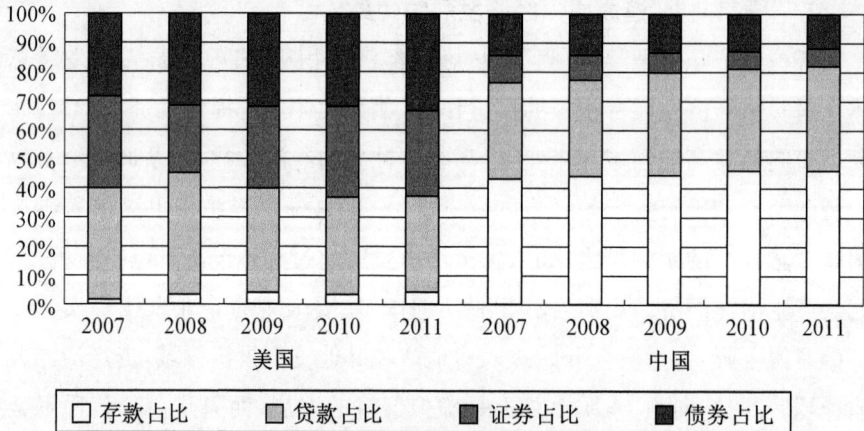

图 2-4 中国和美国金融资产主要构成比较

数据来源:WIND资讯。

3. "脱实向虚"形成产业结构调整升级的表象

服务业的发展与整个经济发展紧密相关。根据国际经验,人均GDP接近7000美元是产业结构调整升级的重要时期。当前,我国人均GDP达到41908元,折合美元已经接近7000美元。党的十八大明确指出"使经济发展更多依靠现代服务业和战略性新兴产业带动。"近年来,我国服务业发展速度也明显加快,2013年服务业增加值达到26.22万亿元;服务业占比也显著上升,从2001年的39%上升到2013年的46.1%。

但是需要认清的现实是"脱实向虚"并不是产业结构调整升级的主要表现。一方面,我国第三产业发展结构仍然有待优化,主要表现在交通运输、批发零售和餐饮业等传统服务业占比较高,一直维持在40%以上;现代服务业的发展与发达地区仍然存在较大的差距,金融业和房地产业等虚拟经济发展较快,信息业和商务服务业发展相对滞后;另一方面,金融业和房地产业的较快发展并不是国内产业结构调整升级的主要原因。近年来,我国服务业较快增长主要得益于国内医疗、教育等服务业产能相对不足,高端生产性服务的缺乏,扩大内需政策形成的叠加效应形成了市场对服务业的稳定需求。相反,当前的"脱实向虚"不但不利于我国产业结构调整升级,反而会导致我国经济被房地产绑架,导致实体经济产业"空心化"。

三、"脱实向虚"的成因和机制分析

马克思的货币理论为阐释"脱实向虚"提供了理论基础。货币是商品经济内在矛盾发展的产物,是商品矛盾运动中价值形式发展的必然结果。随着商品交换的发展,货币的职能不断拓展,从最基本的价值尺度和流通手段职能,衍生出支付手段、世界货币等职能。尤其是货币执行支付手段的职能,一方面把商品交换从现金交换中解放出来,扩大和方便商品的流通,为商品经济的运行创造条件;另一方面又发展了商品经济的内在矛盾。在信用制度下,货币支付手段所形成的债务链条一旦被打破,会导致商品生产、经营无法顺利进行。同时,货币资本的过剩会驱使生产过程突破界限产生流动性过剩、信用过剩、生产过剩。

1. 货币超发引致的流动性过剩

马克思认为货币流通是以商品流通为基础的,并且服务于商品流通,但是纸币流通量超过自己的限度,不仅有信用扫地的危险,还可能产生通货膨胀。在传统的粗放型经济发展模式下,我国的经济增长过度依赖投资,导致我国的货币投放量大量超发。我国货币供应量(M2)增长率一直维持在10%以上(显著高于美国的5%左右的增长率),货币投放规模从2000年的12.26万亿元迅速扩大到2013年的110.65万亿元,累计扩大了9倍(见图2-5)。这也导致我国货币供应量与GDP占比达到200%左右,而同期美国占比为66%(以2013年为例)。

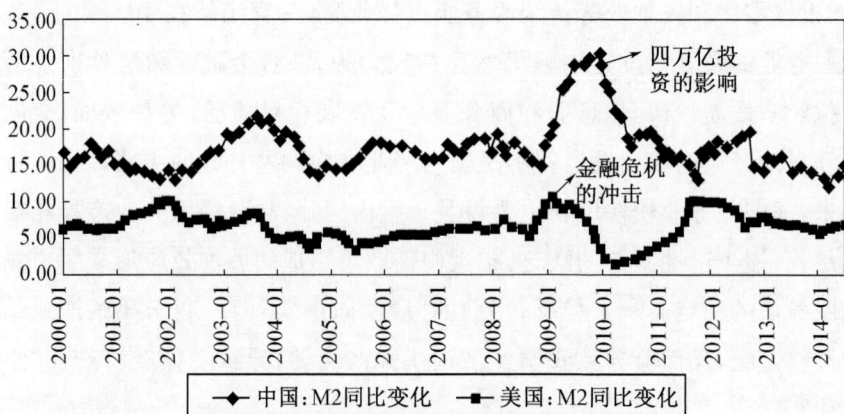

图2-5 中国和美国M2同比变化

货币资本循环、生产资本循环和商品资本循环的三个阶段是相互依存、紧密衔接的,任何一个阶段的停顿或滞缓都会影响资本循环的实现和再生产的顺利进行。如果产业资本家不能直接扩大他的再生产过程,货币资本的一部分就会作为过剩的货币资本从循环中排除出来,并转化为借贷货币资本。我国纸币发行量大幅上升以及居民储蓄率一直居高不下(长期维持在40%以上),银行信用和商业信用的介入加快了货币流通的速度,导致生产资料和生活资料价格上升。在城市化进程背景下,银行积极给房地产企业贷款,由于房地产等基础设施建设需要大量的长期资金支持,导致整体的货币市场资金面不断紧张,产业资本家获得资本的能力不断压缩,这就导致生产资料和生活资料的供给不足,形成了"蒜你狠"、"姜你军"等生产资料和生活资料价格疯狂上涨的畸形市场。此时,必然会引起市场上欺诈盛行,投机家、承包人等会通过货币资金运作发财致富,引起市场上强烈的消费需求,会进一步推高商品价格。这就正如马克思所说:后一种部门如建筑、铁路等不断需要大规模地长期预付货币资本,社会可供支配的生产资本受到压力。因为生产资本的要素不断地从市场上被取走,而市场来代替它们的只是货币等价物,所以有支付能力的需求将会增加,而这种需求本身不会供给任何要素。因此,生活资料和生产资料的价格都会上涨(马克思,1857)。同时,在货币超发的背景下,实体经济产业资本相对缺乏会导致利息率畸形上升。利息率的畸形上升提高了实体经济的融资成本,挤压了实体经济的利润空间,导致实体经济利润率下降;而投资于虚拟经济周期短、收益高。这种投资导向的结果就是越来越多的产业资本家退出实体经济,专业从事货币资本运作的货币资本家数量显著上升,形成虚拟经济对实体经济的"挤出效应"。

2. 金融市场化过程中的"信用过剩"

货币资本的过剩随着信用的发达而发展。信用是与商品经济相联系的范畴,随着市场经济的发展,信用活动日益频繁和深化,信用形式也日趋多样化。一般认为,股市和房市泡沫是信用极度膨胀的产物,这些资产泡沫与实体经济的虚假繁荣、生产过剩结合在一起,信用是实体经济与再生产过程联系的中介(叶祥松、晏学新,2012)。马克思在资本论中分析了信用固有的"二重性":一方面在信用经济中,再生产过程的不同阶段都以信用为中介,生产过程的发展促使信用扩大,而信用又引起工商业活动的扩展。信用制度是生产过剩和商业过度投机的主要杠杆,可以把伸缩的再生产过程强化到极限。另一方面,随着投机和信用事业的发展,它还开辟了千百个突然致富的源泉,导致更多的产业资本家"脱实向虚"(马克思,1857)。

本书所指的金融市场化过程中信用过剩,并不是我国信用经济发展的绝对过剩,而是在"公有制经济为主体、多种混合所有制经济共同发展"的经济制度下,国有经济和非国有经济之间的信贷资源配置不合理形成的国有企业信用过剩,非国有企业信用不足的现象。首先,"国有经济"垄断特权形成的资源错配。政府平台公司、国有企业等在"脱实向虚"中扮演了重要的角色。在政府兜底思维的影响下,国有企业、政府平台公司等在银行贷款过程中凭借其"国有"身份优势,获得银行信贷资源的垄断特权。这就导致一些实际融资单位受政策限制、信贷条件不符等原因,通过正规渠道难以获得信贷资金,为满足其资金需求,通过虚假贸易合同等手段,借政府平台公司等金融机构进行融资后,直接或间接地交由实际融资方使用,这种融资行为简称为借道融资(见图 2-6)。在借道融资模式中,平台公司隐瞒关联关系和实际控制关系,通过虚假贸易背景进行关联交易、包装同一建设项目进行多头重复融资骗取银行贷款。获得信贷资金后,通过大量关联交易、虚假贸易合同、过期合同、内部转移价格等手段将资金转移给实际融资企业。这种借道融资模式导致货币资本"脱实向虚",不但不利于我国货币政策的执行和信贷资源的配置,而且滋生了影子银行、民间借贷等发展空间,形成了潜在的金融风险。

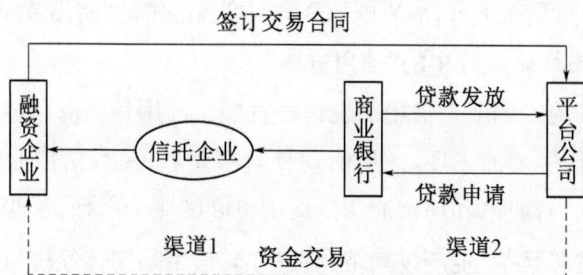

图 2-6 借道融资的主要模式

其次,近年来我国金融市场化取得了较大的进步,主要表现为利率市场化和汇率市场化进程的有序推进。一方面,发达国家的经验和我国利率市场化的实践表明,利率市场化初期一国的利率水平会显著上升。尤其是2013 年互联网金融的兴起进一步推高了我国整体利率水平,扩大了境内外利差水平。另一方面,在汇率市场化过程中,我国大力推进人民币国际化进程,通过在境外设立离岸交易市场,境内外市场的发展为进出口企业提供了更多的套利或套汇空间,导致我国贸易出现了虚假繁荣。比如,2013 年 4月份我国出口同比增长 14.7%,进口同比增长 16.8%,远高于市场预期,且与中国香港、台湾和韩国等地区的贸易数据形成了很大的反差。在利差和汇差的驱动下,套利活动导致进出口增长的泡沫不断被放大,贸易数据的失真也反映了中小企业生存环境不断恶化,逼迫企业通过虚假贸易等手段套利,这进一步阻碍了人民币资本项目开放的进程。

(1) 利用境内外汇率差异套利。贸易项下人民币结算的开放使得香港离岸人民币(CNH)外汇市场得以与大陆在岸人民币(CNY)外汇市场并存。由于同时存在两个人民币外汇市场和两个人民币汇率,且资金可以相对自由地跨境流动,进出口企业利用境内和境外市场的汇差选择更有利的市场价格结售汇获得汇差收益(余永定,2012)。

(2) 利用境内外利率差异套利。由于发达国家普遍采用宽松的货币政策,导致境外利率相对较低;而国内的资金成本相对较高,且在互联网金融发展的初期,境内的理财收益率一度高达7%左右。进出口企业尤其是很多大型国有企业利用境外关联公司以较低的融资成本(3%左右)从境外获得资金,通过银行将资金汇入境内存成高收益的理财产品(7%),获得4%左右的境内外利差收益。

(3) 利用人民币升值套利。受国内持续的高速经济增长、高企的贸易顺差影响,汇改以来人民币一直呈现单边升值的走势,累计升值达到25%左右。这吸引了大量的外资通过贸易或投资渠道流入中国,坐享人民币升值的利益。人民币汇率单边升值,国际投机热钱利用汇率升值无风险套利,加剧国内流动性过剩,推动资产价格上涨。

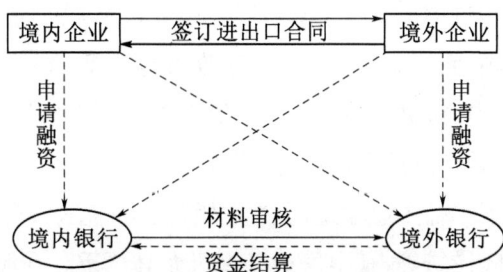

图 2-7 进出口企业套利模式

注:其中虚线代表资金在进出口企业之间的流动。

最后,在这三种套利模式的基础上,逐渐衍生出通过虚假贸易的行为套取银行的信贷资金,形成的贸易融资流贷化。尤其是在金融危机爆发以后,受"四万亿"投资的影响,生产资本和商品资本这两种形式上的产业资本已经收缩,导致和生产积累成反比而同生产积累有联系的借贷资本堆积过多。进出口商已经不再是为了进出口生产或生活资料而签发汇票和信用证等,而是为了能够通过贸易背景从银行获得贷款。比如,2014 年 6 月份爆发的青岛港事件和"钢贸"事件等,都是进出口商通过重复抵押和循环信贷等手段,使大量信贷资金脱离实体经济,在银行体系外空转或涌入具有高回报的房地产、信托和民间借贷等虚拟经济领域。这种贸易欺诈行为导致贸易融资合同泛滥和商品库存大幅波动并存、银行信用透支和大宗商品价格背离并存的现象时有发生。

3. 经济转型过程中的产能过剩

马克思揭示一般利润率下降趋势规律的理论意义在于揭示资本主义生产方式的内在矛盾。对这一矛盾的分析,为解释"脱实向虚"的深成层次原因提供了思路和方法。货币资本本身的过剩不是必然地表示生产过剩,甚至也不是必然地表示缺少投资领域,而是由于资本增殖的规律,由于资本作为资本能够增殖的界限而产生的(马克思,1857)。这意味着在货币资本过剩情况下,利润率的下降在促进人口过剩的同时,产生的生产过剩、投机、危机和资本过剩。尤其是进入机器大工业阶段后,生产过剩的危机成为现实是大工业同资本积累共同作用的结果。

一方面,产业转型升级过程中,利润率下降趋势规律形成的周期性产能过剩和体制性产能过剩。美国"金融危机"爆发以后,受外部需求恶化和国内需求放缓的影响,我国制造业一直处于收缩的过程。然而,受"四万亿"投资的影响,我国家电、机械、重化工、钢铁等主要制造业企业一方面依靠银行贷款疯狂扩张,导致产能严重过剩,盈利能力急剧下降;另一方面,越来越多的制造业企业为了弥补主业亏损,通过虚假贸易等获取银行贷款,转手投入房地产、采矿、民间借贷等,其中房地产投机尤其严重。在制造业收缩的过程中,由于一般利润率下降规律的作用,最低资本限额提高,使大量达不到最低限额的资本进入房地产市场、股票市场等虚拟经济投机领域。大量的小额资本直接在资本市场上作为投机资本运作,而不是创业资本运作;在股票市场和房地产市场运作的相当大数量的资本可以说完全没有作为现实资本进入现实的资本运动过程,这意味着虚拟资本与现实资本运动的分离达到了脱离的地步(洪银兴,2005)。大量资本游离出来从事套利行为形成了"脱实向虚",马克思认为资本家贷出资本获取利益具有天然正义性,但是这种天然正义性具备两个前提条件:一是交易建立在法律契约上;二是与生产方式相适应。"脱实向虚"引起的信贷资本的增加导致生产过剩的现象与我国生产方式的不适应性;另一方面企业通过虚假贸易的欺诈行为,通过融通汇票和空头汇票等虚假信用的方式将货币资本从一个产业资本家转移到另一个产业资本家手中,不利于现实资本的积累或再生产过程的扩大。

另一方面,消费升级与产业转型升级不协调导致的结构性产能过剩。当前我国人均收入水平已经达到 7000 美元左右,居民对衣、食、彩电等传统制造业的需求显著下降。根据恩格尔定律,随着居民收入的增加,"吃、穿、用"等项支出在居民各项支出中所占比重呈下降走势,"住、行、学"消费支出呈现上升的趋势(见下图)。

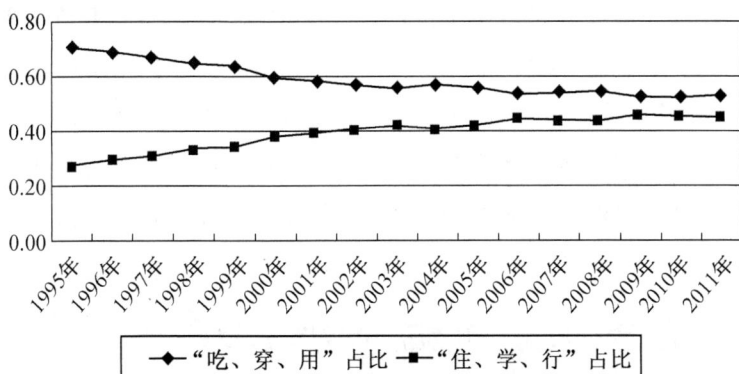

图 2-8　居民消费支出占比的变化

资料来源:根据 WIND 资讯整理获得。

虽然我国制造业投资的增长率始终高于全社会固定资产投资增长率,但"住、行、学"方面的消费性投资只有个别部门在个别年份高于全社会固定资产投资增长率。这一投资的严重不足,是引致"住、行、学"市场严重供不应求的根本成因(王国刚,2010),也导致消费和生产的矛盾不断扩大,形成了结构性的产能过剩。这就是马克思所说的,以真实贸易为基础的"现实买卖的扩大远超过社会需要的限度",才是"整个危机的基础",而不是人们常常攻击的信用投机。这一现象在我国 2008 年"四万亿"大规模刺激之后尤为突出,经济体系负债率或杠杆率直线攀升,生产和消费的矛盾进一步被放大。伴随着大量货币资本涌入到实体经济中,在信用经济的作用下,作为追加的资本投入到生产过程中。此时,生产的无限扩张要求市场不断扩大。但是"市场的联系和调节这种联系的条件越来越采取一种不以生产者为转移的自然规律的形式,越来越无法控制"(洪银兴,2005)。因此,"脱实向虚"的根本原因是生产和消费之间的不协调导致产能过剩,"生产力越发展,它就越和消费关系的狭隘基础发生冲突"。

综上所述,马克思提出信用产生虚拟资本的量是有边界的,它最终不能脱离实体经济。信用的最大限度等于产业资本的最充分运用,也就是等于产业资本的再生产能力不顾消费界限而达到极度紧张。信用的持续扩大是以再生产过程扩大为基础的,取决于生产过程和消费过程的顺畅进行。只要再生产过程顺畅进行,资本回流确有保障,信用就会持续下去和扩大起来。在"脱实向虚"的情况下,由于生产资本和商品资本循环不畅导致回流延迟,市场商品过剩,再生产过程的扩大受到破坏。此时,信用扩张过度的必然后果是信贷萎缩和信用危机(金融危机),此乃人类经济体系的一个内在规律。所以,当房地产市场预期下降,民间借贷、信托行业的赚钱效应下降,资本循环中必然出现流动性短缺,信用加速了矛盾的爆发,甚至导致经济出现紊乱,社会生产过程中断。

四、促进"脱实向虚"资金归位的对策建议

"脱实向虚"现象的产生暴露了生产力和生产关系矛盾形成的生产过剩,市场制度和信用机制建设不完善引发的"信用瘟疫",以及货币超发引发的流动性过剩。因此,要促进"脱实向虚"资金归位,正确处理虚拟经济与实体经济的关键在于市场经济制度的创新与优化。坚持金融市场改革与监管相结合,实体经济转型升级与虚拟经济发展相结合的措施,切实降低实体经济融资成本,促进我国经济持续、稳定、健康发展。

1. 加快金融市场化改革步伐,营造良好的金融市场环境

虽然人民币国际化和利率市场化为"脱实向虚"提供了新的套利渠道和套利机制,但是必须清醒地认识到市场化并不是融资成本上升、套利机制形

成的根本原因,市场的奥妙恰恰在于,由于参与者众多,总有大量的市场参与者可以抓住其他人的不理智进行"套利",最终会在一定时间内使市场回归理性。因此,金融市场化改革仍是大势所趋,必须加快人民币利率、汇率市场化改革,取消利率管制、汇率干预等措施,营造良好的金融市场环境,缩短企业融资链条,让资金更快、更直接地流入到需要的企业和行业。

如前所述,"脱实向虚"的主要原因之一就是流动性超发导致的流动性过剩,加上信用的无序发展导致的社会融资成本过高的结构性问题。因此,一方面货币政策的制定应采取"量价结合"的原则,通过价格调整盘活存量货币,让货币流入产业资本循环和商业资本循环中。另一方面,针对一些行业和企业对资金价格不敏感,部分低效率企业占用大量信贷资源,挤占了其他实体经济特别是小微企业融资机会的问题,在市场经济的改革过程中不但要逐渐取消"国有"和"非国有"的身份差异,为民营企业营造公平的市场竞争环境,而且应该通过设立专项资金和定向扶持的方式,引导银行信贷资金流向。同时,通过设立民营银行、引进民间资本的方式,推动金融市场主体多元化,倒逼商业银行转型升级和挤压民间借贷市场的发展空间。

2. 建立健全信贷监管机制,有效控制银行信贷风险

虽然市场化改革滞后和监管不力为"金融创新"提供了契机,但是市场化并不意味着完全取消监管,而是要有选择的监管。对于商业银行而言,要合理利用信贷机制。信用作为通货速度的大调解器,对经济周期起着关键性作用。正如马克思所说:只要银行的信用没有动摇,银行在这样的情况下通过增加信用货币就会缓和恐慌,但通过收缩信用就会加剧恐慌(洪银兴,2004)。因此,银行贷款作为我国"脱实向虚"资金的主要来源,在扭转资金"脱实向虚"的问题时,要避免商业银行信贷资金"一刀切"的现象,避免商业银行全面收缩信贷资源对实体经济产生更大的冲击。这就要求商业银行必须加强信贷管理控制信贷风险。在贷前加强对贸易背景真实性的审查力度,尤其是进出口企业的贸易背景、仓单、关单和货物的真实性检查;贷中注重对企业的经营情况、资产负债情况的检查;贷后加强对企业资金用途、资金流向的监控,保证银行贷款的合理使用。对于央行、银监会等金融监管机构而言,必须通过优化贷存比、存款准备金、资本充足率等监管措施,为商业银行解放监管包袱，释放更多活力，从监管层面避免商业银行出现高息揽储、冲时点、乱收费等现象。

3. 坚持"虚实结合"，增强经济运行活力

一方面，促进制造业转型升级，化解产能过剩。实体经济仍然是一国经济发展的根本。近年来，受资源成本上升、人民币升值、融资成本高等因素的影响，实体经济利润率不断下滑，这也是导致资金出现"脱实向虚"的重要诱因。因此，要从根本上扭转资金"脱实向虚"的现象，必须加快实体经济的转型升级，提高制造业的国际竞争力。金融危机后，经济增速的阶段转换表明依靠比较优势和后发优势的传统经济增长模式已经难以为继，美国以及其他后工业化发达国家的经验表明，国民生活水平之所以大幅提高，重要原因之一就是企业家精神，继而科技变革诱发的创新。因此，在新的阶段，一是我国必须充分发挥企业家发现均衡和通过创新打破均衡的功能，使中国国内市场潜力得到真正的开发，推动中国经济转型升级（张维迎、盛斌，2014）。二是加大财政补贴力度和专项资金支持，健全金融信贷体系和完善社会信用制度，给予有创新潜力的中小民营企业更多的政策扶持，为本土制造业突破低端锁定、实现产业升级创造良好的外部环境。

另一方面，引导虚拟经济的合理发展。虚拟经济的发展是一把"双刃剑"，虚拟经济的存在和发展对实体经济的发展有显著的拉动作用；但是作为投机性经济，如果发展过度会导致泡沫经济之类的宏观风险（洪银兴，2005）。当前，商业银行主导的金融体系在功能设计上难以为高端制造业和现代服务业提供更好的金融支持。因此，结合我国虚拟经济发展不足的现实特征，必须建立合理的市场化机制引导虚拟经济健康发展。一是引导房地产市场软着陆。针对我国房地产市场的过度繁荣的现状，通过市场化的宏观调控手段挤出房地产市场泡沫，避免房地产市场的硬着陆。二是发展直接融资市场。在虚拟经济与实体经济之间形成合理的投资结构，有序地推进债券市场、股票市场的发展，打击股票市场的过度投机行为，落实上市公司的分红制度，引导股市的健康发展，增加股票市场活力，为企业提供更多的融资渠道选择。三是加快金融衍生产品市场的发展，改变我国金融工具单一、金融衍生产品缺乏的现状，为居民提供更多的投资渠道选择。

第三章　江苏省信贷投放区域结构分析

伴随着经济改革的不断深化,区域之间的经济发展不断分化,区域内部的金融机构数量和规模也出现比较大的差异,金融机构呈现向中心城市集群的趋势,这也直接导致了信贷资源向大中型城市倾斜的局面。江苏省的经济具有典型的梯度特征,苏南、苏中、苏北资源禀赋、区位因素、基础设施等条件的差异,导致其经济发展在空间上呈现出较强的不平衡性。由于金融发展与区域经济具有较强的相关性,经济发展的不平衡性在一定程度上也会影响区域金融市场的发展。尤其是 2016 年由于房地产市场的异常火爆,带动了房地产相关产业的发展,也间接导致信贷资源大量涌入房地产行业。但是由于此轮房地产行情区域之间的差异非常显著,主要集中在南京、苏州两个核心城市,而其他城市的房价增幅相对有限,这也导致信贷主要集中在南京和苏州地区。本章通过对江苏省信贷投放的区域结构进行分析,探讨不同区域之间金融支持实体经济之间的发展差异。

第一节　信贷投放区域结构的文献综述

近年来,虽然江苏省各市都将金融发展列为经济发展的重点,但是受各地区经济规模、资源禀赋、产业结构等因素的影响,金融发展仍受经济发展水平的制约。

一、金融发展促进经济增长的前提条件

既有的理论研究和实证研究表明,金融发展对经济增长的促进作用随

其所处的金融环境的变化而有所不同,资金转化和配置效率受特定政治、法制、文化等环境的约束和影响(李扬等,2005)。因此,金融发展促进经济增长需要具备一定的前提条件(江春,苏志伟,2013),这些前提条件主要包括以下几个方面:

1. 保持宏观经济的稳定是金融发展促进经济增长的重要前提

Mckinnon(1991)提出进行金融自由化改革需要具备相应的前提条件,他所指的前提条件是宏观经济的稳定,主要包括:(1)控制通货膨胀。Mckinnon 认为,如果在通货膨胀的情况下实现利率市场化必然导致利率水平大幅攀升,从而有可能导致经济的衰退。(2)控制财政赤字。Mckinnon 指出,一国在存在严重财政赤字的情况下进行金融自由化改革,必然会导致通货膨胀。(3)保持货币政策与汇率政策的协调一致,从而为金融自由化改革创造良好的货币环境,这些前提条件实际上也是金融发展促进经济增长的前提条件。

2. 良好的制度是实现金融发展并有效促进经济增长的根本前提

在金融发展理论起源的西方国家,支持金融系统生存和运行的法律、政治、文化等基础要素之间的协调性和完善程度较高,因而金融发展理论侧重于金融与经济相互作用的渠道、机制以及金融发展的影响因素研究。健全的法律体系有助于维护一个稳定的投资环境,塑造规范的、公平竞争的金融市场参与主体,有效遏制恶意欺诈和逃废金融债务等失信行为的发生。在产权保护和法律执行薄弱的国家和地区金融机构通过收取较高的利率来弥补因承担高风险而可能造成的损失。但由于逆向选择和道德风险等原因,随着风险的逐渐增加,利率工具渐渐失效,信贷配给的现象也随之发生(Stigltiz 和 Weiss,1981)。Loayza 和 Ranciere(2006)通过对 75 个国家1960—2000 年的相关数据进行实证分析后发现:如果不具备合理的制度前提,则金融可能会给经济带来不利影响,而只有具备合理的制度前提,金融发展才能有效地促进经济增长。

3. 财富及收入分配状况是否合理也是影响金融发展及经济增长的前提条件

Perotti 和 Thadden(2006)认为财富分配过于集中不利于金融的市场

化及金融的稳定,如果财富分配足够的分散,则该经济体的金融市场及分散的投资者就会占主导地位,在这个基础上,金融发展能够较好地促进经济增长。Roe 和 Siegel(2011)则指出,如果一国因收入及财富分配严重不均而导致政局不稳,则对个人财产或投资者利益的保护将变得非常困难,甚至"制度"也将失去作用,这就会严重影响金融发展,进而不利于经济增长。

4. 解决既得利益集团及腐败问题同样是金融发展促进经济增长的前提条件

在转型经济和发展中国家和地区,责任、声誉以及关系等文化因素形成了对正式融资渠道和治理机制的有效替代,促进了经济增长等。Tressel 和 Detragiache(2008)等人认为:在存在强大的既得利益集团情况下,商业银行往往会将稀缺的资金贷给利益集团,而不一定是贷给那些最有效率的项目,在这种情况下,金融发展就难以产生理想的效果。Sheri 和 Lee(2006)则通过分析 48 个国家的相关数据发现,一国的腐败率越高,则该国金融业的发展对经济增长的负面影响就越大。Black-bum 和 Forgues-puccio(2010)甚至认为:在存在严重腐败的情况下,实行金融自由化改革或金融开放可能比金融管制及金融封闭带来更不利的影响。

5. 金融部门与实体经济部门处于"平衡"发展水平也是前提条件之一

Graff 和 Kannami(2006)通过分析 90 个国家 1960—2000 年的相关数据发现,金融发展无论是低于"平衡发展水平"还是高于"平衡发展水平",均对经济增长不利,由此,他们提出了"金融平衡发展水平"的概念。Ramcharan(2010)则指出,只有实体经济部门与金融部门处于平衡发展水平,且实体经济的机会较多及产业结构更多样化,则越有利于刺激金融发展并促进经济增长。

二、金融发展对区域经济增长的影响分析

1. 区域金融发展的相关研究

1995 年出版的《中国区域金融分析》是国内第一本系统研究区域金融问题的专著,其后陆续出版的《体制转轨中的区域金融研究》(殷德生、肖顺喜 2000)、《区域金融结构和金融发展理论与实证研究》(刘仁伍 2003)、《自

由化进程中的中国区域金融比较研究》(麦永 2005),《区域金融发展问题研究》(杨德勇等 2006)等著作无一例外地对金融发展理论做了文献回顾,并把金融发展理论作为区域金融问题研究的主要理论依托。

张军洲(1995)指出:"区域金融理论从根本上说属于金融发展理论的范畴,所以研究区域金融问题就不能不较大程度地运用金融发展的一般理论和相应的分析方法"。张军洲认为,区域金融的基本构成要素集中表现在以下几个方面:(1) 空间差异:金融活动最终必须落脚于一定的区域空间,把金融运行和发展置于一定的空间加以考察,是正确理解区域金融理论的前提;(2) 结构与发展水平差异:从本质上看,区域金融之间的差异主要体现为不同金融区域在金融结构与发展水平的差异;(3) 吸纳与辐射功能差异:一定的金融区域是以金融中心为核心的,而金融中心吸纳与辐射功能的大小是决定该金融区域空间外延和层次地位差异的重要因素;(4) 环境差异:社会经济环境是金融产业发展的重要基础,其对区域金融差异的影响包括许多方面,但从总体上可以分为软环境和硬环境两个方面。

郑长德(2005)认为,研究区域金融的关键,就是要将金融置于区域环境中。为更清楚的认识金融的意义,应从不同的经济区域出发。我国学者对区域金融的理论和实证研究,多源于西方宏观货币经济学对这一问题的阐述,而并非源于货币中性假说。由此,金融是区域经济差异形成的结果而非原因。国内研究的区域金融问题主要包括:金融发展的地区差异、金融业集聚程度变动趋势、区域金融发展与经济增长、区域金融发展与城乡差距关系、金融机构的区域分布、资本市场的区域差异、区域保险业与区域经济发展关系、区域资本流动、外国直接投资的地理分布及决定因素、储蓄和增长效应、各地区通货膨胀率与经济增长关系、区域金融中心、货币政策的区域效应、区域金融生态以及西部各地区实际有效汇率指数构建研究等,然而尚未解决区域金融形成机理、运动模式和发展规律等问题。

2. 区域金融对经济发展影响研究

根据内生金融发展理论,金融体系可以有效动员储蓄、加强风险管理、识别投资机会、监督和惩戒公司管理层、方便商品和劳务的交换等,从而能够改善资本配置、加快资本积累和促进技术创新,进而作用于经济增长

(King and Levine，1993；Levine，1997)。其中,金融发展促进经济增长的核心机制就在于金融部门能够通过减少道德风险、逆向选择或者交易成本,将资本配置到最具效率的部门中去,使其得到最大价值的使用(Rajan and Zingales，1998)。

Beck et al(2000)进行的跨国实证研究发现,资本配置效率显著改善了金融发展与经济增长间的相关性。Wurgler(2000)构造出直接估算资本配置效率的模型,并以世界银行提供的1963—1995年65个国家28个工业行业为研究样本进行了检验,结果发现:以(股市市值＋银行信贷)/国内生产总值度量的金融发展程度与投资弹性系数显著正相关,即金融市场越发达,其在"上升"行业追加投资的幅度越大,同时在"下降"行业减少投资的幅度也越大,资本配置效率相应越高。此后,中国很多学者也对区域金融与区域经济发展之间的关系进行了实证检验。姜春(2008)认为区域金融发展对区域经济运行具有积极推进作用,但二者之间存在明显的"门槛效应"和"时滞效应",运用科布-道格拉斯函数验证了经济发展速度与资金投入量之间的关系,提出利用"预期调控"来削减由于资金供求结构失衡而不是总量不足造成的区域经济发展中的资金短缺问题,从而验证了"金融促进论"。针对同一问题,张朝兵(2010)得出相反的结论。通过研究山西省1978—2007年的金融与经济发展关系,证明经济发展是金融发展的原因,而金融发展并未推动经济发展,验证了"金融从属论"。上述研究更加明确,金融与经济发展的关系因区域不同而各异的结论,验证分区域研究的重要性和实用性。葛亮,徐邓耀(2007)、喻微锋(2010)分别选取金融发展和金融效率相关指标,对东北老工业基地和广西壮族自治区区域金融发展与经济增长关系进行了因果关系和联动性分析,得出金融发展和金融效率与经济增长存在长期强相关性,区域金融发展规模与经济增长相互推动的结论。无论在何种场域下,区域金融自身也是独立成长的生态体系,刘朝明等(2008)、吴拥政,陆峰(2010)基于金融生态与成长视角,探讨区域金融与区域经济增长关系。

三、江苏区域金融发展研究

江苏省作为全国经济发展实力最强的省份之一,金融发展也始终走在全国的前列。但是区域经济发展的平衡问题一直是江苏省面临的一个重要问题,苏南、苏中、苏北三个区域呈现出明显的梯度发展格局,对于江苏省区域金融问题也引起了很多学者的关注。董金玲(2009)对江苏各地区金融发展水平进行了全面测度和聚类,进一步验证了江苏"南高北低"的区域金融发展现实和数量型的区域金融发展特征。王婷,王保乾(2016)构建了金融生态与经济增长耦合关系的指标体系,运用耦合协调度模型分析了江苏13市的金融生态与经济增长之间的耦合关系,并对其三大区域协调发展的差异化进行了对比分析,研究表明:2005—2014年,江苏省各市的金融生态与经济增长的综合指数总体呈不断上升趋势,二者之间的耦合协调度不断提高;同时,江苏金融生态与经济增长呈现出明显的区域差异性,苏南地区的金融生态与经济增长综合指数最高,苏中地区其次,苏北地区最低。虞斌,丁雨佳(2017)建立了区域金融生态环境质量评价体系,选取了35个经济金融指标,以13个地区2000—2012年的面板数据,分别通过层次分析法与因子分析法,测度了江苏省区域金融生态环境,并进行了空间差异与时序变化分析。结果表明:各地区金融生态环境基本与其经济发展水平相匹配;区域金融生态环境质量存在南高北低的空间差异;在不同时间段上,变化趋势也各不相同。

第二节　江苏区域金融发展情况分析

　　2016年,国际经济政治领域的不确定性因素进一步增多,中国经济运行出现积极变化,但结构性矛盾仍较突出,部分地区资产泡沫问题凸显。在此背景下,2016年,江苏省金融业平稳健康运行,社会融资规模增长适度,金融市场交易活跃。金融基础设施建设不断完善,金融生态环境持续优化。证券业实力明显提升,多层次资本市场建设迈上新台阶。保险业组织体系不断完善,保险资金运用取得新突破。由于江苏省经济发展具有明显的区域特征,本文从苏南、苏中和苏北三个区域分别描述地区金融发展情况。

一、苏南地区金融发展情况

1. 南京市金融发展情况

分地区来看,南京金融市场发展态势较好。2016 年实现金融业增加值 1241.76 亿元,同比增长 14.0%,占全市地区生产总值比重为 11.8%,比上年提高 0.3 个百分点。存贷款稳定增长。年末金融机构本外币各项存款余额 28355.89 亿元,比年初增加 1884.20 亿元,比上年末增长 7.1%。其中住户存款 6095.08 亿元,比年初增加 443.51 亿元;非金融企业存款 3133.49 亿元,比年初增加 857.84 亿元。年末金融机构本外币各项贷款余额 22268.94 亿元,比年初增加 3317.21 亿元,比上年末增长 17.5%。其中,住户贷款 6533.72 亿元,比年初增加 2452.18 亿元;非金融企业及机关团体贷款 10.78 亿元,比年初增加 7.88 亿元。金融创新继续深化。年末金融业总资产达到 6 万亿元,比上年增长 14.9%。全年新增上市企业 7 家,募集资金 107.8 亿元,年末共有境内外上市企业 85 家。新增备案创投企业 3 家,累计备案创投企业(含省级在宁企业)43 家。2016 年共有 203 家企业挂牌或者获准挂牌新"三板",共有证券营业部 138 家。保险市场发展较快。全年实现保费收入 485.80 亿元,比上年增长 32.0%。分类型看,财产险收入 127.38 亿元,增长 11.4%;寿险收入 252.43 亿元,增长 28.1%。全年累计赔付额 162.75 亿元,比上年增长 32.5%。其中,财产险赔付 77.48 亿元,增长 9.8%;寿险赔付 85.27 亿元,增长 63.1%。

2. 无锡市金融发展情况

无锡市金融信贷规模扩大。2016 年金融机构各项本外币存款余额达 14612 亿元,同比增长 10.9%;各项本外币贷款余额 10517.75 亿元,同比增长 10.4%。存款中,非金融企业存款余额 6429.48 亿元,同比增长 7.8%;住户存款余额 4957.02 亿元,同比增长 5.6%。贷款中,非金融企业及机关团体贷款 8470.3 亿元,同比增长 6.5%;住户贷款 2043.62 亿元,同比增长 30.9%。2016 年现金净投放 313.85 亿元。保险业收入增长较快。2016 年实现保费收入 316.68 亿元,同比增长 17.3%。其中,财产险收入 86.01 亿元,同比增长 6.0%;人寿险收入 230.67 亿元,同比增长 67.9%。保险赔款支出 55.35 亿元,同比下降 21.3%。保险给付支出 24.94 亿元,同比增长 19.7%。证券交易市场稳定发展。全年证券市场完成交易额 5.46 万亿元, 同比增长 2.1%。2016 年新增上市公司 17 家,累计 111 家;全市证券交易开 户总数 141.02 万户,托管市值 2933.2 亿元,增长 16.9%。2016 年全市共 有证券公司 2 家,证券营业部 132 家。2016 年新三板企业挂牌 105 家,累 计挂牌 209 家。

表 3-1 2016 年无锡市金融机构信贷情况表

指标	金额 (亿元)	同比(%)	指标	金额 (亿元)	同比(%)
金融机构本 外币存款余额	14612.00	10.9	金融机构本 外币贷款余额	10517.75	10.4
金融机构人民币 存款余额	14101.40		金融机构人民币 贷款余额	10382.93	11.3
住户存款	4867.43	4.9	住户贷款	2043.36	55.6
非金融企业存款	6030.44	8.2	非金融企业和 机关团队贷款	8837.67	13.3

3. 常州市金融发展情况

2016 年常州市金融市场平稳运行。年末全市金融机构人民币存款余 额 8540.8 亿元,比年初增加 1102.1 亿元,增长 14.8%,其中住户存款 3366.8亿元,增长 5.4%。全市金融机构人民币贷款余额 6043.2 亿元,比 年初增加 688.6 亿元,增长 12.9%,其中住户贷款余额 1460.1 亿元,非金 融企业及机关团体贷款余额 4582.3 亿元,分别增长 18.3%和 11.2%。保 险业加快发展。年末全市保险公司共 68 家,其中产险公司 28 家,寿险公司 40 家。全年保费总收入 224.9 亿元,比上年增长 43.6%,其中人寿险 169.4 亿元,增长 61.5%,财产险 55.5 亿元,增长 7.4%。全年保险赔(结) 款支出 67.4 亿元,比上年增长 22.3%,其中人寿险 33.2 亿元,增长 53%; 财产险 34.2 亿元,增长 2.3%。证券市场运行平缓。年末全市证券营业部 总数达 46 个,资金账户总数 106.9 万户,持有 A 股市值 1198 亿元。证券 市场全年各类证券交易总额 19439 亿元,比上年下降 39.6%。其中 A 股交易额 16684 亿元,下降 42.4%;B 股交易额 321 亿元,增长 817.7%;基金成交额 334.4 亿元,下降 55.4%;债券成交额 2099.6 亿元,下降 14.0%。年末全市共有境内外上市公司 43 家,累计募集资金 638 亿元;年内新增上市企业 5 家,首发募集资金共 16.5 亿元。

表 3-2 2016 年常州市金融机构贷款情况表

时间	金融机构各项存款余额(人民币)		金融机构各项存款余额(人民币)	
	存款余额(亿元)	同比增长(%)	贷款余额(亿元)	同比增长(%)
2016 年 01 月	7987	7.4	5490	2.5
2016 年 02 月	8050	8.2	5561	3.9
2016 年 03 月	8248	10.9	5617	4.9
2016 年 04 月	8116	9.1	5564	3.9
2016 年 05 月	8130	9.3	5647	5.5
2016 年 06 月	8355	12.3	5761	7.6
2016 年 07 月	8246	10.8	5754	7.5
2016 年 08 月	8467	13.8	5838	9.0
2016 年 09 月	8451	13.6	5924	10.6
2016 年 10 月	8577	15.3	5972	11.5
2016 年 11 月	8512	14.4	5999	12.0
2016 年 12 月	8541	14.8	6043	12.9

数据来源:常州市统计局。

4. 苏州市金融发展情况

2016 年苏州市金融运行保持稳定。年末全市金融机构总数 774 家,金融从业人员 7.5 万人,金融总资产 4.4 万亿元。年末全市金融机构人民币存款余额 25864.26 亿元,比年初增加 2205.16 亿元,比年初增长 9.3%。年末金融机构人民币贷款余额 21924.44 亿元,比年初增加 2724.34 亿元,比年初增长 14.2%。保险业务稳步增长。全年新增保险机构 6 家,年末保险机构 81 家,各类分支机构 921 家。全年保费收入 524.57 亿元,比上年增长 42.4%;保险赔款和给付支出 156.35 亿元,比上年增长 14.5%。保险深度、保险密度分别达到 3.41% 和 4940 元/人。证券业务平稳发展。年末全市证券交易开户总数 233 万户。证券机构托管市值总额 6176 亿元。全年各类证券交易额 4.87 万亿元,期货市场交易额 2.84 万亿元。资本市场作用凸显。全年新增上市公司 13 家,年末上市公司总数达 113 家,累计募集资金 1582 亿元。新增"新三板"挂牌企业 203 家,累计达 432 家。全年新增债券融资 1373.8 亿元,比上年多增 688.1 亿元。

5. 镇江市金融发展情况

2016 年镇江市金融存贷规模不断扩大。年末全市金融机构人民币存款余额 4705.99 亿元,比年初增加 736.88 亿元,其中:住户存款 1879.10 亿元,比年初增加 137.62 亿元;非金融企业存款 1711.03 亿元,比年初增加 365.52 亿元。年末金融机构人民币贷款余额 3444.36 亿元,比年初增加 461.48 亿元,其中:短期贷款 1421.33 亿元,比年初减少 19.61 亿元;中长期贷款 1845.45 亿元,比年初增加 451.46 亿元。

表 3-3 2016 年镇江市金融机构人民币存贷款情况表

指　　标	余额	同比变化
金融机构人民币存款	4705.99	736.88
住户存款	1879.1	137.62
非金融企业存款	1711.03	365.52
金融机构人民币贷款余额	3444.36	461.48
住户贷款	894	248.68
非金融企业及机关团体贷款	2549.69	219.11

数据来源:镇江市统计局。

企业上市取得积极进展。全年新增 1 家在上交所主板上市企业,15 家"新三板"挂牌企业,21 家"四板"市场挂牌企业,上市挂牌企业股权融资金额 87 亿元。截至年末,累计挂牌上市企业 117 家,其中主板上市 16 家(境内 10 家,境外 6 家),"新三板"挂牌企业 43 家,"四板"挂牌企业 58 家。保险业保持较快发展。全年保费收入 100.96 亿元,比上年增长 26.1%。其中,财产险收入 25.35 亿元,增长 10.8%;寿险收入 75.62 亿元,增长

32.3％；健康险和意外伤害险收入 3.4 亿元,增长 26.5％。全年赔付额 34.53 亿元,比上年增长 26％。其中,财产险赔付 13.74 亿元,增长 2.8％；寿险赔付 20.79 亿元,增长 48.1％；健康险和意外伤害险赔付 1.85 亿元,增长 22.4％。

二、苏中区域金融发展情况

1. 南通市金融发展情况

2016 年南通市金融机构新增本外币存款 1486.6 亿元,年末存款余额 11330.6 亿元,其中,储蓄存款余额 5395.4 亿元,比年初增长 319.9 亿元；非金融企业存款余额 3808.8 亿元,比年初增长 707.3 亿元。全年金融机构投放贷款 814.9 亿元,年末各项贷款余额 6896.6 亿元。全年发放住房公积金贷款 74.5 亿元,比上年增长 23.4％；本年提取公积金 68.6 亿元,增长 27.9％。全年新增公积金开户人数 13.1 万人,年末开户职工人数达 97.2 万人。

2016 年末全市拥有保险机构 76 家,保险行业从业人员 3.1 万人。全年保费收入 270.7 亿元,比上年增长 51.0％,其中,财产险收入 59.7 亿元,增长 9.6％；人寿险收入 170.7 亿元,增长 63.8％。全年已决赔款及给付 111.3 亿元,增长 53.3％。2016 年末全市上市公司 37 家,其中境内上市公司 31 家,比上年新增 5 家,上市公司通过首发、配股、增发、可转债、公司筹集资金 237.5 亿元。企业境内上市公司年末总股本 265.6 亿股,市价总值 3559.2 亿元。

表 3－4　2016 年南通市金融机构贷款情况表

时间	金融机构本外币存款			金融机构本外币贷款		
	余额 (亿元)	同比	增幅(%)	余额 (亿元)	同比	增幅(%)
2016 年 01 月份	10809.99	1751.98	19.3	6279.02	925.91	17.3
2016 年 02 月份	11029.52	1555.69	16.4	6424.35	934.69	17.0
2016 年 03 月份	11439.42	1647.56	16.8	6493.96	985.49	17.9
2016 年 04 月份	11179.01	1588.08	16.6	6490.55	927.88	16.7

（续表）

时间	金融机构本外币存款			金融机构本外币贷款		
	余额（亿元）	同比	增幅（%）	余额（亿元）	同比	增幅（%）
2016 年 05 月份	11156.81	1484.75	15.4	6558.30	909.86	16.1
2016 年 06 月份	11021.49	9650.00	14.2	6596.61	5691.23	38.31
2016 年 07 月份	10983.46	1136.83	11.55	6593.15	879.18	15.39
2016 年 08 月份	11147.38	1372.72	14.04	6603.47	843.86	14.65
2016 年 09 月份	11374.45	1478.51	14.94	6754.81	927.22	15.91
2016 年 10 月份	11342.47	1548.67	15.81	6689.56	799.14	13.57
2016 年 11 月份	11232.50	—	—	6759.86	—	—
2016 年 12 月份	11330.57	—	—	6896.58	—	—

数据来源：南通市统计局。

2. 扬州市金融发展情况

2016 年末扬州市人民币存款余额 5361.55 亿元，比年初增加 642.15 亿元，增长 13.6％，其中，住户存款余额 2560.98 亿元，比年初增加 184.29 亿元。人民币贷款余额 3508.13 亿元，比年初增加 411.63 亿元，增长 13.3％。其中，中长期贷款余额 1822.67 亿元，比年初增加 421.75 亿元；个人消费贷款 837.40 亿元，比年初增加 171.89 亿元。全市各类保险机构实现保费收入 148.36 亿元，增长 20.5％。其中，财产险保费收入 33.42 亿元，增长 6.8％；人身险保费收入 114.94 亿元，增长 25.1％。保险赔款总支出 23.31 亿元，增长 24.2％，其中，财产险支出 20.43 亿元，增长 28.7％；人身险支出 2.88 亿元，下降 0.6％。全市证券公司营业部累计开户 55.67 万户，比上年增加 8.96 万户。证券交易额 11724.82 亿元，比上年减少 7078.35 亿元，其中，股票交易额 9325.35 亿元，比上年减少 7041.37 亿元，占交易额的 79.54％；基金交易额 312.32 亿元，比上年减少 183.13 亿元，占交易额的 2.66％。新增苏奥传感、罗思韦尔、金世纪车轮 3 家上市公司，累计融资 10.59 亿元。全市累计拥有境内外上市公司 14 家。

3. 泰州市金融发展情况

2016 年泰州市金融市场规模不断扩大。年末全市金融机构人民币各项存款余额 5275.62 亿元,比年初增加 833.92 亿元,其中住户人民币存款余额 2474.71 亿元,比年初增加 232.25 亿元。金融机构人民币各项贷款余额 3656.79 亿元,比年初增加 428.71 亿元,其中住户人民币贷款余额 1010.62 亿元,比年初增加 152.77 亿元;人民币贷款中短期贷款 1218.19 亿元,中长期贷款 1211.56 亿元。2016 年金融业实现增加值 214.06 亿元,同比增长 15.7%,对第三产业增长的贡献率为 15.3%。保险业发展势头良好。全年保险业务收入 123.30 亿元,增长 24.4%,其中财产险收入 32.87 亿元,增长 10.6%;人寿险收入 90.43 亿元,增长 30.3%。全年赔款和给付 51.38 亿元,增长 37.9%,其中财产险赔付 19.97 亿元,增长 19.7%;人寿险赔付 31.41 亿元,增长 52.7%证券。证券市场回归理性。全年证券交易额 7946.99 亿元,下降 30.6%;基金交易额 155.53 亿元,下降 11.2%;债券交易额 3.91 亿元,下降 68.0%。全年期货交易额 605.76 亿元,下降 30.2%。

三、苏北区域金融发展情况

1. 徐州市金融发展情况

2016 年徐州市金融信贷规模稳步扩大,全年金融机构人民币存款余额为 5495.31 亿元,同比增加 748.30 亿元,同比增长 15.8%。其中,住户存款 3090.21 亿元,增长 11.1%;非金融企业存款 1408.89 亿元,增长 21.1%。2016 年金融机构贷款余额为 3620.21 亿元,同比增加 550.07 亿元,同比增长 17.9%。其中,住户贷款 1231.35 亿元,增长 25.8%;非金融企业及机关团体贷款 2388.76 亿元,增长 14.2%。按贷款期限分,中长期贷款 1862.88 亿元,增长 34.8%;短期贷款 1370.76 亿元,下降 5.2%。

表 3-5   2016 年徐州市金融机构人民币存贷款情况

指 标	金额(亿元)	同比增加(亿元)	同比增长(%)
各项存款余额	5495.31	748.30	15.8
♯住户存款	3090.21	309.61	11.1
非金融企业存款	1408.89	245.66	21.1
各项贷款余额	3620.21	550.07	17.9
♯短期贷款	1370.76	−78.21	−5.2
中长期贷款	1862.88	482.91	34.8
♯消费贷款	901.85	234.25	35.1
经营贷款	329.49	18.24	5.9

　　2016 年徐州市证券业务平稳发展。2016 年共有证券公司 3 家,证券营业部 29 家;期货经纪公司 1 家,期货营业部 6 家。全市 A 股账户数 110.03 万个,比上年末增长 25.9%;资金账户数 61.28 万个,增长 25.8%。全年累计证券交易额为 10861.83 亿元,指定与托管市值 581.93 亿元,期货经营机构累计交易金额 4461.39 亿元。资本市场作用凸显,年末全市境内上市公司 11 家,上市公司通过首发、配股、增发、可转债、公司债在上海、深圳、香港证券交易所累计募集资金 430.84 亿元,比上年增长 20.4%;当年新增募集资金总额 73.0 亿元,增长 17.7%。上市公司总股本 132.69 亿股,增长 10.7%;市价总值 1014.66 亿元,增长 1.2%。新增"新三板"挂牌企业 11 家,累计达 20 家。新增债券融资 226 亿元,比上年多增 79.5 亿元。新增股权交易挂牌企业 155 家,累计达到 281 家,累计融资 3.6 亿元。保险业健康平稳运行。新增保险机构 2 家,年末保险机构 59 家,各类分支机构 148 家。全年实现保费收入 166.43 亿元,比上年增长 30.2%。其中,财产险收入 50.09 亿元,增长 17.2%;寿险收入 116.34 亿元,增长 36.7%;健康险和意外伤害险收入 6.37 亿元,增长 30.3%。全年保险赔款和给付支出 52.68 亿元,比上年增长 24.8%;其中赔付额 28.06 亿元,增长 18.7%。在赔付额中,财产险赔付 24.44 亿元,增长 18.4%;寿险赔付 3.62 亿元,增长 20.0%;健康险和意外伤害险赔付 3.20 亿元,增长 63.3%。保险深度、保险密度分别为 2.9% 和 1911 元/人。

2. 连云港市金融发展情况

2016 年连云港市金融信贷较快增长。年末金融机构存款余额 2555.48 亿元,比年初增加 391.56 亿元,同比增长 18.1%。其中,住户存款 1179.91 亿元,比年初增加 123.94 亿元,同比增长 11.7%。金融机构贷款余额 2093.9 亿元,比年初增加 266.22 亿元,同比增长 14.6%。

表 3-6　2016 年连云港市金融机构存贷款情况

指标	余额(亿元)	同比增减(亿元)	同比增长(%)
各项存款余额	2555.48	391.56	18.1
♯住户存款	1179.91	123.94	11.7
非金融企业存款	866.31	169.52	24.3
各项贷款余额	2093.9	266.22	14.6
♯住户贷款	792.91	139.9	21.4
非金融企业及机关团体贷款	1253.88	126.17	11.2

保险市场快速发展。全年保险业务总收入 69.78 亿元,增长 20.8%。其中,寿险保费收入 41.58 亿元,增长 22.3%;财产险保费收入 20.97 亿元,增长 17.0%;健康险保费收入 5.87 亿元,增长 26.9%;意外险保费收入 1.36 亿元,增长 12.8%。保险业务总支出 23.20 亿元,增长 31.1%。

3. 淮安市金融发展情况

2016 年淮安市金融市场稳健运行。年末全市金融机构人民币存款余额 3066 亿元,比年初增长 31.7%。其中,住户存款 1360.51 亿元,增长 14.9%,占全部存款 44.4%;非金融企业存款 1049.81 亿元,增长 65.1%,占全部存款 34.2%。年末金融机构人民币贷款余额 2304.22 亿元,比年初增长 23.6%。其中,中长期贷款 1426.86 亿元,增长 44.2%;基础设施贷款 398.90 亿元,增长 104.6%。实现保费收入 77.10 亿元,比上年增长 23.3%。其中,财产保险收入 22.70 亿元,增长 15.8%;寿险收入 44.90 亿元,增长 23.8%;健康险和意外伤害险收入 9.50 亿元,增长 43.4%。全年保险赔款和给付支出 28.70 亿元。金融机构存贷款保持较快速度增长,年末人民币存款余额 3066 亿元,增长 31.7%,人民币贷款余额 2304.22 亿元,增长 23.6%,存款、贷款增速分别较 11 月末提升 2.6 个和 1.7 个百分点。保险业增速较年初回落较大,但从下半年起,保费收入增势平稳,增速一直在 24% 以上。全年实现金融业增加值 121.84 亿元,增长 24.8%,增速超过全部服务业 14.2 个百分点,在十大行业中排第一位。金融业占 GDP 的比重从上年的 3.5% 上升到 4%,占总体经济的份额明显增大。

4. 盐城市金融发展情况

2016 年盐城市信贷规模持续扩大。2016 年,全市共有银行业金融机构 43 家,年内净增 3 家,其中新韩银行为苏北首家外资银行。金融机构年末本外币存款余额 5471.0 亿元,比上年末增长 23.9%,其中住户存款 2693.1 亿元,比上年末增长 12.0%。金融机构年末本外币贷款余额 3718.4 亿元,比上年末增长 20.8%,其中中长期贷款 1785.9 亿元,比上年末增长 2.2%。保险业健康发展。2016 年,全市拥有保险市场主体 71 家,其中市级产险公司 21 家,寿险公司 36 家,保险专业中介一级法人机构 14 家。保险分支机构及营销网点 701 个,保险从业人员 4.05 万人。全市实现保费收入 137.9 亿元,比上年增长 30.8%,其中财产险 35.8 亿元,比上年增长 9.9%;人身险 102.1 亿元,比上年增长 39.1%。全市各项赔偿和给付 48.9 亿元,比上年增长 55.0%。

5. 宿迁市金融发展情况

2016 年宿迁市金融业发展较快。全年金融业实现增加值 108.36 亿元,比上年增长 15.6%,快于服务业增速 5.4 个百分点。南京银行、民生银行等 4 家银行成功引进,南京证券、海通证券等 9 家证券机构先后入驻,太平财险、华泰财险等 11 家保险公司开业运营,各类金融机构超过 120 家。全市金融机构人民币各项存款余额 2207.43 亿元,比年初增加 387.62 亿元,增长 21.3%。其中住户存款余额 1086.33 亿元,比年初增加 136.82 亿元,增长 14.4%。全市金融机构人民币各项贷款余额 1960.37 亿元,比年初增加 263.32 亿元,增长 15.5%。保险体系逐步健全。全市市级专业保险机构 32 家。其中人寿保险 14 家,财产保险 18 家。全市共实现保费收入 62.66 亿元,较上年增长 7.4%。其中财险保费收入 24.21 亿元,增长 15.3%;人身险保费收入 38.45 亿元,增长 3.0%。

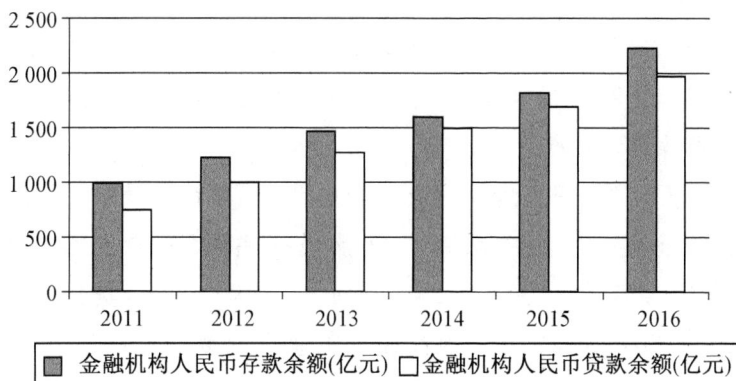

图 3 - 1　宿迁市金融机构存贷款情况

数据来源：宿迁市统计局。

第三节　江苏分区域贷款结构分析

上文分析了江苏省 13 个地级市的金融整体发展情况，由于江苏省的地域差异，从信贷规模、金融市场机构、上市企业数量可以看出，13 个地级市之间的差距非常明显。为了进一步分析各市之间的金融发展差异，本文通过对各地区的债务水平、信贷对经济的带动作用进行具体分析。根据凯恩斯恒等式，经济增长主要通过投资、消费和净出口三个方面促进经济发展，本文从投资、消费以及净出口对经济增长的带动作用三个维度分析信贷对实体经济发展的影响。

一、江苏分地区负债水平分析

近年来，中国债务规模过高的问题引起了国内外学者和媒体的广泛关注，自 2006 年以来，我国负债水平持续上升，从 2006 年的 146% 提高到 2016 年的 255.6%。近期穆迪 30 年来第一次调降了中国的评级，中国长期本币和外币发行人评级从 Aa3 下调一级至 A1，前景由负面转为平稳。中国债务水平的不断攀升也引起了国家管理层的高度关注，自 2015 年推行供给侧改革以来,去杠杆已成为全国的共识,今年进一步将金融安全作为治国理政的一件大事来抓。中国债务问题按照融资主体可以分为两类:企业部门债务与地方政府债务,本文重点分析企业部门债务问题,主要是指企业通过银行间接渠道的融资。

首先,从贷款规模来看,2016 年江苏地区贷款占 GDP 的比重整体控制在 122%左右,其中南京市贷款规模占 GDP 的比重最高,达212%,其次为苏州市,占比为 147%。最低的为徐州市,贷款规模占比只有 63%。2015 年末,江苏规模以上工业企业资产负债率 53.11%,地方政府债务率 68.5%,不良贷款率 1.49%,均低于全国平均水平,全省实体经济企业、政府总体债务水平不高,债务风险整体可控。但部分行业、部分地区的企业和政府债务负担相对较高,潜在风险不容忽视。但是江苏省一直作为城投债发行第一大省,2015 年江苏整体债务率351%,省本级几乎没有发债,13 个地级市中镇江和常州债务率较高,宿迁和徐州债务率较低。

表 3-7　2015 年江苏省城投债发行情况

序号	地级市	公共财政收入(亿元)	城投债规模(亿元)	债务率
1	镇江市	303	2766	913%
2	常州市	466	2730	585%
3	南京市	1020	4844	475%
4	泰州市	322	1427	443%
5	无锡市	830	3392	409%
6	淮安市	309	1054	342%
7	南通市	626	2083	333%
8	苏州市	1561	5099	327%
9	盐城市	478	1471	308%
10	扬州市	337	970	288%
11	连云港市	292	837	287%
12	徐州市	531	995	188%

（续表）

序号	地级市	公共财政收入（亿元）	城投债规模（亿元）	债务率
13	宿迁市	236	375	159％
14	省本级	684	8	1％
	合计	7993	28051	351％

数据来源：根据 WIND 资讯整理获得。

其次，从贷款结构来看，2016 年"去杠杆"成效比较明显，直接融资的占比显著上升，间接融资占比下降。一是江苏省"去杠杆"工作总体有序推进。2016 年全省"去杠杆"目标如期完成。全年企业直接融资（包括企业债券融资和境内非金融企业股票融资）净额为 4857 亿元，同比多增 1731.9 亿元，占社会融资规模增量的 29％，占比较上年提高 1.6 个百分点。二是贷款主要投向房地产开发贷款和居民住房贷款。受房地产销售量价齐升影响，房地产贷款高速增长。2016 年末，全省金融机构本外币房地产贷款余额为2.7 万亿元，同比增长 32.4％，增速比上年末提高 13 个百分点。全年新增本外币房地产贷款 6664.9 亿元，同比多增 3342.5 亿元。其中，个人购房贷款新增 6567.8 亿元，同比多增 3847.9 亿元；房地产开发贷款减少 55.6 亿元。从区域来看，全省区域差异非常明显，部分地区居民杠杆率显著上升。个贷占比最高的地区是宿迁市，房开贷占比最高的是南京市，但是全省平均来看，个贷和房开贷合计占比达 50％以上。从贷款增量来看，2016 年全省本外币个人住房贷款余额 20928.78 亿元，比年初新增 6561.11 亿元，占全省各项贷款新增额的 56％。其中，南京个人住房贷款增加 2303 亿元，占当期全部贷款增量的 69％；苏州个人住房贷款增加 2025 亿元，占当期全部贷款增量的 78％。

表3-8　江苏省分地区负债水平分析

	新增贷款（亿元）	个人房贷新增	房开贷新增	个贷占比	房开贷占比
全　省	92957.02	6561.11	6561.11	0.56	0.57
南京	22268.94	2303.27	2303.27	0.69	0.82
无锡	10517.75	479.52	479.52	0.48	0.31

(续表)

	新增贷款(亿元)	个人房贷新增	房开贷新增	个贷占比	房开贷占比
徐州	3630.85	220.32	220.32	0.41	0.34
常州	6081.37	239.58	239.58	0.36	0.23
苏州	22752.22	2025.62	2025.62	0.78	0.80
南通	6896.58	260.37	260.37	0.32	0.32
连云港	2093.90	119.10	119.10	0.45	0.39
淮安	2312.94	124.21	124.21	0.29	0.36
盐城	3718.40	153.79	153.79	0.24	0.23
扬州	3526.36	173.36	173.36	0.43	0.42
镇江	3472.35	252.50	252.50	0.56	0.41
泰州	3720.85	125.78	125.78	0.31	0.30
宿迁	92957.02	83.68	83.68	0.32	0.33

数据来源:根据江苏省统计局数据整理获得。

二、信贷对消费的影响分析

从全省来看,江苏省个人贷款占全部信贷规模的比重约29%,最高的是宿迁市51.25%,最低的是无锡市19.44%。与预期不同的是,并不是经济条件越好的地方,居民信贷规模越高,恰恰相反,整体经济水平最低的宿迁市,反而是信贷水平最高的城市。进一步从个人贷款的内部结构来看,南京地区个人贷款中占比最高的是个人住房贷款,占比约80%,表明居民加强的住房杠杆率相对较高,这可能与南京地区的房价高、收入低的现状有关;其次是个人的短期消费贷款,规模约709亿元。无锡地区个人贷款中占比最高的也是个人住房贷款,占比达83%左右,但是与南京不同的是,无锡市的个人杠杆率水平较低,表明无锡市居民整体收入水平较高,消费能力较强,消费对于贷款的依赖程度较低。

表3-9 江苏省分地区个人贷款情况表

项目	全省	南京	无锡	徐州	常州	苏州	南通	连云港	淮安	盐城	扬州	镇江	泰州	宿迁
个人贷款合计	27 165.33	6 536.95	2 045.27	1 231.46	1 460.86	7 457.61	1 468.42	793.05	935.07	1 147.85	1 176.61	894.66	1 010.71	1 006.82
一.消费贷款合计	22 397.93	5 965.79	1 793.81	901.85	1 127.89	6 658.48	984.62	590.58	684.38	827.47	851.05	720.45	653.15	638.39
1. 短期消费贷款	1 845.28	709.79	133.62	55.77	68.63	368.90	94.71	60.69	50.48	79.45	62.43	34.62	63.01	63.19
个人卡透支	893.29	443.74	47.73	21.48	35.99	169.14	26.83	23.38	20.14	30.17	20.01	16.76	22.04	15.89
2. 中长期个人消费贷款	20 552.65	5 256.00	1 660.19	846.08	1 059.26	6 289.58	889.91	529.88	633.91	748.02	788.63	685.84	590.13	575.20
住房贷款	19 867.51	5 035.85	1 601.32	810.12	1 034.70	6 155.52	847.61	507.46	607.43	718.12	757.87	669.94	563.48	558.09
汽车贷款	71.46	10.93	4.64	7.99	0.91	16.70	5.93	3.94	6.71	6.05	4.18	0.25	0.25	2.97
二.个体户及个人经营性贷款	4 728.12	567.03	249.54	329.50	332.22	768.72	483.46	202.34	250.65	320.30	325.03	173.55	357.47	368.31
三.境外个人贷款	39.29	4.12	1.91	0.11	0.75	30.41	0.34	0.13	0.03	0.08	0.53	0.66	0.09	0.12

值得注意的是区域的消费水平与人均可支配收入不成正比例,但是与个人贷款规模的走势基本吻合。这表明,在江苏省内区域的消费水平的主要影响因素虽然是居民的可支配收入,但是居民的消费可以通过贷款、信用卡消费等方式进行提前透支,从而带动一个地区的社会消费规模增长。消费经济学认为,影响消费者行为的因素主要有三大类,即经济因素、环境因素和消费者自身的因素。经济因素对消费者的影响主要指收入和价格对消费者行为的约束;环境因素主要指宏观经济环境、社会文化环境、政治法律环境、自然环境等因素对消费者的影响;消费者自身因素则主要指消费者的年龄、健康状况、个人喜好、认知能力等与消费者的生理、心理和行为能力有关的因素[①]。CTR 市场研究发布中国城市居民调查结果显示:与美国对比,中国式中产阶级更倾向于负债消费,主要采取分期付款的方式,冲动购物倾向也远高于美国高端人群。尤其是近两年,随着各银行对个人消费的重视程度不断提高,信用卡、房贷、现金分期等产品陆续推出,既丰富了居民负债消费的产品,也在一定程度上促使居民加大了信贷消费的力度。

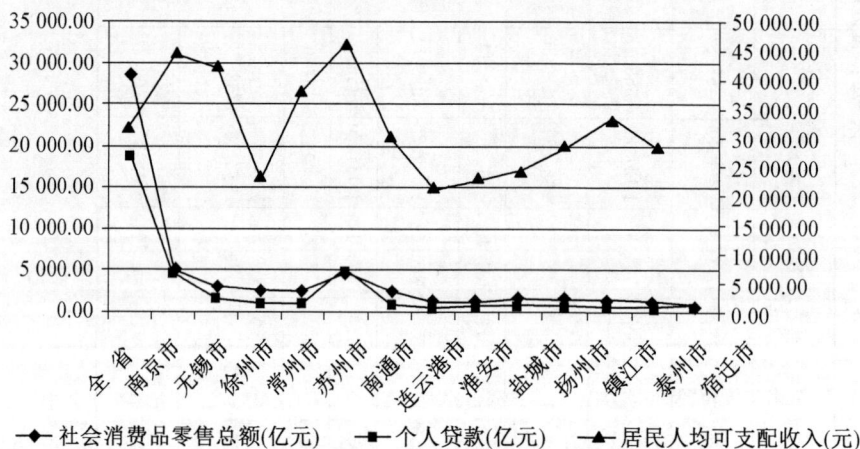

图 3-2　江苏省分地区个人信贷与消费情况

数据来源:根据统计局数据整理获得。

---

① 田青,马健,高铁梅. 我国城镇居民消费影响因素的区域差异分析[J]管理世界,2008 年第7期。

三、信贷对投资的影响分析

我国的经济增长具有比较明显的投资驱动特征,投资资金的来源主要与一个地区的储蓄规模、投融资机制密切相关,而江苏省各个地区的经济特色差异较大,各市的金融发展水平直接影响了各市的投资规模。

2016年,江苏省完成固定资产投资49370.9亿元,同比增长7.5%,增速比上年回落3个百分点,其中基础设施投资增速明显回落。全年基础设施投资同比增长14.2%,增速比上年回落10.2个百分点。一是在国内外市场需求并没有明显改善的背景下,工业投资增速波动下行。2016年,全省工业投资同比增长7.9%,增速比上年回落4.5个百分点。二是受房地产销售大幅增长推动,房地产投资有所加快,但不足以弥补工业投资和基础设施投资下滑的缺口。2016年,全省房地产投资同比增长9.8%,增速比上年提升10.9个百分点。从贷款投向看,基础设施建设行业贷款和房地产贷款增长加快,制造业贷款持续缩减。2016年,全省金融机构本外币基础设施行业贷款余额为1.4万亿元,同比增长20.6%,增速比上年末提高7个百分点,全年新增2477.3亿元,同比多增1056.4亿元。受房地产销售量价齐升影响,房地产贷款高速增长。2016年末,全省金融机构本外币房地产贷款余额为2.7万亿元,同比增长32.4%,增速比上年末提高13个百分点。全年新增本外币房地产贷款6664.9亿元,同比多增3342.5亿元。其中,个人购房贷款新增6567.8亿元,同比多增3847.9亿元;房地产开发贷款减少55.6亿元。受产能过剩、有效信贷需求不足等因素制约,制造业贷款继续缩减。2016年末,全省制造业本外币贷款余额为1.5万亿元,较年初下降572.5亿元,同比多减138亿元。

另一方面,信贷对房地产的带动作用。从全省来看,2016年江苏省全部贷款规模总额为9.3万亿元,其中房地产开发贷款规模达2.72万亿元,占全部贷款比重为29%,远超过全国25%的水平。这也表明,房地产占用了全部金融资金总量的30%左右,而房地产产业对GDP增长的贡献远低于这一比率。从这个意思上来说,房地产过度挤占了社会融资规模,导致金融资金未能有效地进入实体经济,也就是"脱实向虚"现象的发生。

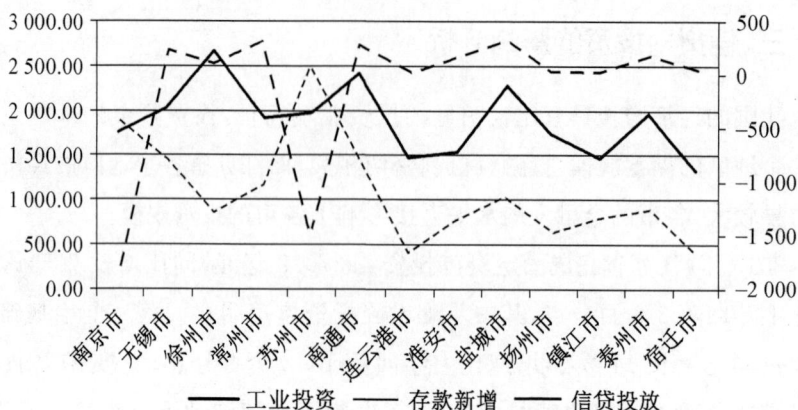

图 3-2 江苏省信贷对投资的影响情况

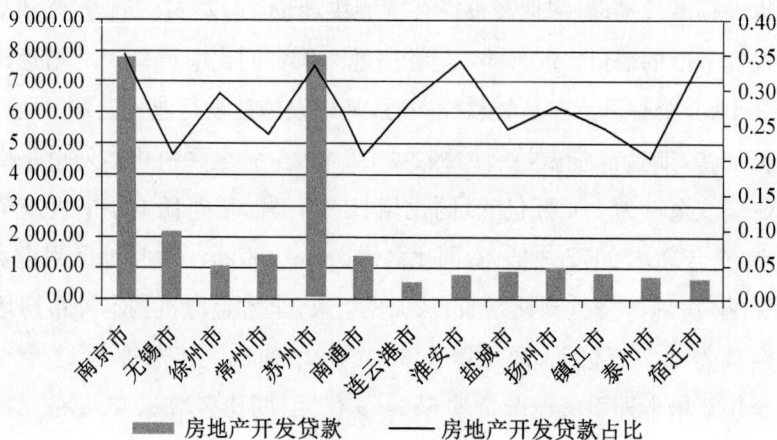

图 3-3 分地区房地产开发贷款情况

分地区来看,房地产开发贷款规模最高的是苏州地区,其次是南京地区,其房地产信贷规模分别达到 7848.65 亿元和 7761.37 亿元,当年新增规模分别为 2068.04 亿元和 2161.86 亿元,相应苏州和南京地区房地产贷款占比也较高,分别为 34% 和 35%。房地产开发贷款规模的高低也直接反映了房地产市场的冷暖,江苏楼市地区间冷热不均的情况一直在,热点城市南京和苏州,城市房价的上涨比较明显,销售面积增速也比较高,导致很多开发商更愿意在这些大城市拿地,而热门城市的土地供应量在逐年下降,如苏州近六年土地供应呈逐年下降趋势,同时由于大城市持续不断的人口流入,供需矛盾直接导致的是楼面价的飙涨;苏州地区 2016 年的楼面价相比 2014 年涨了近 4 倍,逢土拍必"地王",甚至是偏远乡镇板块都受到热捧,楼面价创新高,远超周边售价,地价、房价均面临持续上涨的巨大压力。但一些区位优势不明显、经济发展水平不高、公共资源不足、外来人口集聚度不够的地区,房地产市场相对冷淡。这些地区的房地产开发规模与南京和苏州相比差距较大,其中最低的连云港市规模只有 595.38 亿元,不到苏州的十分之一。但是,通过数据比较也可以发现,苏北部分地区虽然房地产市场规模相对较小,但是房地产开发贷款的规模占比仍然较高,如宿迁和淮安地区的房地产贷款规模占比均达到了 34%,仅次于南京的 35%,表明这些地区的经济发展过于依赖于房地产经济。

同时,对于银行等金融机构来说,在实体经济不是很景气的背景下,银行的信贷资金也更倾向于投向市场潜力更大的房地产。所以,房地产开发企业开疆拓土对资金的需求和银行金融机构信贷政策导向,共同推动了信贷资金过于集中于房地产市场。

四、信贷对进出口的影响分析

受人民币对美元有所贬值影响,企业和居民持有美元意愿增强,全年新增外汇存款 112.1 亿美元,同比多增 104.5 亿美元。而 2016 年贷款折合人民币为 1849.41 亿元,同比下降了 453.93 亿元,折合美元约 69 亿美元。在全球经济复苏乏力、国际贸易摩擦不断加剧的背景下,2016 年江苏省进出口持续低迷,全年实现进出口总额 5096.1 亿美元,同比下降 6.6%,降幅较上年扩大 3.4 个百分点。其中,出口 3193.4 亿美元,同比下降 5.7%;进口 1902.75 亿美元,同比下降 8.1%。

2016 年,美元整体走强,主要货币对美元多数贬值,人民币对美元汇率也有所贬值。2016 年 2 月,中国人民银行明确了"收盘价+一篮子货币汇率变化"的人民币兑美元汇率中间价报价机制,增强了汇率形成机制的规则性、透明度和市场化水平,人民币对美元双边汇率弹性进一步增强,双向浮动的特征更加显著,汇率预期总体平稳。2016 年末,CFETS 人民币汇率指数为 94.83,全年下行 6.05%。参考 BIS 货币篮子和 SDR 货币篮子的人民币汇率指数分别为 96.24 和 95.50,全年分别下行 5.38％和 3.38％。根据国际清算银行的计算,2016 年,人民币名义有效汇率贬值 5.85％,实际有效汇率贬值 5.69％;2016 年末,人民币对美元汇率中间价为 6.9370 元,比2015 年末贬值 4434 个基点,贬值幅度为 6.39％。2005 年人民币汇率形成机制改革以来至 2016 年末,人民币对美元汇率累计升值 19.31％。在人民币汇率大幅贬值的背景下,进出口企业主动减少外债规模,出口收汇企业选择延迟结汇,持有美元的意愿显著增加,而进口企业则尽量减少外汇风险敞口。与此相对应的则是各地区存贷款规模的显著变化(见下图)。

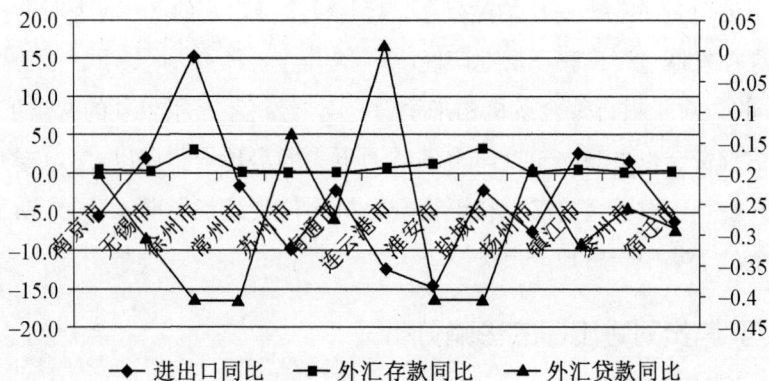

图 3-4　江苏省各地区外汇存贷款和进出口变化趋势

数据来源:根据江苏省统计局数据整理获得。

　　从进出口数据变化来看,2016 年江苏省整体进出口形势不容乐观,同比出现下滑态势,但是分地区来看,绝大多数市均是同比下滑的态势,唯独徐州市逆势大幅上涨了 15.4％,与此相对应的是徐州市的外汇存款也出现了大幅上涨,与 2015 年相比翻了 3 倍左右。进一步分析发现,徐州市进出口同比上升较大的主要是徐州地区的出口额,2016 年徐州实现进出口总额62.48 亿美元,比上年增长 15.4％;其中,出口总额 52.54 亿美元,增长19.7％,主要是服装出口贸易的大幅上升。从各市的进出口规模与外汇存贷款之间的关系来看,存贷款受人民币汇率的影响要更加大于信贷的影响。因为对于进出口企业而言,贸易融资只是其融资的一个渠道,企业可以选择本外币不同币种进行融资,如果美元的综合融资成本要显著优于人民币时,企业更倾向于美元等外币融资；如果企业的人民币融资成本相对较低时，企业则选择人民币融资。结合2016年国内、国外金融市场形势来看，2016年国内采取稳健的货币政策，银行体系流动性合理充裕，货币信贷和社会融资规模平稳较快增长，利率水平低位运行，这也为很多企业创造了非常宽松的人民币融资环境，境内优质企业在债券市场的融资成本只有3‰左右。同期，受美国经济数据向好、美联储加息等因素影响，伦敦同业拆借市场美元Libor小幅上升，叠加人民币汇率的贬值，导致企业外币融资成本明显上升，这也导致企业主动降低了外币风险敞口。

第四节　促进江苏区域
金融协调发展的对策建议

上文分析表明，江苏省由于区域经济发展的特征差异，导致了各市之间的金融水平、金融效率、金融规模都存在着较大的差异；同时，金融市场发展尤其是信贷对一个地区的消费和投资会产生非常显著的影响，且伴随着2016年房地产市场的蓬勃发展，部分地区呈现杠杆率相对较高的问题。针对江苏省区域金融发展存在的差异和问题，必须制定差别化的区域金融政策，充分发挥信贷资金资源在区域经济发展中的作用，引导区域经济的发展。

一、苏南地区要进一步发挥市场的资源配置作用

对苏南区域而言，应将信贷资源配置交由市场，充分发挥利率市场化定价的作用。苏南地区由于拥有良好的经济基础优势，资金收益率远远高于苏北部地区，从而进一步加强苏南地区资金吸纳能力，一定程度上加剧了江苏三大区域的资金流量不平衡性，且这一趋势呈现出扩大化的趋势。从发展的角度而言，因为极化效应，经济发达的地区资金配置越多，反之亦然，但事实上，资金的区域配置差异源自各区域内部资金的形成差异与跨区域资金流动差异。资金流在协助江苏区域协调发展上，积极作用与问题同样存

在。在当前利率市场化的大背景下，应采取有效措施，构建科学的区域资源配置机制，避免资金逆向流动。对苏南区域而言，应将信贷资源配置交由市场，充分发挥利率市场化定价的作用；对区域经济和金融市场环境一般的苏北区域，可适当安排定向信贷规模，设立利率市场化调控带，确保基本的资金投入。

另一方面，重点加大对地方主体功能区的金融支持力度。近年来，国务院已批准江苏长江经济带、沿海开发、苏南现代化自主创新示范区、南京江北新区等重大发展规划。这些主体功能区的改革与发展，对辖区经济社会长远发展具有重大的牵引作用。我们要积极配合各地区域发展规划，在符合市场规律的前提下，加大金融支持力度，适度给予政策倾斜，调整一些资源，增加一些服务，为功能区更好更快的发展创造有利条件。

二、苏北地区要充分发挥信贷资金的引导作用

对区域经济和金融市场环境一般的苏北区域，可适当安排定向信贷规模，设立利率市场化调控带，确保基本的资金投入。出于对资金"逐利性"的考量，在"十三五"期间，利用财政杠杆放大金融工具的支持效应仍是江苏区域协调发展的首选，如加大财政对金融生态环境建设的投入，改善包括投资环境、商业环境、信用环境在内的宏微观金融生态环境等。也只有这样，才能吸引更多的资金投资到相对落后的区域，为落后地区提供更多的发展机会。苏北区域，还可以在合理的资金结构基础上盘活存量资金，改变资金低效配置问题，提高处于低端产业链实体经济部门的资金可获得性，且对引进的新兴项目给以差异化的资金定价，降低实体经济融资成本。同时，苏北要努力建立区域发展金融中心。苏北地区可以选择开放程度高、具备一定基础条件、区位优势明显或具有长远发展的地区或中心城市建设成区域性的金融中心；区域金融中心在负责统筹管理、规划各区域自身的金融发展方向、发展路径、发展方式的同时，更肩负着协调区域间经济发展的责任，利用其区域金融领导者的身份，充分发挥金融的导向作用，从资金投向、政策倾斜等方面引导区域产业合理布局。有限的资本不可能大规模地投向所有地区，只能集中投入到少数几个具有发展优势的地区。故应优先培育徐州、连

云港作为区域性经济金融中心,即增长极,这两个增长极在发展前期会吸纳区内其他地区的生产要素,产生极化效应。当发展到一定阶段后,将会在东陇海沿线形成"徐州—连云港"发展轴,发挥出更大的聚集和扩散效应,将先进的生产要素回流到周围区域,从而形成第二条发展轴即"徐州—宿迁—淮阴—盐城"。为此,苏北地区应发挥后发优势,加强基础设施建设,改善投资环境,树立地区形象,提高在淮海经济区的地位。

三、加强区域金融的协调发展

要建立专门的区域金融协调机构,专门负责区域间的资金流动、金融政策的协调,在一定程度上打破金融的地域限制,实现金融资源的区域融通。通过金融纽带建立起区域间的紧密联系,即区域间金融合作网络。具体来说,各个区域的金融合作应该错位经营,仅仅是竞争还不够,必须协同合作,系统把握。区域金融协调机制包括两层内涵:一是区域内金融业的自身效益;二是区域间产生的社会经济效益。围绕这两大效益的提高,区域金融协调机制的培育应从以下几方面进行制度建设:(1)金融市场的区域层次。由于各区域的经济基础、结构和水平的差异性,使得各区域金融市场本身必然有层次性,不同层次的区域金融市场应有不同的发展策略和模式。(2)区域金融组织体系的建立。不同的区域金融市场层次和结构必然要有相应的组织体系。(3)政府在各区域金融发展中扮演的角色定位。由于不同区域的金融市场的基础、组织和市场功能不同,政府在各区域的角色必然不同。(4)金融政策区域化。对经济发展水平不同的地区采取不同的金融政策,这是缩小地区经济发展和金融发展差距的途径,同时也考虑了区域特征,更有利于其发展。可以根据不同经济区域的不同经济流程和流量以及不同层次和功能的金融市场和金融体系,灵活运用货币金融政策,调控货币政策在各区域内和区域间的传导机制,根据本区域产业发展状况和经济环境的特点,从资金作用对象和作用地域等方面引导资金流向。

第四章　江苏省信贷支持制造业发展研究

　　江苏省是全国闻名的制造业大省,制造业产业总体规模大、基础好、活力强。在国际权威杂志《剑桥制造评论》独家编制的 2009 年《中国 1000 大制造商》前 500 名排行榜上,江苏省以 62 家企业数量和经济总量在中国各省市中排名第一,成为名副其实的中国制造业第一大省。根据江苏统计数据显示,对江苏制造业起到支撑作用的装备制造等主导产业不断增强,随着技术水平的提高,纺织等传统产业生产效率逐步提升,一些战略性新兴产业涌起,且增长迅速。制造业的发展对江苏的经济社会发展起着举足轻重的作用,重视制造业的发展是江苏省过去、现在和未来的重要课题。

　　但是,江苏省制造业依然处于全球产业链的中低端,大而不强的问题突出。由于上游能源、原材料价格上涨以及生产过剩,尤其是经济发展进入新常态后,国民经济增速放缓,江苏省制造业近年来出现了利润增幅低于销售增幅、销售增幅低于产值增幅的"双低"局面,这严重阻碍了江苏省制造业的可持续发展。现在中国正处于经济转型的关键时期,江苏省如何充分发挥优势、改善劣势,解决制造业发展中遇到的问题,提升制造业国内外竞争力水平,确保江苏省经济快速、健康、稳定发展成为当前经济发展面临的一项重大课题。加大对制造业的金融支持,关系到全省经济持续健康发展。为贯彻落实《国务院办公厅关于金融支持经济结构调整和转型升级的指导意见》(国办发〔2013〕67 号)、中国人民银行等八部委《关于金融支持工业稳增长调结构增效益的若干意见》(银发〔2016〕42 号),加大金融对供给侧结构性改革的支持力度,有效增加制造业信贷投放,促进金融支持制造业发展,推动江苏建设具有国际竞争力的先进制造业基地。

第一节　江苏省制造业发展概况

一、江苏省制造业总体情况及特征

近年来江苏制造业发展迅速,在总量规模不断扩大的同时,增长的质量和效益也不断提高。2016 年末,全省规模以上制造业工业总产值为156012.65 亿元,2012—2016 年年均增长率为 8.9%;占规模以上工业总产值的比重由 2012 年的 95.67% 上升到 96.47%,比 2015 年提高 0.15 个百分点。2016 年全省制造业固定资产投资完成额 22869 亿元,同比增长7.7%。2016 年规模以上制造业工业企业实现销售收入 152113.95 亿元,同比增长 6.61%;实现利润总额 10019.7 亿元,同比增长 10.71%,自 2012年来实现年均增长 11.49%;亏损总额为 561.07 亿元,亏损额比去年同期减少 121.38 亿元,降幅为 17.79%。

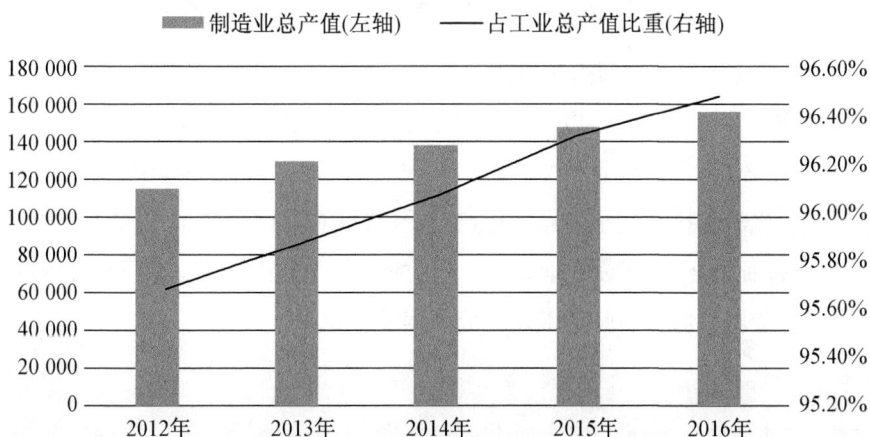

图 4-1　江苏省规模以上工业制造业企业总产值及占工业总产值比例

1. 重工业、高加工度化占比偏高

截至 2016 年末,江苏制造业细分行业中重加工制造业[①]总产值为 105612 亿元,比 2012 年的 90068.59 亿元增长了 17.3%,年均增长率为 4.3%。重加工制造业占制造业总产值约 67.7%。从重加工制造业行业产值比重变化来看,带动江苏制造业向高加工度化方向升级的主要产业是六大装备制造业。从产值比重看,近年来江苏装备制造业[②]占制造业总产值的比重基本稳定在 40%~41%,以六大装备制造业为代表的高加工度化行业在重工业中逐渐取得了支配性的地位。

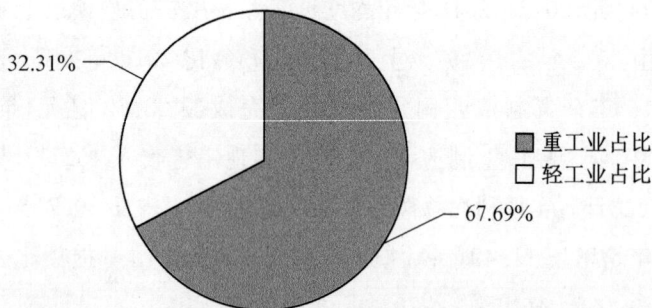

图 4-2　2016 年江苏省轻重加工制造业产值占比图

2. 先进制造业发展遥遥领先

计算机、通信和其他电子设备制造业领先,总产值和增加值均列第一。从制造业 31 个主要行业增加值排名情况看,计算机、通信和其他电子设备制造业,化学原料和化学制品制造业,电气机械和器材制造业,烟草制品业,通用设备制造业,汽车制造业,农副产品加工业,医药制造业,专用设备制造业,有色金属冶炼和压延加工业等分别居前十位。

---

① 江苏省统计局网站上公布的制造业 31 类细分行业中,将农副食品加工业,食品制造业,酒、饮料和精制茶制造业,烟草制品业,纺织业,纺织服装、服饰业,皮革、毛皮、羽毛及其制品和制鞋业,木材加工和木、竹、藤、棕、草制品业,家具制造业,造纸和纸制品业,印刷和记录媒介复制业,文教、工美、体育和娱乐用品制造业,医药制造业,化学纤维制造业等 14 类纳入轻工业范畴,其余 17 类纳入重工业范畴。

② 包括通用设备制造业,专用设备制造业,汽车制造业,铁路、船舶、航空航天和其他运输设备制造业,电气机械和器材制造业,计算机、通信和其他电子设备制造业等六类。

表 4－1　2016 年江苏省制造业细分行业产值表

单位：亿元，％

	总产值	同比		总产值	同比
农副食品加工业	5183.75	9.9	医药制造业	3992.42	12.3
食品制造业	1081.91	10.4	化学纤维制造业	2755.41	3.5
酒、饮料和精制茶制造业	1203.61	8.6	橡胶和塑料制品业	3256.54	7.8
烟草制品业	542.46	−1.6	非金属矿物制品业	5208.19	7.7
纺织业	7482.14	5.2	黑色金属冶炼及压延加工业	9676.02	2.3
纺织服装、服饰业	4716.98	6.6	有色金属冶炼及压延加工业	4249.49	2.2
皮革、毛皮、羽毛及其制品和制鞋业	1169.26	9.4	金属制品业	6655.45	7.2
木材加工及木、竹、藤、棕、草制品业	2639.38	15.0	通用设备制造业	9401.57	6.4
家具制造业	389.44	15.3	专用设备制造业	6450.70	8.4
造纸和纸制品业	1788.70	13.0	汽车制造业	7967.73	13.1
印刷业和记录媒介的复制	856.97	7.9	铁路、船舶、航空航天和其他运输设备制造业	3977.27	−0.2
文教、工美、体育和娱乐用品制造业	2261.78	11.3	电气机械及器材制造业	17986.53	9.4
石油加工、炼焦及核燃料加工业	2161.37	−1.8	计算机、通信和其他电子设备制造业	19438.71	2.3
化学原料及化学制品制造业	18922.86	11.0	仪器仪表制造业	3947.26	14.1

3. 高新技术产业发展势头有所放缓

2016 年全省实现高新技术产业投资 8010.8 亿元,比上年增长 6.3%。据可获得最新数据,2016 年 1—9 月份,江苏省新兴产业总产值为 48115.91 亿元。从历史数据来看,总体上,新兴产业规模稳步扩大,2012 至 2015 年间实现总产值增加额 16332.13 亿元,年均增长率达 12.1%,生产较快增长,规模迅速扩大,比重稳步提高,投资依然强劲,有力地拉动了全省工业经济平稳较快运行。全年全省新兴产业,按行业分,包括航空航天制造业、电子计算机及办公设备制造业、电子及通信设备制造业、生物医药制造业、仪器仪表制造业、高端装备制造业、新材料制造业和新能源制造业 8 大类,细分行业产值如下(见图 4-3)。2016 年,高新技术产品进出口额有所回落。全年高新技术产品进出口总额 12917.6 亿元,同比下降 6.3%;占 2016 年进出口总额的比重为 38.4%,同比下降 2.3 个百分点。其中,高新技术产品出口额为 7718 亿元,同比下降 5.2%;进口额 5199.6 亿元,同比下降 7.8%。

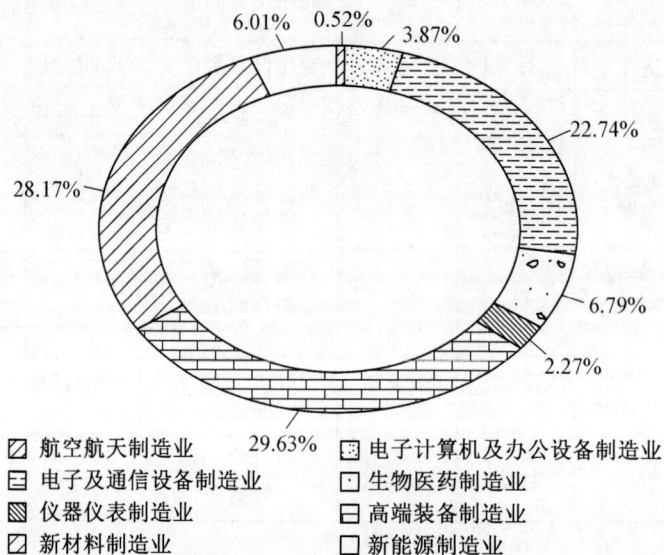

图 4-3 江苏省 2016 年制造业新兴行业细分行业占比

4. 地区差异仍然比较显著

苏南地区制造业发展迅速，从地区制造业总产值占全省制造业总产值比例来看，苏州占比为 20.57％，遥遥领先于省内其他各地区。无锡位居第二。近三年来，苏州和无锡在全省前 2 名的位置未曾动摇。南通由前两年的第 4 名升至第 3 名，南京地区由第 3 名转列第 4 名。徐州位次由第 6 名前移一个位次，常州位居徐州之后，泰州、扬州、镇江、盐城、淮安、连云港和宿迁依次排列，近三年位次保持不变。

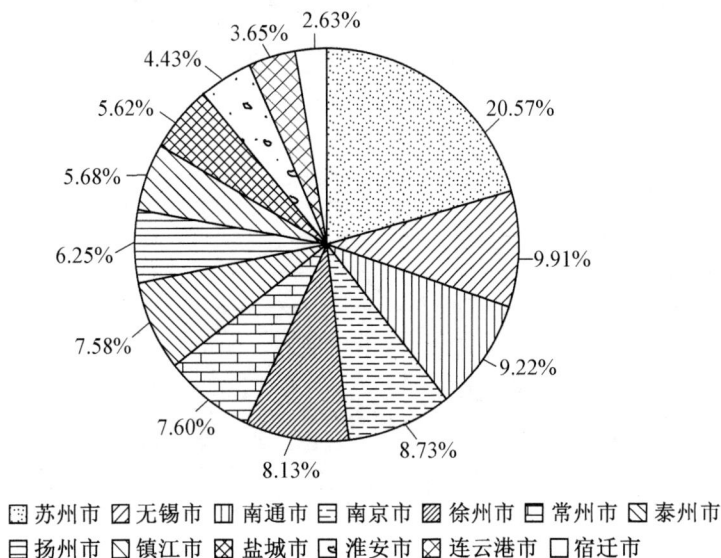

图 4-4　江苏省 2016 年各地区制造业产值占全省制造业总产值比例

近年来，苏南地区制造业发展迅速，在全省制造业中的份额不断提升，成为制造业快速增长的重要推动力量。苏南受交通、人才供给、政府服务等优势，在发展技术、资金密集型产业、高技术产业及其配套生产性服务业方面占有比较优势。苏南的优势产业主要有电器机械及电子设备制造、金属冶炼及制造业、石化医药工业、电力热力及燃气的生产和供应业以及纺织业等其他制造业。在传统制造业充分发展的基础上，苏南各市正积极努力发展高新技术产业，促进产业结构优化升级。

苏中地区主要制造业有纺织业、电器机械及器械制造、化学原料及其制成品制造、普通机械制造业等。建筑业是苏中传统优势产业，企业规模和实力不仅在全省首屈一指,在全国建筑市场也享有"特别能战斗"和"铁军"等美誉。南通市是省政府 2007 年授予"建筑强市"称号中唯一的省辖市。苏中的船舶业则实行远洋船舶制造与内河船舶制造并重,形成了扬州以散货船为主、南通以大型船舶制造为主、泰州则以集装箱船和大型油轮船舶建造为主的产业结构分工格局。

苏北有明显优势的行业主要是农林牧渔业、采选业、食品制造及烟草加工业、木材加工及家具业、机械工业、交通运输设备制造业、电力热力及燃气的生产和供应业。以徐州为代表的苏北制造业板块已经具备了相当的规模和实力,形成了一批国内领先的制造业特色行业(如徐州的装备制造业和新能源产业)。

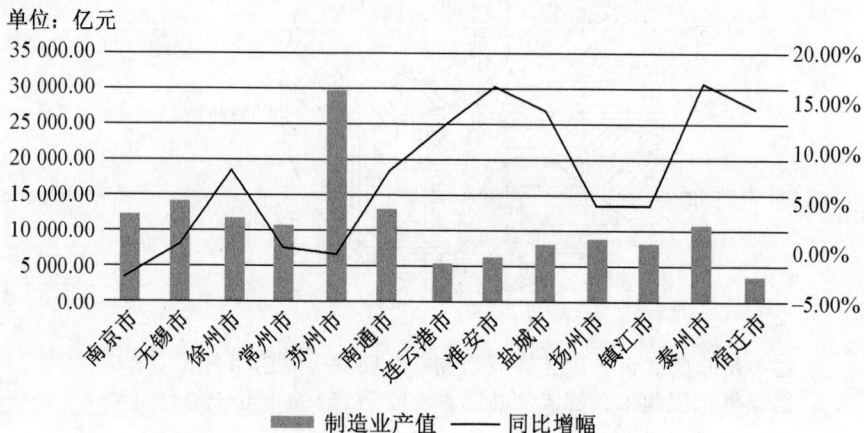

图 4-5 江苏省 2016 年各地区制造业产值及同比增幅

二、制造业在经济中的重要地位

1. 制造业作为工业经济的主体地位不动摇

制造业是工业经济的主体,是实现工业化的主导力量。经过几十年的发展和积累.江苏已形成了较为完整的制造业体系,在全省 41 个主要行业中制造业占据 31 个行业,经济总量最大的和增长最快的(电子及通信设备制造业)都制造业。近年来,随着制造业的快速增长,其在全省工业经济中的主体地位不断巩固和提升。

2. 制造业仍是国民经济的重要支柱

制造业是国民经济的重要支柱,是财政收入的主要来源。2016 年江苏省规模以上制造业生产总值 156012.65 亿元,同比增长 5.89%。全省规模以上工业生产总值为 161715.96 亿元,同比增长 7%。制造业在工业占比为 96.47%,同比小幅提高 20 个基点。规模以上制造业工业企业销售收入为 152113.95 亿元,占规上工业企业销售总收入 96.4%,比去年同期提高了 0.18 个百分点;规模以上制造业工业企业利润总额为 10019.7 亿元,占规上工业企业利润总额 95.19%,比去年同期提高了 1.09 个百分点。2016 年全省规模以上制造业上利税总额占全省所有利税总额的比值、规模以上制造业应交增值税占全省总额的比值均在 90%以上。制造业是国民经济各产业中上缴税金最多的产业,已成为全省财政收入的主要来源。

表 4-2　2016 年分行业工业产值表

	2016 年	占比	2015 年	占比
工业总产值	161715.96		151094.0484	
采矿业产值	618.17	0.38%	620.8509405	0.41%
制造业产值	156012.65	96.47%	145453.9677	96.27%
电燃水产值	5085.12	3.14%	5018.782603	3.32%

同时,制造业也是出口创汇的主要渠道。近年来江苏对外贸易保持强劲的增长态势,全省出口交货值总额由 2012 年的 23137.75 亿元增加到 2016 年的 23214.06 亿元。其中,制造业出口交货值由 23121.23 亿元增加至 23202.58 亿元,制造业出口交货值在总出口交货值占比稳步小幅提升。

3. 制造业是解决民生问题的重要途径

一方面,制造业是满足消费和建设需要的基础和保障。制造业的快速发展,使源源不断的工业产品流入市场,走进千家万户,极大地丰富了人们的物质生活,满足了生产和建设的需求,也为国民经济保持持续快速健康发展和社会全面进步,提供了强大的经济基础和物质保障。另一方面,制造业是城镇居民重要的就业途径。伴随着江苏省制造业迅速发展,新办企业日益增多。截至 2016 年末,全省规模以上制造业企业单位数由 2012 年的

45291 个发展到 47832 个,占全省规模以上企业单位数 98.65%;制造业城镇单位从业人员数从 2012 年的 359.67 万人增加至 603.2 万人,年均增长率达 16.9%;实现工资总额也由 1555.27 亿元增加至 3777.68 亿元,年均增长率达 47.6%。制造业成为国民经济各行业中吸纳就业人口最多的行业。

表 4-3　江苏省各行业城镇单位从业人员数　　　　　单位:万人

年份	农林牧渔业	采矿业	制造业	电力、燃气及水的生产和供应业	建筑业	交通运输、仓储和邮政业	信息传输、计算机服务和软件业	批发与零售业	住宿和餐饮业	金融业	房地产业	租赁和商务服务业
2007 年	14	14	310	13	38	32	7	27	9	24	6	9
2008 年	12	14	307	13	38	32	7	27	10	25	6	11
2009 年	11	14	308	13	46	31	7	28	10	27	6	11
2010 年	10	13	335	13	52	31	9	29	11	27	7	12
2011 年	9	14	354	13	65	31	10	32	12	29	8	11
2012 年	9	13	360	13	70	31	11	33	12	29	8	12
2013 年	7	14	555	18	421	48	30	61	19	31	21	32
2014 年	6	12	612	18	450	50	29	59	20	33	22	31
2015 年	6	11	595	17	417	49	28	59	17	35	23	31

三、江苏省制造业发展存在的问题

1. 规模经济优势不突出,缺少市场竞争力

江苏省制造业总体规模较大,企业数和总资产规模都位于全国领先地位。截至 2016 年末,江苏省规模以上企业数量为 47832 个,超过广东省,也远超浙江省和上海地区。年末规模以上制造业资产总规模为 97321.32 亿元,也位于全国之首。但从表 4-4 看出,江苏省的规模以上制造业平均规模约为 2 亿元/个,略高于浙江省的平均规模,以微弱优势超广东省平均规模,与上海地区的差距较大。江苏省的中小企业数量占据大多数,一定程度上将进一步拉低制造业企业的平均规模。由此可见,江苏省制造业企业的平均规模较小。江苏省制造业平均规模并不具有优势,与其他省市相比也

不具备比较优势。(平均规模＝总资产/企业单位数)

表 4-4 2016 年发达地区规模以上制造业平均规模

地区	单位数(个)	年末资产总计(亿元)	单位平均规模(亿元/个)
上海	8921	33579.17	3.764058962
江苏	47832	97321.32	2.034648771
广东	41081	81676.43	1.988180181
浙江	40455	59201.91	1.463401557

虽然江苏的生产总值增长速度较快,但通过行业细分可以发现,高新技术产业增加值占制造业的比重较低,位于上海、浙江之后,更低于发达国家和新兴工业化国家的水平。并且江苏的钢铁、机械、石油化工、有色金属等传统工业主要以价格为竞争手段,竞争优势单一。技术水平与国际先进水平相比有较大差距,多数大中型企业关键技术的开发与应用能力不强,不少高新技术产品及部分高附加值产品仍需进口。这说明江苏的产业层次总体不高,新兴产业尚未形成明显优势,高新技术产业仍处于起步阶段,许多高新技术产业大多还处于产业链的低端劳动密集型的加工装配环节。占制造业主导地位的主要是劳动密集型产业,市场占有率较高的主要是服装、普通机械、塑料制品等科技含量较低的劳动密集型产品。制造业的发展较多地依赖于相对成本优势,与制造业配套的生产性服务业发展滞后。

2. 科研投入不足,企业创新能力较弱

从 2016 年 6 月由中国科学技术发展战略研究院研究发布的《国家创新指数报告 2015》看出,中国国家创新指数排名第 18 位,比上年提升 1 位。世界创新格局基本稳定,中国创新指数排名与创新型国家的差距进一步缩小,但在参评的 40 个国家中,仍处于第二集团①,依然处于中等水平。要实现与第一集团之间的跨越仍然任重道远。虽然中国国家创新指数分指标总

---

① 根据国家创新指数历年结果分析,参评的 40 个国家可划分为三个集团。综合指数排名前 15 位的国家为第一集团,均为公认的创新型国家,其中美洲 1 席,亚洲 4 席,欧洲占据 10 席;第 16—30 位为第二集团,主要是其他发达国家和少数新兴经济体;第 30 位以后为第三集团,多为发展中国家。

体提升,但创新环境还有待进一步改善。2014 年,中国创新资源排名第 27 位,R&D/GDP 为 2.05％排名第 15 位,科技人力资源培养水平第 34 位,此外,劳动生产率和综合能耗产出率分别列第 39 位和第 36 位。这表明,中国与创新型国家还有较大差距,中国创新绩效主要依靠高技术产业产出规模和技术产出总量的拉动,中国在经济发展"转方式、调结构"方面仍需加大力度。

江苏省制造业中高级职称的技术工人和高级技工的比例都较低。依靠低成本的劳动力和低廉的价格竞争不是长久之计,高素质科研人员和技术工人是提高生产工艺、改造生产设备和研制新产品、新品牌的第一生产力。此外,部分地区小微企业占比较多,企业家本身的经营素质和发展理念相对有限,一定程度上也限制了企业及长足发展。

3. 地区发展不平衡,产业集群初现但辐射能力不强

从江苏省内部发展的协调性来看,仍然存在着地区间发展不平衡的问题,苏北、苏中、苏南差距较大,其中一个很重要的原因是由省域制造业的空间分布特点造成的。苏南由于区位优势明显、人力资本丰富以及公共服务、政府服务效率高等优势,发展制造业有明显比较优势,体量大、活力强、技术含量高。苏中地区近年来随着交通的迅速发展,接受上海和苏南的辐射越来越多,依靠优势产业、发挥比较优势,也在迅速发展,但与苏南还有一定差距。相比苏南和苏中,苏北则由于交通相对落后,基础设施建设不完善,教育相对落后,人才短缺,政府支持力度相对不够等因素,其制造业发展速度明显滞后,尤其在制造业经济创造能力上,与苏南城市差距仍在扩大。

江苏制造业发展的产业集群经济具有两个突出特征:一是"小产品,大市场",如里下河地区戴南不锈钢产业集群;二是"小企业,大合作",此类集群内分布着大量的中小企业,专业化协作配套程度很高,如无锡的光电子和资讯零部件加工产业群、吴江的电子产业集群等。产业集群发展扩大了就业渠道,加快了地区工业化、城市化进程。但目前江苏还处于产业集聚发展阶段,区域内的上下游企业之间的协作配套效应还未充分发挥出来。制造业对中心城市周边地区的带动影响力不强,缺少形成规模的产业集群,难以有效构建拉动区域经济发展的增长。

第二节　江苏省信贷支持制造业
情况及存在的问题

一、江苏省信贷支持制造业基本情况分析

1. 信贷融资总量稳中有降

2016 年末,江苏省制造业本外币贷款余额为 15263.76 亿元,比年初减少 572.53 亿元,下降 3.62%;制造业贷款占各项贷款的 17.4%,占比较年初回落 3.26 个百分点。2016 年制造业贷款是在 2014—2015 年连续 2 年下降的基础上的再下降,目前制造业贷款余额较 2013 年的历史最高值 16518.79 亿元减少 1255.03 亿元,比 2014 年的历史次高值也低 1011.66 亿元。2012 年以来,全省贷款余额增加了 31756.4 亿元,制造业贷款占比因此较 2013 年大幅下降 8.8 个百分点。

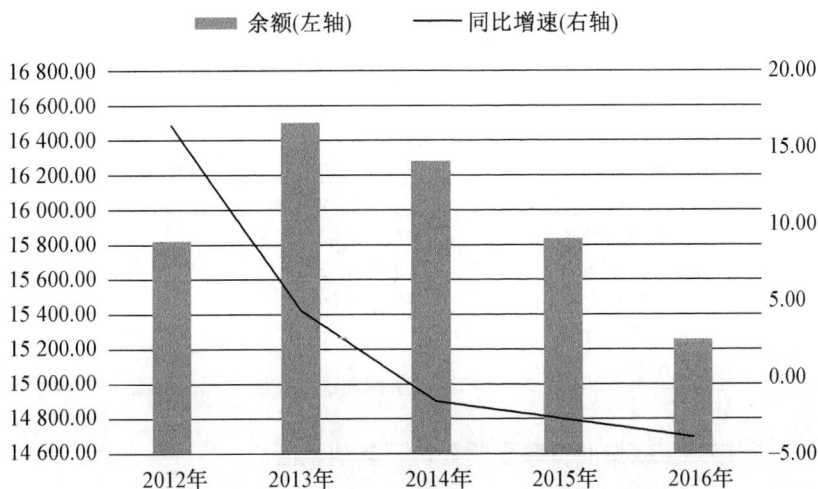

图 4-6　2016 年江苏省制造业本外币贷款情况

2. 银行业制造业贷款比例仍然偏低

2016 年末,全省各类银行业金融机构中,除了农村商业银行、外资银行的制造业贷款余额有所增加,其他类型银行业金融机构制造业贷款均比年初下降。制造业贷款同比增幅,分机构类型来看:农村商业银行为 1.96%,外资银行 19.15%,政策性银行-1.39%,四大国有银行为-7.53%,股份制银行为-4.98%,城市商业银行为-2.69%,邮储银行、村镇银行分别为-0.62%和-1.35%。(其他类型机构如,中资财务公司、信托公司、租赁公司由于体量较小,不在此讨论。)分机构来看,除了农商行(合计增加62.43 亿元)以外,制造业贷款同比增加的机构主要有:光大银行、平安银行、恒丰银行、渤海银行,合计增加 24 亿元。

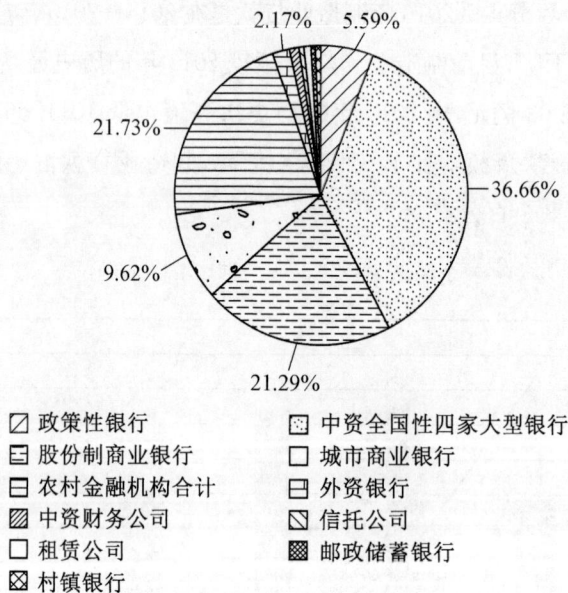

图 4-7　江苏省 2016 年金融机构制造业贷款余额占比图

3. 苏南地区制造业贷款要明显优于其他地区

2016 年,全省 13 个地市的各项贷款都同比增长,但是制造业贷款同比都呈下降态势。全省制造业贷款同比下降 3.64%,13 个地市中,有 5 个地市制造业贷款同比降幅低于全省平均水平(南京、苏州、常州、无锡和徐州),其他地市的降幅都高于全省平均水平,按降幅由低到高依次为连云港、盐城、镇江、扬州、南通、宿迁、淮安和泰州,其中,泰州降幅最大为11.25%。

此外,各地区制造业贷款同比增长和各项贷款的同比增长情况也呈现不均衡状态。如,淮安地区各项贷款同比增速为26.4%,全省第一,但制造业贷款同比降幅达9.89%,排全省倒数第二,仅略高于泰州。宿迁地区也呈现类似情况。反之,苏州地区,各项贷款同比增速为12.08%,排名全省第12位,但该地区制造业贷款同比增速为−1.41%,仅次于南京地区。无锡、常州、南通的情况与苏州类似。此外,南京、徐州、连云港、镇江、扬州、泰州制造业和各项贷款的变化幅度较为一致。

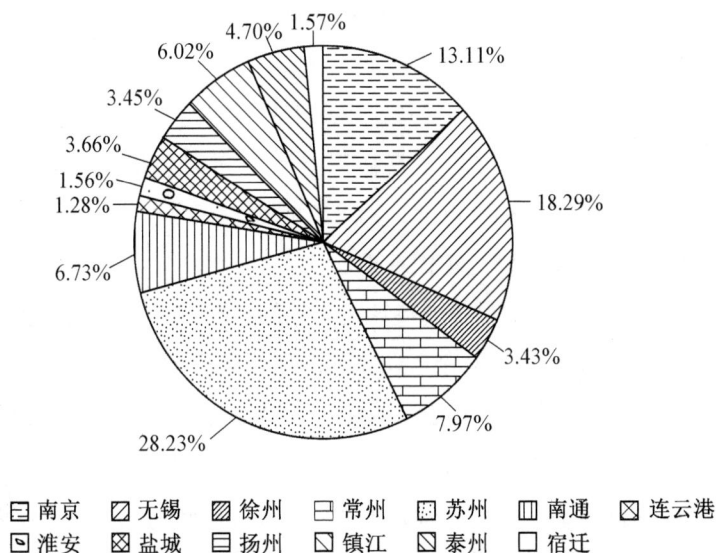

图4-8　江苏省2016年各地区制造业贷款余额占比

值得注意的是制造业信贷风险加速暴露。2016年末,江苏省制造业不良贷款余额达613亿元,占全部不良贷款余额的48.8%;不良贷款率为3.52%,高于全国不良贷款率2.11个百分点。基于风险控制和防范压力,金融机构对制造业的信贷审批条件有所收紧,部分机构审批权限上收。

二、江苏省信贷支持制造业存在的问题

1. 结构性融资难问题仍然突出

通过对全省制造业贷款运行分析,小微企业融资难的问题仍然普遍存

在。而大型优质企业，银行往往主动营销，贷款利率也较为优惠。如，江苏省南通罗莱生活科技有限公司获得的1亿元短期贷款，利率为3.915%（基准利率的95折）。而中小微企业往往不能很好地满足银行信贷风险控制要求，因此无法获得银行贷款。尤其，大量中小微企业无力提供有效抵押物，更限制了其从商业银行获得贷款的能力。如，江苏华灿电讯股份有限公司因前期已将土地、厂房等全部抵押，因而无法继续获得银行贷款，只能向上海某租赁公司融入资金3200万元，利率达7.5%，加重了企业的经营负担。

2. 企业获取有效担保存在困难

一是受前期互联互保风险事件频发影响，企业之间互保意愿有所减弱，银行对于企业互保的新增信贷需求也趋于谨慎。二是部分担保公司实力普遍不强，由于代偿增加，对外担保意愿出现下降，担保费率有不同程度提高。如，江苏省南通地区海门市化工原料厂有限公司因担保未落实，申请的6000万元贷款至今未能获得审批。

3. 银行的信贷支持缺乏牢固基础

银行对制造业企业的信贷支持缺乏牢靠的基础。一是制造业企业的盈利水平有待观察，银行机构对制造业贷款的信贷政策没有发生根本变化，缺乏多样化的金融产品和个性化金融服务。二是银行机构对发展前景较好的优质企业竞争激烈，信贷投放面不够宽，制约了制造业信贷力度的持续增强。三是目前制造业不良贷款处置方式不多、处置周期较长、处置效果不佳，使得银行普遍对制造业企业产生"惜贷"、"慎贷"心理。

4. 银企互信度下滑影响金融生态环境

一方面，少数制造业企业存在逃废债行为，个别企业甚至利用政府协调、银行合力帮扶的时间窗口转移资产，悬空债务，加大银行贷款损失。另一方面，部分银行自身也存在失信现象，一些银行机构收贷前向企业承诺存量贷款还后再贷，但企业还贷后，这些银行以上级不批、增信不足等理由拖延或拒绝续贷，使企业陷于困境。银企间互信关系的下滑，将直接影响制造业贷款的有序、平稳发放。

三、信贷支持制造业存在问题的原因分析

1. 产业结构加快调整,制造业信贷增长放缓

江苏省的传统制造业居多,随着服务业持续快速发展,传统制造业增长不断放缓。数据显示,江苏省以制造业为主的第二产业的增加值占比由2012 年的 50.17% 逐步下降到 2016 年上半年的 45.76%;其中制造业占据绝大部分的工业增加值占比也从 44.2% 持续回落至 40.2%,累计下降 4 个百分点。随着产业结构发生调整,信贷资源配置随之发生调整,带来的是制造业信贷增长相应放缓。

2. 产能过剩和投资意愿缺乏,制造企业信贷资金消化能力不强

一是产能过剩,投资者意愿下降。江苏省作为制造业大省和出口大省,体量较大,重化工业占比较高,而且受国际市场波动影响较重。近年来,受这些因素共同影响,多数行业产能利用不足。对于制造业,再加上利润空间持续压缩,前期投资边际收益递减,以及投资过程中需要面对的土地供给、环保压力等多方因素叠加的影响,江苏省制造企业扩产投资意愿总体走低。尤其是近几年,部分低附加值以及劳动密集型企业向外迁移情况增加较多,随着投资收益下行,借贷风险上升以及监管更趋严格等,制造类企业参与金融投资的热情也有所减弱,这些变化均对制造业信贷融资需求产生了一定影响。统计局数据显示,2016 年上半年江苏制造业固定资产投资完成额累计同比增速为 9.7%,比 2010—2012 年的平均水平下降 10 个百分点,继续呈回落态势。多数制造类企业均表示,当前以维持或消耗现有产能为主,短期内基本没有新增的投资项目或计划,即便是经营状况较好的企业,也对未来的投资持谨慎态度。

二是制造企业生产放缓,造成与生产配套的流动资金需求下降。首先,从宏观上看,全球经济持续低迷,市场需求较弱,江苏省制造业企业经营面临较多困难。据中国人民银行南京分行开展的 2016 年二季度江苏省工业企业家问卷调查显示,企业出口订单指数和国内订单指数分别为 48.12%和 48.55%,分别连续 7 个和 8 个季度处于 50% 以下景气收缩区间,需求疲弱态势未有明显改观。中国人民银行南京分行工业景气监测企业财务数据

显示,监测制造类企业工业总产值累计同比增速连续负增长,库存余额同比增速也不断下降,同步显著回落。由于生产增长放缓,订单、库存等增长放慢,企业对周转性资金的需求同步下降。

三是制造类企业对信贷资金消化能力不强,有些甚至收缩生产规模主动还贷。据部分银行机构反映,50%以上的制造业贷款下降是由于企业提前偿还或到期偿还后不再续借。以南通地区为例,该市总体情况是大中型企业少、小型企业多。目前,该市销售收入超过 100 亿元的制造类企业仅 1 家,大型制造类企业贷款占制造业总贷款的比例仅为 12.11%,低于全省平均水平 15.66 个百分点,中型占比为 24.67%,低于全省 4.4 个百分点,大中型企业贷款合计占比低于全省 20.06 个百分点。另有部分央企、国企、外资投资的制造类企业如大唐电厂、招商重工、韩华能源等其资金总部统一调度,对本土金融机构没有融资需求。

3. 经济持续低迷,金融风险仍在不断发酵

随着经济持续下行,全省金融风险逐渐暴露,迄今尚未见底。一是银行信贷资产质量劣变尚未见底。从公布数据看,2016 年末江苏不良贷款率为 1.36%,比年初下降 0.13 个百分点。但根据上半年开展的资产质量真实性调查评估,银行机构资产质量不真实的情况还比较严重。此外,全省隐性不良贷款规模仍在持续上升,逾期 90 天以上贷款与不良贷款比率高达 127%。二是局部地区担保圈风险仍较严峻。2016 年 6 月末江苏全省企业互保联保不良贷款余额 443 亿元,比去年同期增加 125 亿元;涉险企业家数 3617 家,比去年同期增加 544 家。目前这部分地区仅能通过大量处置、加大投放来控制不良贷款指标。此外,这些地区部分企业"抱团"欠债等恶意逃废银行债务现象不断以新面目出现,与担保圈风险相互叠加、相互交织,进一步增加了风险化解处置的难度。三是非法集资和互联网金融风险仍处于高发态势。初步统计,江苏现有投资咨询、财富管理等投融资中介公司 8.7 万余家,是全省银行网点的近 7 倍;P2P 网贷平台 206 家,大多存在非法集资行为。

4. 受风险控制、利润增长双压力,银行制造领域信贷投放趋谨慎

首先,银行机构经营压力不断加大。一是银行资产减值损失计提显著

增加,对银行利润侵蚀较大。江苏银监局数据显示,2016年上半年,江苏省银行业金融机构拨备前利润为1534亿元,同比增加145亿元,但资产减值损失计提481亿元,同比增加70亿元,导致银行类机构拨备后利润增长明显放缓。二是利率市场化加快推进背景下,金融机构利差逐步收窄。二季度末,全省银行业金融机构存贷款利差为3.19%,比上年末和上年同期分别收窄53个和62个基点,银行盈利能力持续减弱。三是"营改增"加大了银行税负。从调研情况看,"营改增"会造成银行税负小幅上升。首先,税率提高,银行主营业务税率从5%提高至6%。其次,计税范围扩大。此外,金融机构普遍反映部分抵扣难以实现。因此,短期来看,"营改增"对商业银行利润影响偏负面。

其次,部分银行机构过度厌恶风险,产生畏贷心理。制造业贷款风险大大高于其他行业。不良贷款高企,银行机构基于信贷资产安全考虑,对制造业贷款产生畏贷心理。部分银行机构信贷经营战略有所偏离,对支持制造业贷款重视不够。部分银行机构尤其是新设银行机构信贷经营战略定位于融资平台、基础设施、房地产等领域,没有将支持制造业发展放在应有位置。具体表现为客户经理配备不足,专业技术培训缺失,市场拓展力度一强。信贷经营战略的偏离导致制造业贷款业务发展滞后。

再次,部分银行机构考核机制不科学,抑制了客户经理的工作热情。表现在奖惩机制失衡,对风险高发的制造业贷款责任追究过分严厉,容错率极低;而对制造业贷款业绩突出的客户经理没有给予与其贡献相匹配的物质及精神奖励,约束有余、激励不足,挫伤了客户经理支持制造业发展的工作热情。

最后,部分银行机构存在非诚信经营行为。部分银行承诺收回再放的贷款没有续贷,导致制造业贷款余额被动下降。近年来,部分银行机构以企业失信为由,对到期存量贷款承诺收回再贷,而在贷款收回后,以企业经营管理存在瑕疵、未能满足增信条件及上级行不批等理由拒绝续贷,导致制造业贷款余额被动下降。

5. 多元化融资加快,对制造业信贷形成了一定替代

随着金融市场的逐步完善和扩容、金融创新的加速,一些先进制造业或优质企业融资渠道日益多元,主动获取低成本、高效率的资金来源替代传统的银行贷款。如,近几年制造企业通过股票、债券、票据、银行承兑汇票、信用证以及集团内部借贷等非信贷渠道融资的情况增加较多。中国人民银行南京分行对全省 628 户制造企业问卷调查显示,2009 年—2015 年,调查制造类企业银行贷款余额占比由 70.04% 大幅下降至 55.55%,同期企业银行承兑汇票、信用证、股票、债券、集团内部借贷等非信贷融资余额合计占比则从 29.85% 不断上升到 44.33%。其中,企业借助股票、债券、票据等直接融资以及集团内部融资等方式上升较快,融资余额占比分别由 2009 年末的 0.44%、6.83% 快速上升到 2015 年末的 11.06%、12.83%。

此外,直接融资对银行贷款也产生了一定的挤出效应。2016 年,全省共有 24 家制造类企业通过短融、超短融和中票等进行直接债务融资金额累计达 845 亿元。主导行业与银行信贷政策契合度较低。几大支柱产业如船舶海工、纺织、有色金融、通用设备等行业大多被商业银行列为审慎或限制支持,有些还被列为退出类。个别股份制商业银行的上级行还暂停了其新增制造业贷款授信审批权限。不良贷款处置冲抵了部分制造业贷款。

第三节　信贷支持制造业的政策建议

从短期看,在面临去产能和制造业劳动力成本上升的多重压力下,信心仍然不足,制造业信贷需求可能继续萎缩。加上信贷风险持续暴露,且尚未见底,风险控制压力下银行信贷供给可能继续保持审慎,企业融资渠道的多样化仍会对信贷需求产生替代效应。综合上述因素,预计后期江苏制造业贷款增长可能延续低位波动增长的趋势。从长期看,江苏制造面临重大机遇。2017 年一季度,江苏省召开了全省制造业大会,印发了《省政府关于加快发展先进制造业振兴实体经济的若干政策措施》《省政府办公厅关于推进中国制造 2025 苏南城市群试点示范建设的实施意见》。目前,江苏省级出台了"一中心、一基地"2 个意见和企业制造装备升级、互联网化提升 2 个计划,编发"十三五"28 项总体规划、专题规划和行业规划,制订 15 个重点领域技术创新路线图,发布八大工程3年实施方案,形成了较为完善的制造强省建设规划体系。

江苏经济处于转型关键期,依靠创新驱动,实现由中低端向中高端迈进的第三次转型期,而转型的"重点、难点和出路"都在于制造业。随着江苏"十三五"制造业强省发展战略加快实施,工业产能调整、技术改革创新、转型升级等持续进行,江苏制造业迫切需要在原有基础上瞄准未来方向和产业高端进行部署。与此同时,在相关制造服务业的带动,制造业信贷增速下滑将有望减缓,信贷需求也将随之上升。随着政策推动、信心增加,银行机构向制造业信贷投放的积极性将相应提升,届时江苏制造业贷款增长将会企稳回升。

中国制造看东部,东部制造看长三角,长三角制造看江苏。推动江苏制造业的发展,要形成发展合力。深入落实、加快推进《中国制造2015江苏行动纲要》的实施,明确各领域重点任务和重点方向。深入实施江苏省"金融支持制造业提质增效行动计划(2016—2020)",充分发挥货币政策工具作用,引导金融机构完善信贷管理机制,加强产品服务创新,重点加大对企业制造装备升级、互联网化提升、工业强基等领域的支持,大力推动传统制造业加快技术更新改造。金融机构要坚持与制造业合作共作共赢理念不动摇,根据省、各地区相关文件要求,攻坚克难,优化服务,助推制造业健康发展。

一、各方联动,形成金融支持制造业发展的强大合力

1. 各级政府及相关部门要为银企合作营造良好的环境

一是要做大做多小微企业转借基金。各级政府要认真贯彻落实《省政府办公厅转发省金融办等部门关于建立小微企业转借基金指导意见的通知》,鼓励财政资金、从事资本经营的国有控股平台、融资性担保公司及社会资本参与组建基金,做多做大转借基金,帮助资金周转困难的小微制造企业顺利转贷、增贷。二是要加快不良贷款处置。加强金融案件审理和执行资源配置,简化金融涉诉案件处置流程,缩短立案、审理、判决和执行工作流程,加快不良贷款处置。三是要坚决打击逃废债行为,建立健全跨部门的失

信企业通报制度,完善部门间联合惩戒机制,营造更加良好的信用环境。四是要强化信息共享。相关部门要定期向金融机构发布"3＋3＋N"产业项目融资需求,分区域、分行业、分板块举办专题性、个性化、特色化的银企精准对接活动,助推资金供需双方达成合作。

2. 深化政银企对接合作机制

充分发挥政府部门的桥梁作用,以全省重大项目银企对接、工业企业融资洽谈等活动为载体,推动银企加强沟通,疏通资金供求渠道。组织编制省重点工业投资、"双百工程"、技术改造等各类项目计划,分期分批向金融机构推荐,引导信贷资源积极流向重点制造领域。

3. 充分发挥财税政策撬动作用

以典型城市、典型产业为切入点,通过设立风险补偿基金、产业投资基金、转贷基金和贷款贴息等方式,充分发挥财政资金对金融资源、社会资本的杠杆作用,吸引更多资金进入制造业领域。通过结构性减税等方式,进一步减轻企业负担,推动生产要素、政策资源、政府服务向企业转型升级和科技创新倾斜,充分激发企业创新活力,并为工业经济增长提供持续动力。

二、进一步发挥金融对经济稳增长的重要支撑作用,着力支持经济稳增长

一是推动全国性金融机构加强与总行的沟通衔接,积极向上争取资源,确保各项贷款继续稳步增长。鼓励和支持地方法人金融机构通过发行二级资本债、金融债券、开展信贷资产证券化等方式,增强资本实力,盘活存量资产,增强支持实体经济发展的能力。大力发展直接债务融资,不断拓宽企业融资渠道,防止社会融资过度依赖银行贷款和融资结构的再次回归。

二是着力引导信贷资金流向重点关注领域。引导金融机构不断加大对科技、文化、三农、小微等重点关注领域的融资支持。

三是切实帮助企业缓解资金困难。推动金融机构大力开展知识产权、应收账款和供应链融资创新,切实缓解部分企业抵质押不足的实际困难。加强对重点行业和特困企业的支持对策研究,对主动去产能、流动资金有困难的企业,鼓励金融机构采取续贷、免息甚至消债等措施缓解企业困难。

三、推动银行机构多措并举，促进制造业领域信贷投放止跌企稳

1. 认真排查，摸清原因，制定金融支持业发展的工作规划

各银行机构尤其是制造业贷款余额下降的单位要仔细排查贷款下降情况，列表反映制造企业贷款余额下降明细，包括贷款未到期主动提前偿还及到期偿还而无续借需求的、企业到期偿还后有续借需求但被银行压缩的；摸清企业存量贷款被压缩的原因，包括执行去产能政策压缩、企业未能落实原担保条件压缩、企业未能满足银行新增条件压缩、经营企业困难不符合贷款条件压缩、企业挪用、挤占贷款按政策规定压缩、对经营困难企业贷款客户经理及信贷主管担心发生风险被问责压缩、同业压缩企业贷款后自己跟着压缩、企业存在逃废债等失信行为压缩，等等。在摸清查透贷款下降原因的基础上，各银行机构分门别类、有的放矢地制定制造业贷款扭降为升的工作计划。

2. 稳住存量，做大增量，迅速扭转制造业贷款下降的局面

制造业贷款要扭降为升，首先要稳住存量贷款。银行机构尤其不能压缩有强烈续借需求的企业贷款。对暂时存在经营困难或资金困难，但符合国家产业政策、产品有市场、发展有前景的企业，可综合运用展期、借新还旧、下调利率等方式化解风险，最大限度地帮助企业渡过难关。其次要做大增量。对纺织、电子、机械、化工等传统制造业，应重点加大对技改投入、互联网化提升、智能化设备投资等领域的融资支持，推动传统制造业向中高端迈进。对高端装备、新材料、新能源和新能源汽车等新兴产业要加大增量投入力度。对"走出去"的外贸企业，积极开展出口贷款、内保外贷、贸易融资、押汇贷款、海外资产抵押贷款、海外股权质押融资等国际金融业务，多方支持优质制造企业扩大出口。

3. 强化信贷创新，优化融资服务，多渠道支持制造企业发展

一是积极开办应收账款、知识产权、受益权、股权、排污权、碳排放权质押等新型抵质押制造业贷款业务。强化"中征应收账款融资服务平台"的宣传推介，进一步扩大应收账款融资规模。二是加强与保险机构的合作，开展

制造业贷款保证保险业务。三是有资质的银行业金融机构要加大直接债务融资工具的宣传、推介和承销力度，支持符合条件的制造业企业通过发行短期融资券、中期票据、中小企业集合票据等直接债务融资工具。四是积极支持大型优质企业上市融资。

4. 降低融资成本，减轻企财务负担

一是提升融资利率定价水平，科学合理定价。各银行业金融机构要认真贯彻落实各项利率政策，使降息等政策红利真正惠及实体经济企业；要在建立科学合理的贷款定价机制的基础上，尽量对诚实守信、经营稳健的优质制造业企业减价让利。二是要规范服务收费。不得通过以贷收费、浮利分费、在融资业务中设置不必要的附加条件等方式，提高制造业企业实际融资成本。三是要积极开展与转贷基金合作，不得歧视加入转贷基金的小微企业。四是要深化小微企业转贷方式创新，推广循环贷款、年审制贷款、整贷零还贷款等新型业务品种，以及无还本续贷、预授信等新型续贷转贷模式，减少制造业企业"过桥"融资成本。

5. 增强银行机构人力资源配置，改善绩效考核，强化诚信建设

一是增加制造业贷款客户经理，壮大制造业贷款队伍力量。各银行业金融机构要增加制造业服务领域的人力资源配置，尤其要注重高素质人员队伍的培养。制造业企业主办银行业金融机构应建立信贷专员制度，明确企业信贷专员职责。二是优化考核机制。对非主观原因造成的制造业信贷风险，要按照规定不追究或从轻追究客户经理及相关人员责任；对制造业贷款业绩突出者，在评选评优、绩效分配、职务晋升等方面给予倾斜，进一步激发一线人员支持制造业发展的积极性。三是强化诚信建设。银行机构要制定诚信经营工作规划，强化员工职业道德和诚信教育，建立失信追究机制，严禁发生虚假承诺贷款等失信行为。四是要将商业银行制造业贷款增量增速等指标纳入年度考评，发出激励商业银行支持制造业发展的鲜明信号。

四、牢固树立底线思维，着力防控金融风险

1. 抓好风险监测、评估、预警

相关监管部门持续动态做好江苏省金融风险监测预警和评估工作，密

切关注重点地区、重点领域、重点企业的贷款质量变化。完善突发事件应急处置机制,把握好风险处置节奏,区别不同情况,实施信贷稳步退出或信贷注入救助措施,坚决守住不发生系统性、区域性风险的底线,及时提示重大风险隐患和化解建议。

2. 多部门密切联动,抓好金融风险化解处置,进一步强化金融生态环境建设

认真落实好"双牵头"的中央与地方金融监管工作协调机制,制定防控预案,明确处置责任,协助做好大型企业债务风险和部分地区担保圈风险处置,加大打击逃废债行为力度,依法保护银行债权。

3. 做好各项整治工作

做好互联网金融专项整治工作,做好第三方支付机构风险排查和清理整顿工作,做好互联网金融资产管理和跨界金融业务的摸底排查和清理整顿工作。

第五章　江苏省信贷支持服务业发展研究

2016年,江苏省服务业总量规模继续扩张,经济效益不断提升,传统行业和新兴服务业均取得了较好发展,特别是规模以上企业的发展态势明显好于整体。与此同时,一些长期制约江苏省服务业发展的老问题仍然存在,比如对经济拉动作用不够显著,层次结构不尽合理,生产服务业发展偏缓,地区发展不够平衡等,仍然需要努力化解。

2016年江苏省信贷部门大力支持服务业发展,取得了明显的成效,不但信贷总量显著扩大,信贷产品和服务方式创新步伐也在不断加快,支持服务业的基础金融环境也在不断改善。与此同时,江苏省信贷支持服务业发展还存在一定的薄弱环节,比如对服务业发展的政策制约,金融业内部结构发展不均衡及规模有限,金融产品创新不足,等等。针对这些问题,需要从加大对服务业发展的政策倾斜,加大力度开展金融创新,加强金融与服务产业发展的协调配合,优化金融生态环境等多个层面入手予以解决。

第一节　江苏省服务业发展现状及存在的问题

一、江苏省服务业发展现状分析

1. 总量规模迅速扩张,经济效益不断提升

2016年,全省实现服务业增加值38152亿元,比上年增长9.2%,增速高出地区生产总值增速1.4个百分点;全省服务业增加值占地区生产总值比重为50.1%,占比首次超过50%,对经济增长的贡献率达57.6%,比

2015 年提高 11.6 个百分点。

从各地区情况看,南京、苏州、无锡、常州四市服务业增加值占 GDP 比重超过 50%,分别达 58.4%、51.5%、51.3% 和 50.9%。全省服务业用电量为 677.1 亿千瓦时,同比增长 12.3%,增速比 2015 年加快 5.1 个百分点,高出全社会用电量增速 5.6 个百分点。

2016 年,江苏省金融业平稳运行,社会融资规模增长较多。银行业稳步发展,规模进一步增长。从贷款看,贷款增长有所加快,直接融资增加显著,表外融资有所下降,小额贷款公司贷款规模持续萎缩。从结构看,人民币贷款增长快速,外汇贷款增长势头放缓;中长期贷款增长加快,而短期类贷款呈现下滑趋势。分行业来看,增长分布不均衡。房地产和基础设施建设类贷款增长加快;涉农和小微企业贷款增长平稳,制造业贷款呈现负增长。从存款看,人民币存款保持平稳增长,外汇存款增长加快。从资金价格看,货币市场利率低位徘徊略有上升,人民币贷款利率持续走低。与此同时,保险业发展势头较好,增长加速。

从 2016 年 6 月份开始,主要受"营改增"全面实施及部分税种中央和地方分成比例变化等因素影响,服务业税收增速呈现明显回落态势,全年比 2015 年回落 9.5 个百分点。尽管如此,全省服务业仍然实现税收收入同比增长 3.7%,高出全部税收收入增速 1.9 个百分点。其中地税服务业税收收入占地税收入比重 68.2%,比上年同期提高 0.1 个百分点。从行业看,房地产业、批发和零售业、租赁和商务服务业的税收增长均超过了非农税收收入的增速,成为全省税收的增长点。

2. 规模以上企业发展态势好于整体

2016 年①,全省 16471 家规模以上服务业企业实现营业收入 11129.9 亿元,同比增长 15.6%,比上年同期加快 3.2 个百分点。营业收入增速列五省市(京沪苏浙粤)第 2 位,全国第 7 位,比全国平均增速快 4.2 个百分点,比五省市平均增速快 2.3 个百分点。全省规模以上服务业企业吸纳就业人员 213 万人,实现税收 337.9 亿元,税收收入同比增长 1.7%。

---

① 2016 年全国服务业规模以上企业年度统计周期为 1—11 月。

从行业结构看,互联网等新经济相关行业、龙头企业、非公企业对规模以上服务业贡献较大。互联网和相关服务实现营业收入 362.2 亿元,同比增长 117.6%,对规模以上服务业收入增长的贡献率达 13%;软件和信息技术服务业营业收入增长 19%,营业利润增长 33.4%。全省规模以上服务业营业收入超亿元企业 1558 家,实现营业收入 8042.5 亿元,占比 72.3%,亿元企业对规模以上服务业增长的贡献率为 91.1%。规模以上服务业企业中非公有制企业占据主体地位,数量占 82.8%,实现营业收入 6668.8 亿元,同比增长 20.6%,比公有制企业收入增速高 11.8 个百分点。

分区域看,三大区域规模以上服务业营业收入增速均有所加快。2016年 1—11 月,苏南、苏中、苏北区域分别实现规模以上服务业营业收入 7421.4 亿元、1642 亿元、2066.4 亿元,同比分别增长 14.9%、16.9%、17.1%,比 1—10 月分别加快 0.2 个、0.7 个和 2.8 个百分点,比上年同期分别加快 3.4 个、3.1 个和 2.4 个百分点。13 个设区市中,仅南京、苏州、盐城三市增速较 1—10 月微幅回落,分别回落 0.1 个、0.3 个和 0.4 个百分点,其余各市增速均有不同程度加快,其中连云港、镇江、徐州、扬州、淮安增速回升幅度明显,分别回升 6.4 个、5.7 个、3.6 个、2.8 个和 2.6 个百分点;与上年同期比较,仅徐州、淮安、盐城规模以上服务业营业收入增速有所回落,其余各市增速均有不同程度加快。

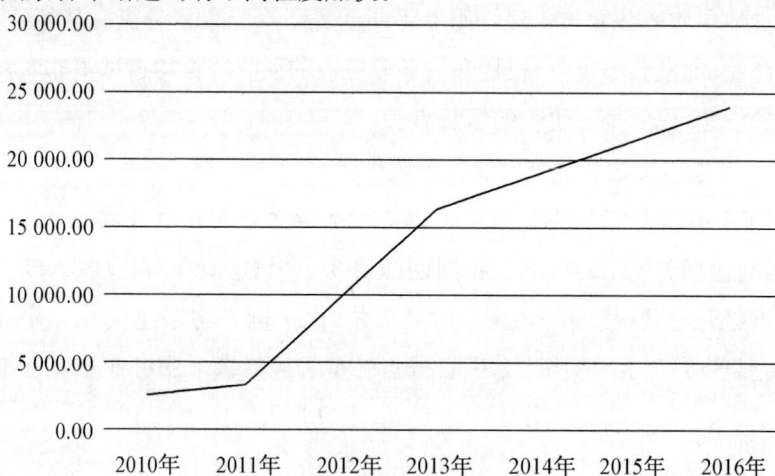

图 5-1　江苏省服务业营业收入

3. 传统行业稳步发展,新兴领域不断拓展

交通运输、仓储、邮政业、批发零售贸易、餐饮业等传统服务业,近年来处于增长保持稳定、比重相对下降的发展态势。分行业来看,2016年传统服务业中的交通运输仓储及邮政业、批发零售业、住宿餐饮业、公共管理社会保障及社会组织等行业产出比重均有明显下降;现代服务业当中,除房地产外,信息传输、软件和信息技术服务、金融业、租赁和商务服务业、科学研究与技术服务业、居民服务、卫生和社会工作等行业占比均有所提升,其中金融业尤为突出,在服务业内部占比提升5.6个百分点,租赁和商务服务业也得到快速发展,产出占比五年提高了5.4个百分点。

从具体行业看,2016年江苏省金融业、邮政快递业、旅游业、软件业、商务服务业亮点纷呈,为整个服务业发展增添了亮色。2016年,尽管证券、期货代理等业务有所下降,但全省仍实现金融业增加值6060.01亿元,同比增长13.8%。全省银行业实现营业收入4160.5亿元,同比增长2.5%。人民币存款较快增长,12月末,全省人民币存款余额121106.6亿元,同比增长12.3%,比年初增加13233.56亿元,同比多增1466.8亿元。人民币贷款平稳快速增长,12月末,全省人民币贷款余额91107.6亿元,同比增长15.5%,高于上年同期2.1个百分点,比年初增加12238.1亿元,同比多增2953亿元。保险业收入更是实现37.7%的快速增长。

2016年,全省实现邮政业务总量663.7亿元,增长28.6%,比2015年回落15.1个百分点,业务收入463.3亿元,增长13.8%;全省快递业务量28.4亿件,增长23.9%,业务收入339.2亿元,增长16.7%。同时,江苏省实现软件业务收入同比增长15.4%。软件外包服务收入158.7亿元,增长29.4%,比2015年加快19.2个百分点。

2016年全省商务服务业总收入7130.85亿元,同比增长22.97%。其中,旅行社及相关服务收入571.96亿元,同比增长45.39%;法律服务收入70.26亿元,增长32.32%;企业管理服务收入4252.51亿元,增长20.06%;知识产权服务收入37.31亿元,增长20.35%;人力资源服务收入619.15亿元,增长17.48%;安全保护服务收入110.35亿元,增长13.64%;咨询与调查服务收入317.31亿元,增长9.78%;广告业收入381.94亿元,增长

8.36%；其他商务服务业收入 770.06 亿元,增长 30.88%。

经济新常态下旅游业逆势上扬,2016 年继续保持两位数增长:全省实现旅游总收入 10263.6 亿元,增长 13.4%,比 2015 年高 1.9 个百分点。其中,旅游外汇收入 38 亿美元,增长 7.8%,比 2015 年加快 3 个百分点。2016 年,全省接待境内外游客 6.8 亿人次,增长 9.4%,其中,入境过夜游客 329.8 万人次,增长 8.1%;全省 4A 级以上景区接待游客 5.3 亿人次,增长 5.3%。

表 5-1　2016 年江苏省接待入境旅游情况

指标	2016 年	同比增速(%)
旅游外汇收入(万美元)	**380362.09**	**7.8**
接待过夜入境旅游者人数(人次)	**3297735**	**8.1**
外国人	2179954	8.5
香港同胞	153754	9.5
澳门同胞	8219	16.2
台湾同胞	955808	6.9
接待过夜入境旅游者人天数(人天)	**12338457**	**8.1**
外国人	7526609	8.3
香港同胞	380831	8.5
澳门同胞	19760	15.2
台湾同胞	4411257	7.7

4. 资本结构趋于多元,投入总量不断增大

随着服务业开放程度的拓展,私营个体、外资等非公有经济单位纷纷进入服务行业,服务业的资本结构日趋多元化。2016 年,全省服务业固定资产投资 24403.93 亿元,同比增长 7.1%;占全部固定资产投资比重 49.4%。其中,国有控股部分占固定资产投资比例为 37.46%,比重比 2015 年下降 1.04 个百分点;集体控股占比 9.61%,同比下降 5.16 个百分点;私人控股部分占比 39.81%,同比上升 18 个百分点,升幅较大。我国服务业在吸引外资方面仍然起着重要作用,服务业实际使用外商投资 489.6 亿元人民币,同比虽有下降,但降幅比整体外商投资降幅要低 3.56 个百分点,一定程度上减缓了外商投资的下降。其中,研究和试验发展、教育、软件和信息技术服务业使用外商投资同比增幅最大,分别为 76.99％、63.35％和 59％;其次,水上运输业、道路运输业、住宿业实际使用外资也得到较快增长。

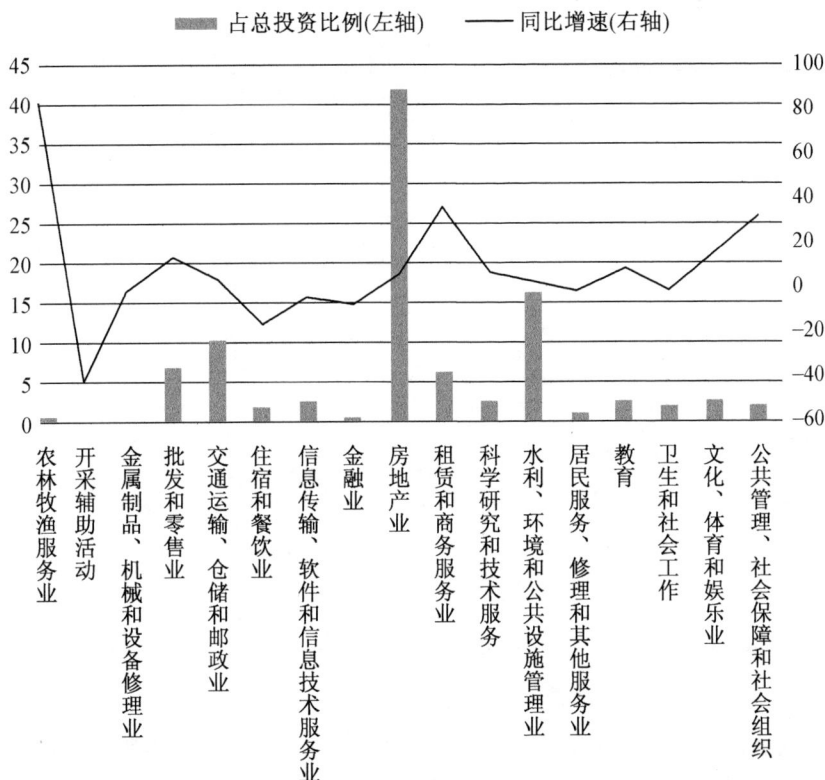

图 5-2　2016 年江苏省服务业固定投资情况

5. 吸纳就业作用增强,社会贡献不断上升

服务行业劳动密集度较大,可以广泛提供各种就业机会,特别是吸纳从一、二产业转移出来的大批富余劳动力。在 2016 年江苏省城镇单位从业人数总体同比下降的情况下,全省服务业城镇单位从业人员数 505.72 万人,同比增加 2 万人,占所有城镇单位从业人员总人数 32.58％,同比提高 1.2个百分点。其中,金融保险业、房地产业、教育、卫生和公共设施管理业等行业都是从业人员增加较多的行业。服务业已成为江苏吸纳新增劳动就业的

最大产业,在促进经济增长和稳定社会方面有着不可替代的作用。

表 5-2 江苏省部分服务业细分行业城镇单位从业人数　　单位:万人

年份	交通运输、仓储和邮政业	信息传输、计算机服务和软件业	批发与零售业	住宿和餐饮业	金融业	房地产业	租赁和商务服务业
2003 年	35	6	38	8	22	7	8
2004 年	33	6	32	8	23	6	8
2005 年	33	6	29	9	22	6	9
2006 年	33	7	27	9	23	6	9
2007 年	32	7	27	9	24	6	9
2008 年	32	7	27	10	25	6	11
2009 年	31	7	28	10	27	6	11
2010 年	31	7	29	11	27	7	12
2011 年	31	10	32	12	29	8	11
2012 年	31	11	33	12	29	8	12
2013 年	48	30	61	19	31	21	32
2014 年	50	29	59	20	33	22	31
2015 年	49	28	59	17	35	23	31

6. 充分体现供给侧结构性改革导向

从促进服务业发展的手段看,重点聚焦于企业创新、重大项目建设和集聚区提升。与以往相比,2016 年各项抓手显得更加有力,鲜明地体现了供给侧结构性改革的要求,尤其在生产性服务业优先发展和互联网平台经济的推进上亮点凸显。

根据江苏省出台的《加快发展生产性服务业促进产业结构调整升级的实施意见》,去年江苏省编制出台了《江苏省生产性服务业百区提升示范工程实施方案》和《江苏省生产性服务业百企升级引领工程实施方案》,这两项工程简称"双百工程",提出用 5 年时间,培育形成百家在全国有较强影响力的生产性服务业集聚示范区和百家在重点鼓励行业引领先进发展水平的生产性服务业领军企业。"双百工程"实施方案出台后,江苏随即编制了"双百工程"年度申报指南,启动首批省级集聚示范区及领军企业申报工作。为了打造互联网平台经济的竞争优势,去年江苏还编制出台了《江苏省互联网平台经济"百千万"工程实施方案》,提出培育壮大100家互联网重点平台企业,实现千亿元利税收入水平,形成万亿元级产业发展规模,并启动了首批平台企业申报评审。经形式核查、初步遴选、专家评审、实地考察、社会公示等环节,认定南京软件谷服务业集聚区等20家首批省级生产性服务业集聚示范区,苏交科集团股份有限公司等24家省级生产性服务业领军企业,以及苏宁云商集团等16家省级互联网平台经济"百千万"工程重点企业,同时建立了省级互联网平台经济企业培育库,首批入库企业195家。2016年1—11月,全省互联网和相关服务业实现营业收入362.2亿元,同比增长117.6%,对规模以上服务业增长贡献率达13%。软件和信息技术服务业营业收入增长19%,营业利润增长33.4%。互联网和信息技术推动电子商务加快发展,网上消费蓬勃兴起。预计2016年全省网上零售额同比增长40%以上。电子商务、互联网消费带动邮政快递业快速发展,2016年1—11月,全省邮政业营业收入增长19.6%,营业利润大幅增长161.1%。"互联网+"引领作用逐渐显现。

按照省政府关于供给侧结构性改革补短板的实施要求,2016年服务业重大项目更多的体现了投资布局的优化。经过深入开展服务业主要行业比较分析,挖掘短板不足,围绕金融服务、现代物流、科技信息、商务商贸、休闲旅游、健康养老等重点发展的服务业产业领域,充分考虑了优化投资结构的基础上,精选了一批现代服务业项目,经省政府同意后列入江苏省2016年重大项目投资计划。同时编制下达2016年省现代服务业重点投资项目计划,全省150个服务业重点项目总投资7095.7亿元,2016年度计划投资1157.5亿元,预计可如期完成年度计划。

二、江苏省服务业发展的存在问题

1. 服务业拉动作用不够显著,所占比重相对偏小

目前,全省服务业增加值所占GDP比重仍然偏低,在江苏、浙江、上海、山东、广东等沿海发达省市中居第四位,与全省经济规模的地位并不完全相

称。同时服务业龙头企业和领军企业数量偏少、综合竞争力亟待提高。2016 年,服务业投资慢于全部固定资产投资,2016 年江苏省固定资产投资24403.93 亿元,增长 7.1%,服务业投资占比 49.4%,比前年下降 0.2 个百分点。

2. 层次结构不尽合理,生产服务业发展偏缓

从全省服务业内部行业结构看,传统产业仍占主导地位。2016 年交通运输、仓储业和批发零售贸易、餐饮业增加值占服务业增加值的比重保持稳定,新兴产业尤其是信息产业发展与世界发达国家相比差距较大。此外,全省制造业产业链过于侧重实体产品的生产,物质材料消耗占产品成本比重较大,与产品制造相关的金融服务支出、市场销售服务支出、人力资源服务支出、外购信息技术服务占全部支出的比重偏小,生产服务需求偏少。

3. 地区发展不够平衡,苏北水平相对偏低

全省南、中、北部服务业发展不平衡。2015 年,苏南①、苏中②、苏北③实现服务业增加值占全省服务业的比重分别为 61.33%、17.91%、20.76%,从各地区内部产业结构来看,苏北地区服务业发展明显滞后。服务业发展明显呈现出从南到北阶梯分布的特点,且南北阶差也越来越大,反映出各地区服务业发展规模和水平与经济发展总体水平具有一定的相关性。地区发展差距拉大,不利于提升江苏服务业的整体水平。

4. 服务业企业融资仍面临较大困难

首先,直接融资渠道狭窄。总体来说,虽然近年来各级政府重视中小微企业融资困境问题,也出台了一些相关政策文件,但效果一直不理想。中小微企业头疼的直接融资路径狭窄问题,并未得到有效化解。证券市场对于中小微企业融资的要求极高,只有少量优质中小微企业能够通过层层审核获取最终资金。但这对于数量众多的中小微企业来说,粥少僧多,资金量远远不够。

其次,间接融资机会缺乏。各大银行从自身赢利性、安全性角度出发,

---

① 苏南:南京、苏州、无锡、常州、镇江。
② 苏中:南通、泰州、扬州。
③ 苏北:徐州、连云港、宿迁、淮安、盐城。

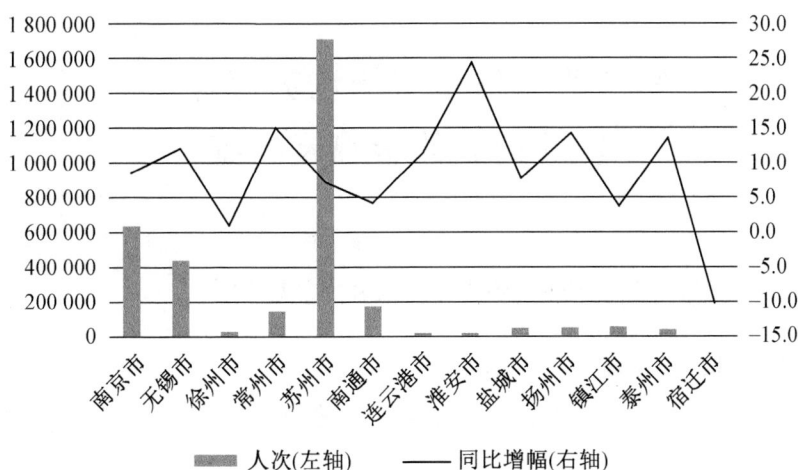

图 5-3 2016 年江苏省入境过夜旅游情况

倾向贷款给财力雄厚的国有大中型企业或跨国公司等；商业银行等金融机构从风险防范角度出发，发贷审核程序复杂、严格，难以满足中小微企业的贷款需求。而亟须资金的中小微企业，因其风险抵抗能力不足，难以达到商业银行的信贷要求，即使是相互担保的中小微企业，也经常会因其中的某家企业出现问题而连累一批企业。由于外部融资的重重障碍，中小微企业往往被迫选择资金成本更为高昂的民间借贷。

最后，融资成本高。大多数服务业中小微企业具有轻资产、无抵押的特征。由于规模小、管理不规范及信息统计不标准，使金融机构对其经营状况难以掌握，加剧了企业从外部获得资金支持的难度和成本。一些小微企业没有规范的财务制度，缺少可靠的财务报表和银行流水记录，且抵御经营风险的能力较差，持续经营时间短，破产、停业的概率就更高。商业银行考虑到风险溢价的因素，对小微企业的贷款利率也会相应上浮，加上登记费、评估费、公证费、担保费等，进一步抬高了小微企业的融资成本。

第二节 信贷支持江苏服务业
发展的总体情况及特征

一、江苏省信贷支持服务业发展的现状分析

1. 信贷投放总量大幅增加

近年来,服务业贷款余额呈逐年上升的趋势,增速不断加快。截至
2016 年末,全省服务业贷款余额 37765.58 亿元,同比增长 13.4%,同比多
增 0.23 个百分点;比 2012 年的服务业贷款余额增长 70%,年平均增长率
达 17.57%,比同期全部贷款平均增速高出 3.4 个百分点。2015 年、2016
年服务业贷款余额占全部贷款余额比重均达 43%以上,为近五年最高点。

图 5-4 2016 年江苏省服务业贷款余额及同比增速

2. 行业分配有所分化

服务业贷款内部结构体现出较大的差异,其中租赁和商务服务业,水
利、环境和公共设施管理业,房地产业,批发和零售业,交通运输、仓储和邮
政业等行业贷款余额占比较大,分别达 11.48%、9.26%、6.94%、6.7%、
4.57%(服务业贷款占各项贷款余额比例为 43.08%,这五大行业占各项贷

款比例合计达 38.95%)。金融业、卫生和社会工作、住宿和餐饮业、文化、体育和娱乐业等行业占比较小,合计占比仅占各项贷款余额的 4.13%。

表 5-3　2016 年服务业各行业贷款余额

行业	贷款余额（亿元）	同比增幅（%）	占全部贷款比重(%)	同比提高（%）
服务业	**37765.58**	**13.39%**	**43.08%**	**−0.39%**
批发和零售业	5869.39	−2.95%	6.70%	−1.20%
交通运输、仓储和邮政业	4003.88	0.27%	4.57%	−0.65%
住宿和餐饮业	434.08	−8.42%	0.50%	−0.12%
信息传输、软件和信息技术服务业	253.76	−6.20%	0.29%	−0.06%
金融业	826.34	25.95%	0.94%	0.09%
房地产业	6083.06	0.04%	6.94%	−1.00%
租赁和商务服务业	10062.03	31.82%	11.48%	1.52%
科学研究和技术服务业	264.92	26.71%	0.30%	0.03%
水利、环境和公共设施管理业	8118.76	35.20%	9.26%	1.42%
居民服务、修理和其他服务业	163.61	4.26%	0.19%	−0.02%
教育	359.86	−11.26%	0.41%	−0.12%
卫生和社会工作	580.72	−1.71%	0.66%	−0.11%
文化、体育和娱乐业	420.16	−3.36%	0.48%	−0.09%
公共管理、社会保障和社会组织	325.01	−6.46%	0.37%	−0.08%

3. 地区差异比较明显

从各地区服务业贷款余额占全省服务业贷款余额占比来看,南京、苏州和无锡列前三,分别为 30.1%、21.91% 和 10.74%,累计占比达 62.74%。苏南地区服务业贷款占比 72.84%,苏中(3 市)15.18%,苏北(5 市)仅占 11.97%。

从服务业贷款余额同比增幅来看,2016 年江苏省服务业贷款余额同比增长 13.4%,淮安增幅最高为 51.7%,其次是宿迁、泰州和盐城,增幅分别为 41.1%、35.2%、34.9%。南通、常州、扬州增幅基本在略超 20% 的水平。镇江、无锡、连云港增幅分别为 19.68%、14.18% 和 12.9%,南京和苏州的增幅低于 10%,分别为 8.21% 和 3.99%。可见,仅从服务业贷款增幅来看,苏北地区高于苏中地区,高于苏南地区。

从服务业贷款增加值占比来看,江苏省全辖服务业贷款增加 4461.53 亿元,各地区贷款增加值占总增加值的比例差异也较明显。其中,南京增加值占比最高 19.34%;其次,南通、无锡、常州地区分别为 12.27%、11.29%、10.12%,均分布在 10% 以上;其他地区占比均在 10% 以下,基本分布在 3%—8%。

表 5 - 4 2016 年江苏省各市服务业贷款余额

地区	服务业贷款余额 (亿元)	同比增幅 (%)	占全部服务业 贷款比重(%)	同比提高 (%)
全省	37765.58	13.40%	—	—
南京	11366.06	8.21%	30.10%	−1.44%
无锡	4056.01	14.18%	10.74%	0.07%
徐州	1193.61	11.98%	3.16%	−0.04%
常州	2556.29	21.44%	6.77%	0.45%
苏州	8272.69	3.99%	21.91%	−1.98%
南通	2990.77	22.40%	7.92%	0.58%
连云港	755.01	12.90%	2.00%	−0.01%
淮安	855.99	51.69%	2.27%	0.57%
盐城	1206.29	34.90%	3.19%	0.51%
扬州	1255.54	20.96%	3.32%	0.21%
镇江	1260.16	19.68%	3.34%	0.18%
泰州	1488.12	35.24%	3.94%	0.64%
宿迁	509.04	41.10%	1.35%	0.26%

二、支持服务发展的金融生态环境不断优化

1. 服务业扶持性政策不断出台与落实

首先,政府不断出台行业扶持政策。2016 年,省发展改革委由服务业处牵头,经过调研起草、多轮修改完善、地方和部门征求意见、专家评审、上报审定等环节,经省政府同意,以苏政办发〔2016〕133 号文件的名义印发《江苏省"十三五"现代服务业发展规划》,作为全省今后五年服务业发展的行动纲领。

专栏 1:江苏省"十三五"现代服务业发展规划主要内容

扩大有效供给　强化跨界融合

对"十三五"期间我省现代服务业发展的任务,《规划》开宗明义地提出,按供给侧结构性改革精神的要求,围绕消费经济升级需求,扩大服务经济有效供给。在政府保基本、兜底线的基础上,最大限度推动市场化发展,服务业供给的内容、层次契合市场要求。服务业研究专家、南京大学长三角研究中心副主任黄繁华教授认为,供给侧结构性改革具体到服务业,是随着生产的发展和人们生活水平的提高,对服务业的市场需求发生了变化,而服务业本身需要适应市场的变化,提供多层次的生产、生活服务。特别是在互联网时代,推进免费 WiFi 覆盖,布局未来网络、5G 网、新一代广电网,支持互联网数据中心(IDC)、呼叫中心、云计算中心等基础设施建设,本身是服务业发展的内容,也是现代服务业进一步发展的基础。在我省还不拥有如"BAT"这样的超大型互联网企业的背景下,推进互联网平台经济建设,是"十三五"期间现代服务业发展的重要内容。

服务业自身的融合及其与一产、二产的融合,有利于发挥服务业对经济的带动作用。"十三五"规划中专门提出,鼓励服务业内部深度融合,创新服务供给,推动产业结构优化升级。促进"设计＋""物流＋""旅游＋""健康养老＋"等跨界融合发展,催生新产业、新产品、新模式,并提出这些融合在省现代服务业集聚区内先行先试,试点建设服务业跨界融合发展区。省发改委服务业处有关人士表示,《规划》还提出了提升信息、科技、金

融、物流、商贸等为农业产前、产中、产后全过程服务的能力,建设农业服务云平台;同时,推动服务与制造双向融合发展,支持建设一批高质量的工业云计算服务和工业大数据平台、数据中心,为企业提供创新知识和工程数据开放共享服务。这种融合发展对真正建设服务经济为主的现代产业体系意义重大。

推进区域协同　优化空间布局

《规划》根据不同地区的区位特点、要素优势、发展现状等实际情况,提出了不同的发展目标和方向,并要求苏南、苏中、苏北各展其长,协同推进,进一步优化我省服务业的空间布局。南京大学经济学院副院长郑江淮教授认为,这种布局立足实际,充分考虑了各地实情,有利于全省范围的地域发展均衡,也对各地服务业的发展具有较强的指导性。

《规划》要求按照"优势互补、一体联动、合作共赢"的发展理念,抢抓国家战略在江苏实施形成的交汇叠加效应机遇,加快构筑以南京、苏州和徐州三大区域性服务业创新发展高地,沿江、沿海、沿东陇海及沿运河四大服务业发展带,宁镇扬、锡常泰、(沪)苏通、淮海城市群等多个服务业发展重要板块,打造形成"三高地四带多板块"的覆盖城乡、产业特色鲜明、辐射强劲的现代服务业空间发展框架。

省发改委相关人士表示,我省"十三五"期间服务业发展的空间布局,充分征求了有关区域经济、服务业、财政金融、社会事业等专业人士和专家意见,而且与各地充分沟通,针对当地实际情况做出有效规划。像"四带"中的沿江服务业产业带规划中,就有发展以港口和市场为主体的沿江港口物流业,构建钢铁以及其他生产原料的交易市场和信息平台,培育和发展第三方、第四方物流企业,构建一批专业物流中心,推动物流与市场融合发展。这一规划考虑了我省沿江地区历史形成的第二产业行业特色,因地制宜,受到了沿江各设区市的好评。

重点领域优先　突出措施保障

任何产业的发展,最终要落实在具体行业上;重点领域的优先发展,有利于发挥比较优势,形成集聚特色,让有限的要素生产率达到最大。《规划》提出,"十三五"期间,我省服务业发展突出重点,培育精益求精的工匠精神,强化生产性服务业发展的主体地位,挖掘生活性服务业发展的重要潜能,推进我省服务业跨越发展,加快形成服务经济为主的现代产业体系。

《规划》分生产性服务业和生活性服务业两大类分别提出了8个重点领域。生产性服务业突出抓好金融服务、现代物流、科技服务、商务服务、信息技术服务、服务贸易等六大重点服务产业,培育壮大电子商务、节能环保服务等两个服务业细分领域和行业。省发改委服务业处相关人士表示,按照省政府今年早些时候颁布的文件,正着力推进生产性服务业"双百工程",即在全省培育形成100家在全国有较强影响力和示范作用的生产性服务业集聚示范区及100家处于行业领先地位、具备显著创新能力的生产性服务业领军企业,这对促进我省产业逐步由生产制造型向生产服务型转变有很大作用。如科技服务业发展中,就要求积极开展创业孵化服务,建设一批"双创"示范基地,发展天使、创业、产业等投资,打造众创、众包、众扶、众筹平台。深化科技和金融结合,创新科技金融服务体系,这对解决我省部分生产性行业中存在的创新驱动不足具有实际意义。

生活性服务业的方向是精细化和高品质。积极培育生活性服务新业态新模式,由生存型、传统型、物质型向发展型、现代型、服务型转变,促进和带动其他生活性服务业发展,推进传统服务业提档升级。按照这一目标,《规划》给出了商贸流通、健康服务、养老服务、文化服务、旅游服务、家庭服务、教育培训服务、体育服务等8个重点行业。据介绍,这些重点行业与中央、省或各有关部门此前已出台的政策文件互相呼应,互为补充。如养老产业,《规划》提出到2020年,全面建成以居家为基础、社区为依托、机构为补充、医养深度融合、功能完善、服务优良、覆盖城乡、具有江苏特色的养老服务体系,与此前省发改委、省民政厅公布的《江苏省养老服务业"十三五"发展规划》互相呼应。

《规划》还提出了为完成"十三五"服务业发展任务,将进一步完善市场环境,强化人才、资金等要素支撑,加强统计、考核等基础工作,抓好组织实施等工作。有关人士指出,从《规划》的科学性、完整性等方面来看,有理由相信,"十三五"期间,我省服务业领域将为聚力创新,聚焦富民,高水平全面建成小康社会做出新的贡献。

服务业包含的行业较多,对于需要重点鼓励、引导和支持的战略性、民生性服务行业,在总的发展规划中体现得不够翔实,还需要编制专项的服务业发展规划。2016年,省发展改革委还牵头编制全省"十三五"养老服务业发展规划。在会同省民政厅研究起草的"十三五"养老服务业发展规划中,强调使社会力量逐步成为养老服务业的发展主体,进一步健全具有江苏特色的养老服务体系。经省政府同意,《江苏省"十三五"养老服务业发展规划》以苏政办发〔2016〕99号文件形式下发实施。同时,为贯彻落实《国务院办公厅关于加快发展生活性服务业促进消费结构升级的指导意见》,还制定出台了《江苏省关于加快发展生活性服务业促进消费结构升级的实施意见》。

服务业人才是现代服务业发展的智力支持、活力之源,经过积极争取和参与,江苏省将现代服务业人才培养列入产业人才高峰行动计划。2016年,省发展改革委服务业处深入调研全省现代服务业人才现状和问题,研究制定"十三五"人才培养目标和重点任务,形成《江苏省"十三五"现代服务业人才发展规划(征求意见稿)》,提出坚持服务业人才知识化、专业化和实用化方向,构筑具有江苏特色的现代服务业人才高地;同时,还参与了《江苏省"十三五"人才发展规划》编制的研究讨论。

除了全省层面,各地方政府也相继制定新的服务业扶持政策。如苏州市政府印发了《苏州市服务业"十三五"发展规划》(苏府〔2016〕164号)(以下简称《规划》)。《规划》提出十三五时期把苏州建设成为"国际文化旅游的示范区、全国服务型制造的先行区和长三角服务创新的引领区"的发展定位。将突出抓好十大重点服务产业,培育壮大五大新兴领域和行业,加快构建现代服务业体系。以综合试点示范为驱动,以争取新一轮国家服务业综合改革试点为抓手,继续先行先试,着力打造一批服务业示范区。无锡也印发了《无锡市"十三五"现代服务业发展规划》。

其次,金融管理部门不断出台专项金融支持政策。如中国人民银行总行等五部委出台《关于金融支持养老服务业加快发展的指导意见》,江苏有关单位积极贯彻落实。

专栏2：中国人民银行等五部委关于金融支持养老服务业加快发展的指导意见

为贯彻落实党的十八大和党的十八届三中、四中、五中全会精神和《国务院关于加快发展养老服务业的若干意见》(国发〔2013〕35号)、《关于推进医疗卫生与养老服务相结合的指导意见》(国办发〔2015〕84号文转发)等有关要求,积极应对人口老龄化,大力推动金融组织、产品和服务创新,改进完善养老领域金融服务,加大对养老服务业发展的金融支持力度,促进社会养老服务体系建设,现提出如下意见：

一、充分认识做好养老领域金融服务的重要意义

(一)加快养老服务业发展需要创新金融服务。当前,我国已经进入人口老龄化快速发展阶段,发展养老服务业,加强社会养老服务体系建设,是积极应对人口老龄化、推动供给侧结构性改革的重要内容,是适应传统养老模式转变、满足人民群众日益增长的养老服务需求的必由之路,是全面建成小康社会的紧迫任务。立足国情,正确处理政府和市场的关系,加快建立社会养老服务体系,迫切要求改进和创新金融服务,加大金融支持力度,广泛动员社会资本参与,增加社会养老财富储备,提升养老服务支付能力,保障"老有所养"战略目标顺利实现。

(二)做好养老领域金融服务是金融业自身转型升级的内在要求。在金融市场化、国际化和多元化趋势下,金融机构传统业务和发展模式面临挑战,金融业进入转型升级的重要发展阶段。加大金融支持力度,有效满足迅速增长的养老服务业发展和居民养老领域金融服务需求,是增加资本市场中长期资金供给,促进金融市场发展和金融结构优化的重要手段,是金融机构拓展新业务的重要机遇,是金融业转型升级的重要途径。各金融机构要增强战略意识,加快养老领域业务发展规划和市场布局,努力改善和提升金融服务水平,实现支持养老服务业和自身转型发展的良性互动。

二、总体要求

（三）指导思想。按照党中央、国务院关于积极应对人口老龄化，加快发展养老服务业的决策部署，以满足社会日益增长的多层次、多样化养老领域金融服务需求为出发点，以提高金融对养老服务业的资源配置效率为方向，统筹各类金融资源，持续推进改革创新，建立和完善有利于养老服务业加快发展的金融组织、产品、服务和政策体系，切实改善和提升养老领域金融服务水平。

（四）基本原则。一是坚持市场主导，政策扶持。以市场化为方向，以政府扶持为引导，健全激励约束机制，在实现商业可持续的前提下，推动金融资源向养老服务领域配置和倾斜。二是坚持因地制宜，分类服务。立足区域养老服务业发展和居民养老需求实际，对居家养老、社区养老和机构养老等不同养老服务形式，积极探索和创新与之相适应的金融产品和服务方式，提供有针对性的金融服务。三是坚持突出重点，注重实效。加强金融支持与养老服务业发展各类规划和政策的衔接，以满足"老有所养"、推进医养结合和建设社会养老服务体系需求为重点，加大金融支持力度，破除制约金融服务的体制机制障碍，努力寻求重点领域突破。

（五）发展目标。到 2025 年，基本建成覆盖广泛、种类齐全、功能完备、服务高效、安全稳健，与我国人口老龄化进程相适应，符合小康社会要求的金融服务体系。促进养老服务业发展的金融组织更加多层次，产品更加多元化，服务更加多样化，金融支持养老服务业和满足居民养老需求的能力和水平明显提升。

三、大力完善促进居民养老和养老服务业发展的多层次金融组织体系

（六）创新专业金融组织形式。支持有条件的金融机构优化整合资源，提高养老领域金融服务水平。鼓励金融机构将支持养老服务业、发展个人养老相关的金融业务和战略转型相结合，探索建立养老金融事业部制。支持金融机构在符合条件的地区或分支机构组建服务养老的金融发展专业团队、特色分（支）行等多种形式的金融服务专营机构，提升金融服务专业化水平。

（七）支持各类金融组织开展养老领域金融业务。鼓励银行、证券、保险、基金等各类金融机构积极应对老龄化社会发展要求，优化内部组织架构和管理体制，增强养老领域金融服务能力。鼓励金融租赁公司开发适合养老服务业特点、价格公允的产品，提供融资租赁等金融服务。鼓励信托公司利用信托制度优势，积极开发各类附带养老保障的信托产品，满足居民养老领域金融服务需求，支持养老服务业发展。

（八）积极培育服务养老的金融中介体系。鼓励金融机构创新与融资担保机构合作模式，以政府性融资担保机构为主，引导各类融资担保机构加大对养老服务业的支持力度。积极引导征信机构、信用评级机构面向养老服务业开展征信、评级服务，鼓励银行与征信机构、信用评级机构合作，实施对养老服务机构的分类扶持。支持发展与养老领域金融创新相适应的法律、评估、会计等中介服务机构，鼓励金融机构与养老信息和智慧服务平台合作，运用"互联网＋"大数据资源，提供更高效的金融服务。

四、积极创新适合养老服务业特点的信贷产品和服务

（九）完善养老服务业信贷管理机制。鼓励银行业金融机构根据养老服务业发展导向和经营特点，专门制定养老服务业信贷政策，开发针对养老服务业的特色信贷产品，建立适合养老服务业特点的授信审批、信用评级、客户准入和利率定价制度，为养老服务业提供差异化信贷支持。鼓励银行业金融机构与民政部门、行业协会等合作开展养老信贷专项培训，提升信贷服务专业化水平。

（十）加快创新养老服务业贷款方式。鼓励银行业金融机构创新承贷主体，对企业或个人投资设立的养老服务机构，在风险可控的前提下，可以向投资企业或个人作为承贷主体发放贷款。对符合条件的个人投资设立小型养老服务机构，或招用员工比例达到政策要求的小微养老服务企业，积极利用创业担保贷款政策给予支持。对建设周期长、现金流稳定的养老服务项目，鼓励银行业金融机构适当延长贷款期限，灵活采取循环贷款、年审制、分期分段式等多种还款方式。

（十一）拓宽养老服务业贷款抵押担保范围。鼓励银行业金融机构探

索以养老服务机构有偿取得的土地使用权、产权明晰的房产等固定资产为抵押,提供信贷支持。鼓励银行业金融机构积极开展应收账款、动产、知识产权、股权等抵质押贷款创新,满足养老服务企业多样化融资需求。有条件的地区在风险可控、不改变养老机构性质和用途的前提下,可探索养老服务机构其他资产抵押贷款的可行模式。

五、支持拓宽有利于养老服务业发展的多元化融资渠道

(十二)推动符合条件的养老服务企业上市融资。支持处于成熟期、经营较为稳定的养老服务企业在主板市场上市。支持符合条件的已上市的养老服务企业通过发行股份等再融资方式进行并购和重组。探索建立民政部门与证券监管部门的项目信息合作机制,加强中小养老服务企业的培育、筛选和储备,支持符合条件的中小养老服务企业在中小板、创业板、全国中小企业股份转让系统上市融资。探索利用各类区域性股权交易市场,为非上市养老服务企业提供股份转让渠道。

(十三)支持养老服务业通过债券市场融资。支持处于成熟期的优质养老服务企业通过发行企业债、公司债、非金融企业债务融资工具等方式融资。鼓励中小养老服务企业发行中小企业集合票据、集合债券、中小企业私募债,积极发挥各类担保增信机构作用,为中小养老服务企业发债提供增信支持。对运作比较成熟、未来现金流稳定的养老服务项目,可以项目资产的未来现金流、收益权等为基础,探索发行项目收益票据、资产支持证券等产品。支持符合条件的金融机构通过发行金融债、信贷资产支持证券等方式,募集资金重点用于支持小微养老服务企业发展。

(十四)鼓励多元资金支持养老服务业发展。支持各地采取政府和社会资本合作(PPP)模式建设或发展养老机构,鼓励银行、证券等金融机构创新适合 PPP 项目的融资机制,为社会资本投资参与养老服务业提供融资支持,积极探索与政府购买基本健康养老服务配套的金融支持模式。鼓励金融机构通过基金模式,探索运用股权投资、夹层投资、股东借款等多种形式,加大对养老服务企业、机构和项目的融资支持。鼓励有条件的地区探索建立养老产业投资引导基金,通过阶段参股、跟进投资等方式,引导和

带动社会资本加大对养老服务业的投入。鼓励风险投资基金、私募股权基金等投资者积极投资处于初创阶段、市场前景广阔的养老服务企业。

六、推动完善养老保险体系建设,优化保险资金使用

(十五)完善多层次社会养老保险体系。进一步完善由基本养老保险、企业年金、职业年金、商业养老保险等组成的多层次、多支柱的养老保险体系。推进公平、统一、规范的城乡居民基本养老保险制度建设,发挥社会保险保障基本生活的重要作用。大力拓展企业年金、商业团体养老保险等企业补充养老保险,促进企业补充养老保险进一步向中小企业覆盖。推动商业养老保险逐步成为个人和家庭商业养老保障计划的主要承担者、企业发起的养老健康保障计划的重要提供者、社会保险市场化运作的积极参与者,支持有条件的企业建立商业养老健康保障计划,促使商业保险成为社会养老保障体系的重要支柱。

(十六)加快保险产品和服务方式创新。开展个人税收递延型商业养老保险试点,继续推进老年人住房反向抵押养老保险试点,发展独生子女家庭保障计划,丰富商业养老保险产品。积极开发长期护理保险、健康保险、意外伤害保险等保险产品,助推养老、康复、医疗、护理等服务有机结合。鼓励有条件的地区由政府使用医保基金账户结余统一为参保人购买护理保险产品,探索建立长期护理保险制度,积极探索多元化保险筹资模式,保障老年人长期护理服务需求。支持保险公司发展农民养老健康保险、农村小额人身保险等普惠保险业务。大力发展养老机构综合责任保险,为养老机构运营提供风险保障。

(十七)创新保险资金运用方式。积极借鉴国际经验,在符合投向要求、有效分散风险的前提下,推动基本养老保险基金、全国社会保障基金、企业年金基金、职业年金基金委托市场化机构多种渠道开展投资,实现资金保值增值,提升服务能力。发挥保险资金长期投资优势,以投资新建、参股、并购、租赁、托管等方式,兴办养老社区和养老服务机构。鼓励保险公司在风险可控的前提下,通过股权、债权、基金、资产支持计划、保险资产管理产品等多种形式,为养老服务企业及项目提供中长期、低成本的资金

支持。

七、着力提高居民养老领域的金融服务能力和水平

（十八）增强老年群体金融服务便利性。鼓励金融机构优化网点布局，进一步向养老社区、老年公寓等老年群体较为集中的区域延伸服务网点，提高金融服务的可得性。支持金融机构对营业网点进行亲老适老化改造，加强助老设备、无障碍设施建设，开辟老年客户服务专区，提供敬老服务专窗、绿色通道等便捷服务，为老年客户营造便捷、安全、舒适的服务环境。鼓励银行业金融机构优化老年客户电话银行服务流程。

（十九）积极发展服务居民养老的专业化金融产品。鼓励银行、证券、信托、基金、保险等各类金融机构针对不同年龄群体的养老保障需求，积极开发可提供长期稳定收益、符合养老跨生命周期需求的差异化金融产品。大力发展养老型基金产品，鼓励个人通过各类专业化金融产品投资增加财产性收入，提高自我养老保障能力。加快老年医疗、健身、娱乐、旅游等领域消费信贷、信托产品创新。鼓励银行业金融机构探索住房反向抵押贷款业务。鼓励金融机构积极探索代际养老、预防式养老、第三方付费养老等养老模式和产品，提高居民养老财富储备和养老服务支付能力。

（二十）不断扩展金融服务内容。金融机构要积极介入社会保障、企业年金、养老保障与福利计划等业务，做好支付结算、账户管理、托管和投资等基础服务。鼓励银行业金融机构发行为老年群体提供特定服务的银行卡等非现金支付工具，适当减免开卡工本费、年费、小额账户管理费等费用，探索提供商户优惠、医疗健康、休闲娱乐、教育咨询、法律援助等配套增值服务。加强老年金融消费者教育和权益保护，加大理财产品等新型金融业务的宣传和普及力度，拓展老年人金融知识，银行业金融机构对老年人办理大额转账等业务应及时提醒查阅，在面向老年人销售保险、理财产品时，应严格遵守有关规定，不得误导销售或错误销售。

八、加强组织实施与配套保障

（二十一）加强金融政策与产业政策的协调配合。建立中国人民银行、民政、金融监管等部门参加的金融支持养老服务业工作协调机制，加强

政策协调和信息沟通,形成推进养老服务业发展的金融政策合力。制定并定期完善养老服务业指导目录,发布更新养老服务机构与企业信息,建立健全项目数据库和推荐机制。对纳入数据库并获得民政部门推荐的优质养老服务项目,金融机构应在风险可控、商业可持续的基础上给予积极支持。各级民政部门应指导养老机构建立规范的财务制度和资产管理制度,提高承贷能力和偿付水平。鼓励有条件的地区积极运用财政贴息、贷款风险补偿、担保增信等政策工具,加大对金融支持养老服务业发展的政策激励和扶持。

(二十二)综合运用多种金融政策工具。加强信贷政策引导,鼓励金融机构加大对养老服务业和医养结合领域的支持力度。运用支小再贷款、再贴现工具,引导金融机构加大对小微养老服务企业的信贷支持。不断完善金融监管政策,加强对银行、证券、信托、基金、保险等金融机构开展养老领域金融组织、产品和服务方式创新的监管,以利于金融创新稳妥有序开展。

(二十三)加强政策落实与效果监测。各金融机构要逐步建立和完善金融支持养老服务业专项统计制度,加强对养老领域金融业务发展的统计与监测分析。中国人民银行各分支机构会同民政、银行业、证券业、保险业监督管理部门等,根据本指导意见精神,结合辖区实际,制定和完善金融支持养老服务业加快发展的具体实施意见或办法,切实抓好贯彻实施工作。

2. 支持服务业发展的信贷产品和服务方式创新步伐加快

近年来,江苏省辖区银行业金融机构积极拓展银行服务对服务业发展支持的深度和广度,通过开发新的信贷产品及服务方式,大力发展农村服务业,扶持中小服务企业发展,加大对服务业集聚区、重点企业的银行服务支持。一是提高贷款审批效率。一些金融机构开展针对服务业企业审贷程序的"绿快通"品牌服务,在信用记录良好的客户中,再次申请贷款时减少审贷环节,可以直接进入贷款发放程序。有的金融机构开发了小企业抵(质)押循环贷款,简化审贷程序。二是根据服务业特点设定贷款模式。江苏省有的地方性商业银行针对企业融资需求和现金流的特点,科学设定授信期限和还款方式。针对服务业企业抵押品少等特点,开展应收账款质押、组合担保等业务,探索建立由营销经理、产品经理、风险经理组成的"铁三角"模式,把风险管理前移至客户端。三是设定适合服务业的信用评级标准。根据服务业多为小企业,传统的评级方式无法全面评估其信用风险的状况,特设计了一套有别于传统公司类信贷业务的小企业评级打分卡及测算公式,使评级体系更加贴近小企业的实际情况。四是规范信贷管理流程。通过全流程的风险控制确保有信贷联系的整体服务业企业信贷风险处于可控状态。对企业经营及其风险状况的变化情况实施动态跟踪。如省工商银行设立专门账户,采取放款严格按照受托支付原则,将贷款按照客户贷款用途直接发放到收款方账户,同时客户销售回款直接进入该行专门账户,使该行能对客户的贷款用途和销售情况进行全程监控。

3. 社会信用体系不断完善,增强社会诚信意识

企业和个人信用信息基础数据库的不断完善,建立服务性企业的信用档案,充分发挥信息整合和共享功能,满足全社会多层次、专业化的信息服务需求,为服务业加快发展提供了基础支持。至 2016 年底,全省已累计录入的征信中小企业信用档案户数和企业信用信息基础数据库数据大幅增加,为解决中小企业融资难的状况提供信用基础。

4. 加强金融机构之间合作,积极支持服务业发展

一是加强银行与保险公司合作。保险公司与银行签订代理协议,承保银行贷款抵押物财产保险业务。如有的股份制银行在为企业发放贷款前,根据不同抵押物灭失的风险程度要求客户为抵押物投保,从而有效避免贷款抵押物灭失风险。二是加强银行与担保机构合作。近年来,江苏省多家银行与担保公司建立了合作关系,通过担保公司为企业融资提供连带责任保证,较好地落实客户融资担保条件,满足客户融资需求,为服务行业小企业客户提供小额贷款,支持其扩大发展。三是加强银行之间合作。首先是银行与辖内其他金融机构的合作。通过银团贷款、联合贷款、信托贷款等多种方式与其他商业银行、信托公司合作支持服务业的发展。其次是与系统内金融机构合作。在当前信贷规模紧张的情况下,银行为更好地支持服务业发展,与系统内其他城市分行以"行内联合贷款"的形式,由两家以上分行共同对省内服务业企业贷款。

5. 政府增信措施不断完善

江苏省现代服务业中小企业融资增信风险准备金 1.5 亿元,融资增信贷款余额已经达到 30 亿元左右,较好地缓解了服务业中小企业"融资难、融资贵"的问题,受到合作银行和贷款企业的欢迎与好评。

三、金融支持服务业发展中面临的困难

1. 对服务业发展的政策制约,削弱了金融对服务业发展支持的力度

就总体而言,江苏省仍旧实施工业强省发展战略,各类指导政策、资金、补贴更多地偏向工业领域的发展。政策导向对金融支持服务业发展的影响深远,工业发展的金融资金需求,部分侵占了服务业发展的用资空间。

2. 金融业内部结构发展不均衡及规模有限,制约了金融支持服务业发展的能力

江苏金融业中,银行业仍居主导地位,证券、保险等市场发展相对滞后,占金融业的比重偏低。即便从银行业来看,江苏省内的银行业金融机构分布也不够平衡,省内 13 个地市中,有 10 个市目前没有外资银行入驻,信贷规模有限,经营机制不够灵活,在针对现代服务特点进行产品设计研发方面的意识和能力明显不足。

3. 服务业自身发展的不健全,限制了金融机构对服务业信贷投入

服务行业门类众多,除房地产企业以外,多数服务企业存在固定资产少、轻资产运行的特点,在寻求信贷支持时,往往遇到抵(质)押物不足的问题。而且,大部分服务产业呈现前期高投入,成果不确定等"高风险"性,对于一些高科技、文化产业等产品成果,还存在难评估、难定价、难转移等问题,目前这些问题在服务业内部还没能妥善解决,这对金融资产介入服务业造成了阻碍。

4. 评级授信体系有待改进

金融机构现有信用等级和授信额度的测算与实际掌握的服务业情况差别较大,往往需要人为进行二次调整。一方面因为部分服务业财务报表失真影响到系统测算,尤其是"三个办法一个指引"的出台,对流动资金贷款的测算不适应服务业,测算出的流动资金贷款往往不能够满足服务业的需求。

另一方面仍缺乏适应快速发展的现代服务业的信用评分体系。

5. 金融产品创新不足,抑制了金融支持服务业发展的规模扩大

服务业包含行业众多,不同服务企业需要的金融服务存在差异性。但从江苏省实际看,金融机构自主创新能力尚嫌不足,从银行信贷支持方面来说,目前银行信贷品种仍以传统产品为主,针对服务业企业特点和要求的产品少之又少;从股票、债券来说,金融支持服务业发展的环境仍不完善。

第三节　加大金融支持服务业发展的政策建议

一、加大对服务业发展的政策倾斜,充分发挥政策资金的引导作用

为推动江苏服务业又好又快发展,要继续实行有利于促进服务业发展直接的政策措施,抓紧修订带有歧视和限制服务业发展的政策。省政府要积极寻求国家对江苏服务业发展的资金投入及政策倾斜。加大政策资金投入规模,发挥国有资金在服务业发展进程中的资金引导作用。

要形成各级政府、金融监管部门、金融机构和企业等方面的长效合作机制。要发挥金融对服务业的推动作用,需要各级政府、金融监管部门、金融机构和企业的共同努力。建议多形式开展金融知识宣传活动,使企业能够了解金融活动的规律特点,积极创造条件满足金融机构的风险控制要求。同时,相关经济管理部门要密切协调配合,完善相关扶持政策(如建立风险补偿基金,对银行金融机构发放的服务业小企业贷款进行风险补偿;设立支持服务业发展专项基金;改善服务业发展的税收政策等),营造有利于服务业健康发展的良好环境,推动金融机构积极支持服务业发展。

二、加大金融创新,积极提升对服务业的金融服务水平

金融机构要根据服务业企业不同的生产周期、市场特征和资金需求,创新信贷业务产品,实现金融服务的专业化、特色化和多样化。对信誉度高、

资产质量良好的成长型服务业企业,可采取公开统一授信的方式,适度扩大授权授信额度,积极推行仓单质押、订单融资、应收账款托管和对公客户活期存款账户透支等特定资产项下信贷业务品种,支持其做大做强;对信誉良好、收益稳定的服务业主,可适度发放企业主创业贷款或提供具有一定透支额度的贷记卡等金融服务;对市场波动较大的服务业企业,可以法定代表人或自然人财产抵押质押的方式提供可循环使用的信贷资金额度扶持;对中小型服务业企业和业主,适应其短、少、频的资金需求特点,可在适当增加动产、不动产抵押质押及财产权利质押等信贷业务的同时,积极发展中小企业或联户联保贷款业务。

三、加强与服务产业发展的协调配合,充分发挥金融对服务行业发展的推动作用

加大金融机构贷款力度,提高对优势服务产业的贷款比重。利用银企对接等平台,组织服务业企业与银行间的项目接洽,有目的地向银行推荐服务投资项目。发挥资本市场作用,支持符合条件的服务企业进入资产市场融资。增强保险服务功能,扩大对服务业的保险保障范围和力度。推动担保中介发展及民间资金的使用。

四、优化金融生态环境,打造支持服务业加快发展的金融服务平台

一是制定促进金融机构发展的若干政策,明确提供相关便利、服务和优惠,通过吸引新的金融机构来扩大信贷规模总体的扩大;二是中国人民银行等相关金融主管部门通过对金融机构的窗口指导,加大金融机构对服务业支持的力度,使其认识到,加快开发面向服务企业的多元化、多层次信贷产品,不仅将有力推动服务业的发展,而且能促进金融机构自身的可持续发展;三是进一步加快社会信用体系建设,加大诚信宣传力度,营造人人讲诚信的氛围,从信用层面降低银行信贷风险。

第六章　江苏省信贷支持现代农业发展研究

　　现代农业是以保障农产品供给,增加农民收入,促进可持续发展为目标,以提高劳动生产率,资源产出率和商品率为途径,以现代科技和装备为支撑,在家庭经营基础上,在市场机制与政府调控的综合作用下,农工贸紧密衔接,产加销融为一体,多元化的产业形态和多功能的产业体系。当前,我国正处于传统农业向现代农业转型跨越的关键时期,现代农业发展水平正在不断迈上新台阶,新型农业经营主体不断涌现,农业规模化、标准化、组织化、集约化水平持续提高,先进科学技术和农业装备应用快速推广,农业进入了高投入、高成本的发展阶段。传统农业发展的新特征以及现代农业的快速发展,导致了农业农村经济对金融支持和服务的需求越来越旺盛,金融依赖程度显著增强。随着传统农业的转型和现代农业经济的快速发展,金融政策日益成为强农、惠农、富农政策体系的重要组成部分,因此,高度重视金融支持对农业农村经济发展过程中的重要作用,不断加大金融支农力度,对保障粮食安全、增加农民收入、建设现代农业、推进城乡一体化,具有极其重要的意义。但是农业农村经济发展中存在的诸多问题表明,当前农村金融有效供给与需求之间的通道仍然不畅,农业农村经济发展的金融需求尚未得到有效满足,这已成为农村金融领域最突出的矛盾之一,也是制约现代农业发展最重要的因素之一。总体来看,我国现阶段的农业仍然具有显著的"产融弱质性"特征,传统农业向现代农业转型以及现代农业提升发展过程中仍然面临严峻的资本形成不足、发展资金短缺等困境,这必然形成对我国农业可持续协调发展的严重制约。农业金融支持对改善农业弱质肩负着无可替代的重任,成为推进我国农业可持续协调发展的战略性机制途径。

　　江苏是传统的农业大省,也是传统农业转型和现代农业发展成效较为显著的地区。在江苏省现代农业转型发展的进程中,江苏金融体系也表现出一定的"农业产业歧视",这使得转型发展中的江苏农业在社会金融资源的"配置博弈"中始终处于弱势地位。从长期看,这种格局将影响江苏经济社会可持续协调发展战略的实现。分析江苏现代农业的发展现状及发展过程中遇到的问题,特别是金融支持江苏现代农业发展过程中存在的不足,并提出针对性的政策建议,对江苏现代农业转型发展具有极为关键的作用。

第一节　江苏现代农业发展状况

江苏是传统的农业大省,也是传统农业转型和现代农业发展成效较为显著的地区。2016 年,江苏省认真贯彻落实中央和省"三农"工作决策部署,推进农业供给侧结构性改革,加快农村改革创新,农业农村经济发展保持良好态势,涌现出许多新亮点,实现"十三五"良好开局。

一、江苏传统农业发展基本情况

从基本面来看,2016 年,全省实现农林牧渔业增加值 4323.5 亿元,扣除价格因素,同比增长了 1.1%,增速比前三季度回升 0.2 个百分点,但比 2015 年回落 2.4 个百分点。粮食生产灾害之年保持稳定,总产 693 亿斤。"菜篮子"产品规模持续扩大,供给总体保持充足。2016 年,江苏农民人均可支配收入达到 1.75 万元,同比增幅达 8.2%,继续高于城镇居民收入增幅。受灾害天气影响,2016 年江苏省夏粮降产减收,全省粮食总产量 13 年来首次减产,总产量为 3466 万吨,比上年减产 95 万吨,下降了 2.7%。畜牧业生产总体仍然处于低迷状态。2016 年,全省生猪出栏 2847.3 万头,同比下降 4.4%;年末存栏 1690.6 万头,下降 5%;猪肉产量 216.4 万吨,下降 4.2%。2016 年,家禽出栏 71462.1 万只,同比下降 2.8%;年末存栏 30122.6 万只,下降 1.6%;禽肉产量 118.1 万吨,下降 3.2%;禽蛋产量 198.5 万吨,增长 1.2%。渔业生产较为平稳。预计 2016 年水产品总量 524.7 万吨,与上年基本持平或略减。

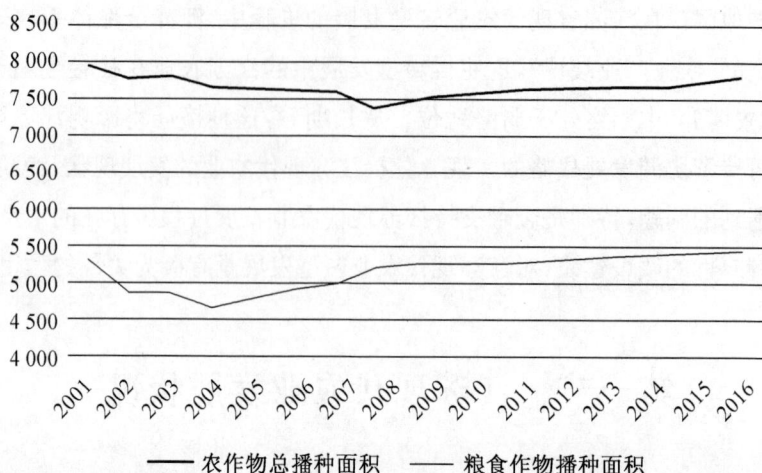

图 6-1　江苏农作物总播种面积和粮食作物播种面积

数据来源:WIND 数据库

1. 江苏农作物总播种面积和粮食作物播种面积继续稳定增长

截至 2016 年 12 月末,江苏全省农作物总播种面积和粮食作物播种面积分别为 7782 万亩和 5432 万亩,较去年同期分别增长 0.48%、0.15%。从变化情况看,2001—2008 年,江苏省农作物总播种面积呈现逐年下降的趋势,从 2001 年的 7944 万亩下降至 2008 年的 7407 万亩,此后开始逐年增

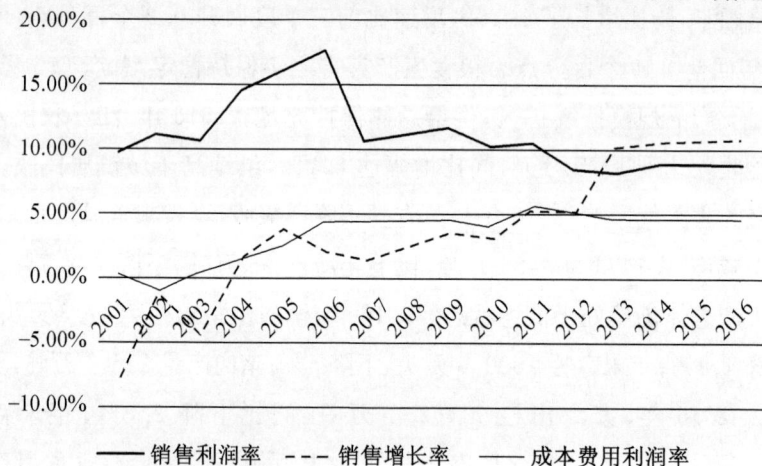

图 6-2　江苏农产品销售利润率、销售增长率和成本费用利润率变化情况

数据来源:WIND 数据库

加。全省粮食作物播种面积从 2001 年的 5304 万亩,下降至 2004 年的 4659 万亩,此后开始逐年增加,尤其是 2005—2008 年增长较快,从 2005 年的 4774 万亩增至 2008 年的 5215 万亩,此后增幅有所下降。

2. 江苏农产品销售增长率和销售利润率继续保持稳步上升势头

截至 2016 年 12 月末,全省农产品销售增长率为 10.7%,与去年相比基本持平。除 2001—2003 年农产品销售增长率有所波动外(负增长),自 2004 年开始,江苏省农产品销售增长率总体呈现波动上涨趋势,2013 年江苏省农产品销售增长率达到近年来的新高,此后基本保持在这一水平。2016 年末全省农产品销售利润率为 8.8%,近三年保持基本稳定,但是较往年有所下降。2001 年全省农产品销售利润率为 9.8%,并快速上升至 2006 年的 17.5%,达到历史最高水平,此后逐年下降。成本费用率方面,2001—2003 年受农业补贴等因素影响,江苏省农产品的成本费用率为负值。但由于人力成本、农资产品价格上涨等原因,全省农产品生产成本不断增加,2016 年来一直保持在 5% 左右。

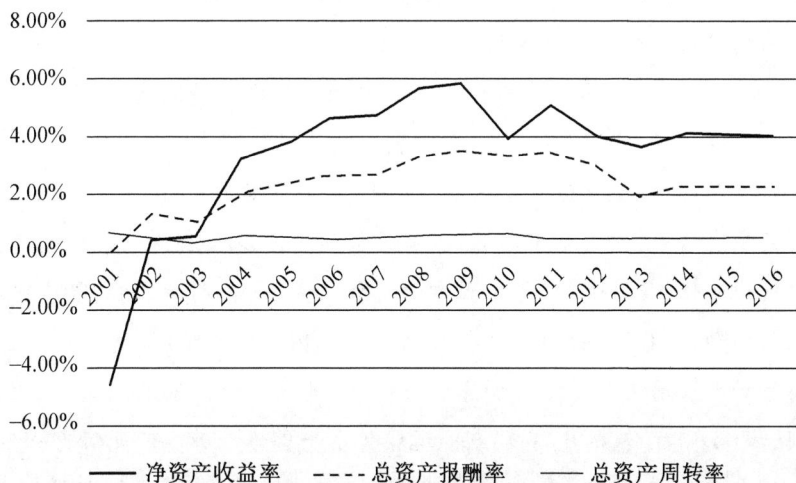

图 6-3　江苏农业经济净资产收益率、总资产报酬率和总资产周转率

数据来源:WIND 数据库

自 2001 年以来,江苏省农业生产总资产周转率始终保持 0.5% 左右的平稳水平,但净资产收益率和总资产报酬率变化较为显著。净资产收益率

方面,2003年之前江苏省农业的净资产收益率为负值,从2003年开始不断提升,并在2009年达到历史最高值,此后略有下降,但基本稳定在4‰左右。而总资产报酬率方面,自2001年起就呈现逐年上升的趋势,近三年来有所下降,基本保持在2‰左右。可见江苏农业对金融资源的利用效率在不断提高,同时资本的回报率也有较大幅度提升。

专栏一:《全国农业现代化规划(2016-2020年)》核心内容

国务院日前印发《全国农业现代化规划(2016-2020年)》,对"十三五"期间全国农业现代化的基本目标、主要任务、政策措施等做出全面部署安排。《规划》指出,"十三五"时期农业现代化处于补齐短板、大有作为的重要战略机遇期,必须紧紧围绕全面建成小康社会的目标要求,遵循农业现代化发展规律,推动农业现代化与新型工业化、信息化、城镇化同步发展。要以提高质量效益和竞争力为中心,以推进农业供给侧结构性改革为主线,以多种形式适度规模经营为引领,加快转变农业发展方式,构建现代农业产业体系、生产体系、经营体系,走产出高效、产品安全、资源节约、环境友好的农业现代化发展道路。

《规划》提出,到2020年,全国农业现代化取得明显进展,国家粮食安全得到有效保障,农产品供给体系质量和效率显著提高,农业国际竞争力进一步增强,农民生活达到全面小康水平,美丽宜居乡村建设迈上新台阶,东部沿海发达地区、大城市郊区、国有垦区和国家现代农业示范区基本实现农业现代化。《规划》确定了五方面发展任务:一是创新强农,着力推进农业转型升级,推进供给创新、科技创新和体制机制创新,培育更健康、更可持续的增长动力。二是协调惠农,着力促进农业均衡发展,推动产业融合、区域统筹、主体协同,实现农业现代化水平整体跃升。三是绿色兴农,着力提升农业可持续发展水平,推进农业发展绿色化,实现资源利用高效、生态系统稳定、产地环境良好、产品质量安全。四是开放助农,着力扩大农业对外合作,统筹用好国内国际两个市场、两种资源,提升农业对外开放层次和水平。五是共享富农,着力增进民生福祉,推进产业精准脱贫、特殊区域农业发展、城乡基础设施和公共服务均等化,让农民分享现代化成果。

《规划》围绕农业现代化的关键领域和薄弱环节提出了完善财政支农、创新金融支农、完善农业用地和健全农产品市场调控等四方面重大政策,以及高标准农田建设、农村一二三产业融合发展、农产品质量安全、农业对外合作支撑、特色产业扶贫等14项重大工程。

"十三五"农业现代化主要指标

类别	指标	2015年基期值	2020年目标值	年均增速〔累计〕	指标属性
粮食供给保障	粮食(谷物)综合生产能力(亿吨)	5	5.5	〔0.5〕	约束性
	小麦稻谷自给率(%)	100	100	—	约束性
农业结构	玉米种植面积(亿亩)	5.7	5	〔-0.7〕	预期性
	大豆种植面积(亿亩)	0.98	1.4	〔0.42〕	预期性
	棉花种植面积(万亩)	5698	5000	〔-698〕	预期性
	油料种植面积(亿亩)	2.1	2	〔-0.1〕	预期性
	糖料种植面积(万亩)	2610	2400	〔-210〕	预期性
	肉类产量(万吨)	8625	9000	0.85%	预期性
	奶类产量(万吨)	3870	4100	1.16%	预期性
	水产品产量(万吨)	6699	6600	-0.3%	预期性
	畜牧业产值占农业总产值比重(%)	28	>30	〔>2〕	预期性
	渔业总产值占农业总产值比重(%)	10	>10	—	预期性
	农产品加工业与农业总产值比	2.2	2.4	〔0.2〕	预期性
质量效益	农业劳动生产率(万元/人)	3	>4.7	>9.4%	预期性
	农村居民人均可支配收入增幅(%)	—	—	>6.5	预期性
	农产品质量安全例行监测总体合格率(%)	97	>97	—	预期性

（续表）

类别	指标	2015年基期值	2020年目标值	年均增速〔累计〕	指标属性
可持续发展	耕地保有量(亿亩)	18.65	18.65	—	约束性
	草原综合植被盖度(%)	54	56	〔2〕	约束性
	农田灌溉水有效利用系数	0.532	>0.55	〔>0.018〕	预期性
	主要农作物化肥利用率(%)	35.2	40	〔4.8〕	约束性
	主要农作物农药利用率(%)	36.6	40	〔3.4〕	约束性
	农膜回收率(%)	60	80	〔20〕	约束性
	养殖废弃物综合利用率(%)	60	75	〔15〕	约束性
技术装备	农田有效灌溉面积(亿亩)	9.88	>10	〔>0.12〕	预期性
	农业科技进步贡献率(%)	56	60	〔4〕	预期性
	农作物耕种收综合机械化率(%)	63	70	〔7〕	预期性
规模经营	多种形式土地适度规模经营占比(%)	30	40	〔10〕	预期性
	畜禽养殖规模化率(%)	54	65	〔11〕	预期性
	水产健康养殖示范面积比重(%)	45	65	〔20〕	预期性
支持保护	全国公共财政农林水事务支出总额(亿元)	17380	>17380	—	预期性
	农业保险深度(%)	0.62	0.9	〔0.28〕	预期性

备注:1. 小麦稻谷自给率是指小麦稻谷国内生产能力满足需求的程度。

2. 农业保险深度是指农业保费收入与农林牧渔业增加值的比值。

二、江苏现代农业发展基本情况

为加快推进农业现代化建设,2011 年起江苏省委、省政府做出了实施农业现代化工程的决策部署,把农业现代化建设放在全面建成小康社会、开启基本实现现代化新征程的全局中谋划,将实施农业现代化工程作为"三农"工作的总抓手,列入全省重点实施的"八项工程",并出台实施意见和指标体系,农业现代化进程稳步推进。

1. 农业现代化水平大幅提升

以 2020 年江苏率先实现农业现代化目标总分为 100 分计算,到 2014 年,江苏农业现代化测算总得分为 78.1 分,以 90 分作为基本实现农业现代化的目标,则 2014 年的实现程度为 86.8%,比 2010 年的 70.5%提高了 16.3 个百分点。农业现代化监测的六大类指标实现程度从高到低依次为:农业支持保障类指标,完成目标值的 95.0%;农业设施装备类指标,完成目标值的 84.0%;农业产业经营类指标,完成目标值的 78.6%;农业生态环境类指标,完成目标值的 77.3%;农业科技进步类指标,完成目标值的 74.5%;农业产出效益类指标,完成目标值的 69.5%。

2. 农业现代化主要指标完成良好

2011 年,江苏省委、省政府在《关于实施农业现代化工程的意见》中明确提出在全国率先实现农业现代化的目标定位,全省农业产出效益、农业科技进步、农业产业化经营、农业物质装备、农业生态环境和农业支持保障水平显著提升,初步建立农业现代化体系。省委、省政府确定的"十二五"时期农业现代化主要指标比 2010 年都有了较大的增长。到 2014 年,已经有农业增加值、粮食亩产、高效设施农业面积比重、农业综合机械化水平、农田水利现代化水平、农业科技进步贡献率、农户参加专业合作经济组织比重等七项指标完成或超额完成"十二五"任务。苏州市、无锡市、南京市和常州市的现代化进程走在全省前列。2016 年江苏现代农业经济得到了较好的发展,主要表现在以下几个方面:

一是高效特色产业效益快速增加,园艺业、畜禽养殖效益同比增幅达到了 10%以上。园艺业总产值增加近 300 亿元,已经成为结构调整最活跃的产业,设施蔬菜、食用菌、应时鲜果等特色产业规模扩大。规模畜牧业量减效增,生猪大中型规模养殖比重达 66％,养猪获利 106 亿元,增幅达到了16.5％,成为全省农民增收的突出亮点。优质稻米品牌开发快速提升,中国十大大米区域公共品牌中,江苏省已占两个。2016 年成功举办了首届江苏优质稻米品牌杂粮博览交易会,优质食味大米品种推广面积已经达到了580 万亩,接近翻一番。在 2016 年举行的首届中国大米品牌大会上,射阳大米、兴化大米被评为中国十大大米区域公共品牌。

二是结构调整多种高效模式快速推广,稻田综合种养规模翻了一番。选取了 10 个县开展稻田综合种养试点,试点推广规模已经扩大到了 25 万亩,综合效益普遍超过了 2000 元。大力推广 50 多种高效种养模式,农牧结合、种养结合等多种多元复合经营模式加快发展。在 15 个县(市、区)率先开展省级耕地轮作休耕试点,实现经济效益与生态环境保护的综合发展。农业对外投资快速增长,农产品出口逆势上扬。截至 2016 年末,江苏省农产品出口额预计达到 35 亿美元,较去年同比增幅 5％;去年 1—12 月份,江苏省农业对外投资企业和协议投资额同比增幅分别为 68.8％和364％。农村重点改革快速推进,农村承包土地确权登记颁证基本完成。农村集体产权制度改革实现设区市全覆盖,省级农业信贷担保公司正式登记注册。

三是创意休闲农业得到了快速发展,10 个一、二、三产业融合发展试点有序推进。2016 年江苏省休闲观光农业年综合收入已经达到了 350 亿元,同比增幅达到 15％以上。截至 2016 年 12 月末,江苏省已累计创建 17 个全国休闲农业与乡村旅游示范县、17 个中国美丽休闲乡村、151 个示范点(企业)。

四是农产品电子商务快速发展,境内外促销展销蓬勃开展。2016 年江苏省农产品网络营销额达 280 亿元,同比增幅 25％以上。"一村一品一店"模式加快推广,苏宁易购·江苏馆等一批电商平台运行良好。围绕市县特色农产品营销,在江苏农业国际展览中心举办 16 场专场推介,比上年翻了一番。组织境外促销和国际展会 14 场。

五是农业新型主体快速培育,家庭农场联盟探索了规模经营新路径。2016 年江苏省新型职业农民培育程度较去年提高 3.5 个百分点;新认定家庭农场数达到了 5500 家,新培育省级示范家庭农场 415 家;新认定省级示范社 443 家,新增国家示范社 45 家,累计已达到 492 家,总数位列全国第二。省级以上龙头企业销售额同比增 9.7％,带动农户数增幅达 5.9％。160 家农业行业协会加快改革发展,正在成为江苏现代农业经济建设的重要力量。

第二节　金融支持江苏现代农业发展状况

发展经济学核心内容之一的资本形成理论,详细阐述了资本形成在经济发展过程中的积极作用。古典经济增长理论认为,资本积累与经济增长成正比例关系,资本积累量的大小是决定经济增长率高低的关键要素。我国作为一个发展中国家,我国经济增长中的资本短缺或资本形成不足,是一个长期性的制约因素,尤其表现在农业领域。因此,促进国民经济中的资本形成,尤其是农业领域的资本形成就成为推进我国经济发展与增长的重要力量。目前,我国农业发展尤其是现代农业发展过程中遇到的一个紧迫性问题是严重的资本形成不足而导致的金融资源总量短缺,由于金融体制的脆弱以及金融体系的不完善,社会的金融资源动员与配置效率都相对较低,这些使得投资规模与投资结构必然在相当程度上难以满足农业经济发展的需求,而农业金融问题也就成为制约农业经济发展的关键性瓶颈。

一、江苏省金融支持现代农业基本情况

1. 涉农贷款规模稳步增长

2016 年末,江苏辖内金融机构(含政策性银行、四大国有商业银行、股份制商业银行、城市商业银行、农村商业银行、村镇银行、外资银行、金融租赁公司、信托公司、中资财务公司、邮政储蓄银行等)合计本外币涉农贷款余额为 28271.21 亿元,比年初增加了 2479.21 亿元,同比增长 8.21％,2016 年末本外币涉农贷款余额占 2016 年末各项贷款余额的比重为 30.41％。

合计本外币农林渔业贷款余额 2105.28 亿元,比年初增加了 104.2 亿元,同比增长了 5%。合计本外币农村贷款余额为 24750.37 亿元,较年初增加了 2496 亿元,同比增长了 7.83%。本外币农户贷款余额合计 5066.82 亿元,比年初增加了 990.86 亿元,同比增幅为 7.83。从 2016 年全年信贷投放结构来看(见图 6-4),服务业仍然是信贷资源投放的主要方向,服务业各项贷款占比达到了 44.79%,农林牧渔业各项贷款占比仅为 1.76%。

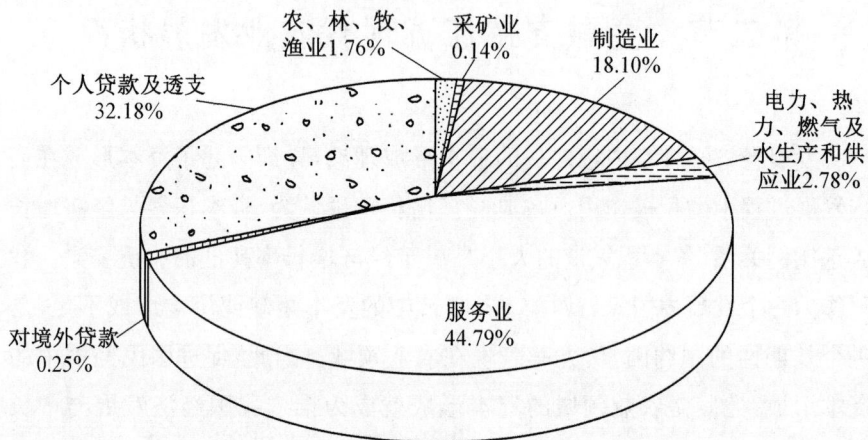

图 6-4　2016 年末江苏信贷资源投向情况

数据来源:中国人民银行。

备注:服务业细分行业包括:批发和零售业、交通运输、仓储和邮政业、住宿和餐饮业、信息传输、软件和信息技术服务业、金融业、房地产业、租赁和商务服务业、科学研究和技术服务业、水利、环境和公共设施管理业、居民服务、修理和其他服务业、教育、卫生和社会工作、文化、体育和社会工作、公共管理、社会保障和社会组织。

2. 涉农贷款区域结构仍不平衡

从 2016 年涉农贷款余额在江苏省内各地的分布情况看(见图 6-5),涉农信贷资源主要投向苏州、无锡、南通等地,2016 年末苏州、无锡和南通三个地区的涉农贷款余额分别为 7367 亿元、4068.59 亿元和 3718.78 亿元,分别占 2016 年末全省涉农贷款余额的比重为 26.06%、14.39%和 13.15%,这三个地区的涉农贷款余额合计已经占到全省涉农贷款余额的 53.6%。其他地区的涉农贷款占比总体较为平均,从 2.4%到 6.48%不等。传统农业地区连云港、盐城、淮安、宿迁等地的涉农贷款合计占比仅为 15.16%。

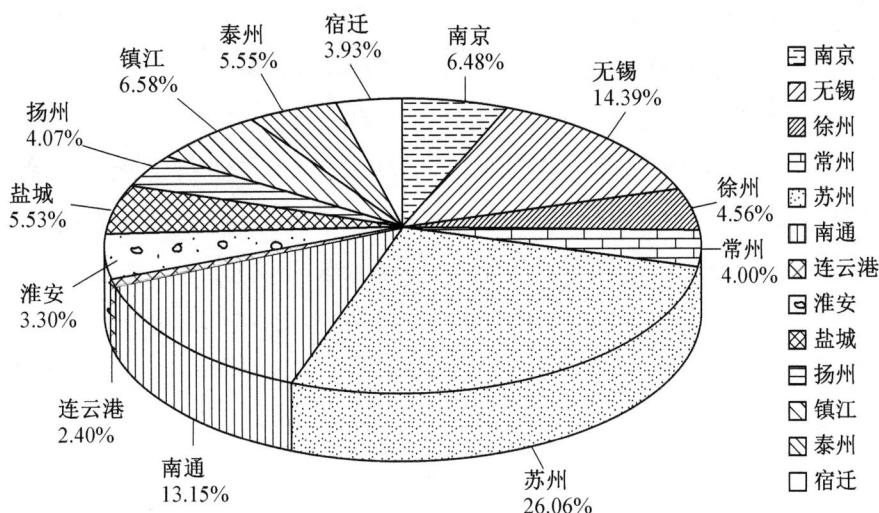

图 6－5　2016 年末江苏本外币涉农贷款地区分布情况

数据来源：中国人民银行

　　从各地涉农贷款余额的年度变化情况来看(图 6－6)，无锡、徐州、苏州、南通、连云港、淮安、扬州、镇江、泰州和宿迁等地区的涉农贷款余额均较去年有所增长，其中淮安、连云港、宿迁和南通等四个地区的涉农贷款增幅较大，分别达到 27.92％、17.78％、16.78％和 15.33％；徐州、扬州、镇江和泰州的涉农贷款增幅也较为显著，同比增幅均在两位数；常州、南京和演出

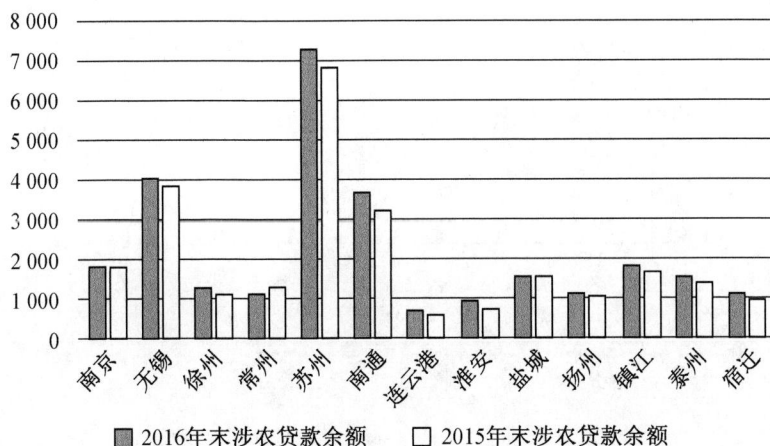

图 6－6　江苏本外币涉农贷款余额地区分布情况

数据来源：中国人民银行

三地的涉农贷款余额较去年有所下降,其中常州地区涉农贷款余额同比下降了12.34%,降幅较为明显;南京和盐城的涉农贷款略有下降。

3. 涉农贷款投放主体和贷款主体过于集中

从涉农贷款的投放主体来看(见图6-7),目前涉农贷款投放仍然为政策性银行、四大国有商业银行、股份制商业银行、城市商业银行和农村金融机构等。其中四大国有商业银行投放的涉农贷款余额规模最大,2016年末达到9662.27亿元,占比为34.18%;其次为农村金融机构,2016年末本外币涉农贷款余额为5766.06亿元,占比为20.4%;股份制银行和政策性银行的投放规模分别为5775.96亿元、3244.79亿元,占比分别为20.31%、11.48%。村镇银行因受自身规模和经营范围限制,投放的涉农贷款总量较低,但涉农贷款占自身贷款投放总量的占比较高,平均比例达到90%。从不同金融主体的涉农贷款投放增幅来看,邮政储蓄银行的增幅最为显著,2016年末本外币涉农贷款余额较上年同比增长了43.9%;其次为城市商业银行,2016年末本外币涉农贷款余额较上年同比增长了21.2%;政策性银行和股份制商业银行的涉农贷款同比增幅分别为18.4%、12.1%;四大国有商业银行、农村金融机构以及村镇银行的涉农贷款同比增幅较小,分别为1.7%、2.4%和0.3%。

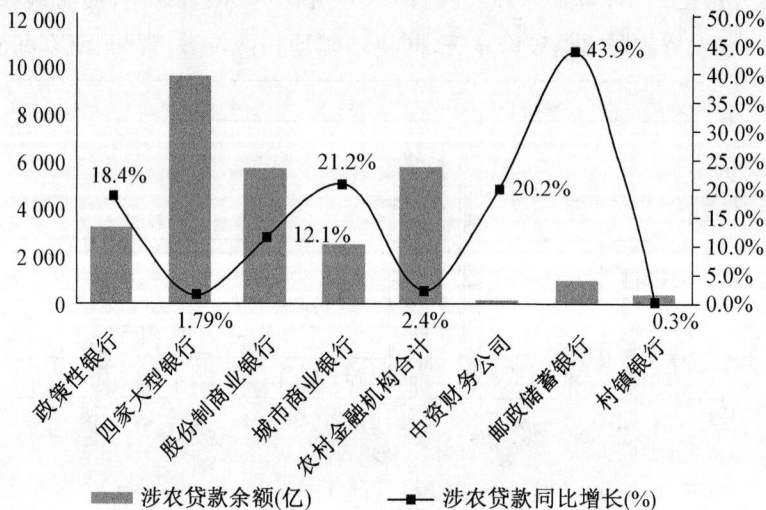

图6-7 2016年末江苏不同金融主体涉农贷款投放情况

数据来源:中国人民银行

表 6-1 2016 年江苏省内各地涉农信贷投放情况 单位:亿元,%

	涉农贷款		农林牧渔业贷款		农村贷款		农户贷款	
	本期	同比	本期	比上月	本期	同比	本期	同比
江苏省	3244.79	18.40	−5.77	−0.37	1888.74	17.65	18.78	7.38
南京市	851.86	−7.06	−1.54	0.09	625.00	−0.64	18.75	7.38
无锡市	115.19	20.91	−29.77		48.30	17.49		
徐州市	192.35	33.67		0.03	64.21	22.37		
常州市	122.27	20.77	−8.52	−0.25	28.03	−43.58		
苏州市	573.52	33.69	−54.34		495.58	41.02	0.02	10.43
南通市	319.70	23.87	258.33		179.25	9.99		
连云港市	143.84	21.20	−54.95	−0.20	48.18	17.24		
淮安市	183.49	71.21	−53.70		61.66	63.14		
盐城市	174.90	28.21	−100.00		67.63	57.16		
扬州市	116.86	12.88			45.59	27.59		
镇江市	184.19	40.24	−100.00	−0.15	78.99	54.57		
泰州市	141.60	37.16			47.00	38.94		
宿迁市	125.02	30.16	22.22	0.10	99.32	30.51		

数据来源:中国人民银行

　　按照涉农贷款投向主体的规模来看,目前仍然是大型企业涉农贷款占据主要份额,2016 年末江苏大型企业本外币涉农贷款余额为 619.17 亿元,较年初增加了 68.49 亿元,大型企业本外币涉农贷款余额占全部涉农贷款余额的 41.93%,占全部大型企业各项贷款的比例为 4.99%。2016 年末江苏中型企业本外币涉农贷款余额为 537.37 亿元,较年初减少了 50.69 亿元,中型企业本外币涉农贷款余额占全部涉农贷款余额的 36.39%,占全部大型企业各项贷款的比例为 2.31%。2016 年末江苏小型企业本外币涉农贷款余额为 250.26 亿元,较年初增加了 11.78 亿元,小型企业本外币涉农贷款余额占全部涉农贷款余额的 16.97%,占全部大型企业各项贷款的比例为 1.26%。截至 2016 年 12 月末,江苏小微企业本外币涉农贷款余额为

69.5 亿元,较年初增加了 30.02 亿元,小微企业本外币涉农贷款余额占全部涉农贷款余额的 4.71%,占全部大型企业各项贷款的比例为 4.39%。

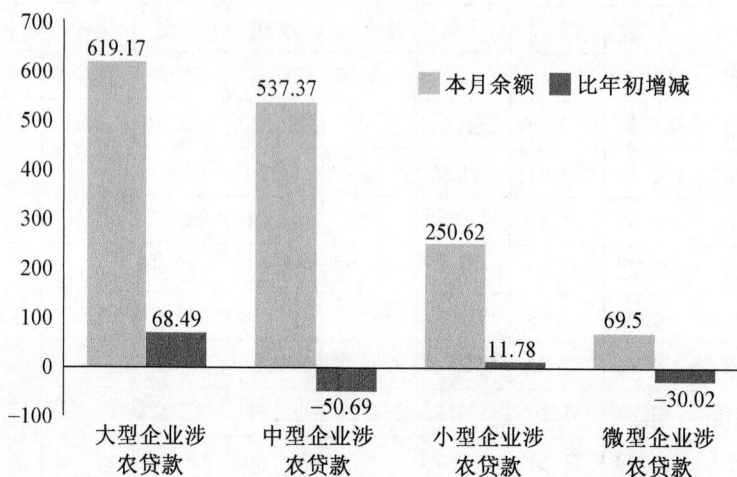

图 6-8　2016 年本外币涉农贷款余额情况

数据来源:中国人民银行

二、江苏金融支持现代农业取得的成绩

2016 年江苏继续加大金融对现代农业农村经济发展的支持力度,并取得了较为显著的成效。

1. 推动涉农贷款稳步增长

中国人民银行南京分行不断强化货币政策工具的引导力度,鼓励和支持辖内法人金融机构加大对三农领域的支持力度。2016 年以来,中国人民银行南京分行积极加大支农再贷款动态调节力度,实行"五个优先"原则,支小再贷款重点支持"三小"(小型金融机构、微型企业、小额融资)并突出支持农业、科技、文化等重点领域。截至 2016 年 12 月末,已经安排支农再贷款限额 67.8 亿元,用于支持辖内 62 家农村金融机构法人扩大"三农"信贷投放。1—12 月累计办理再贴现 311.4 亿元,其中涉农票据占比为 45.3%,有效支持了江苏三农经济的发展。另一方面,认真及时开展县域金融机构将新增存款更多用于当地贷款评价工作。涉农贷款主要集中于县域地区,为鼓励银行业金融机构进一步加大对"三农"领域的金融支持,中国人民银行南京分行积极在江苏省内以县为单位进行县域评价,对评价结果突出的银行业金融机构,在市场准入、货币政策工具使用、不良贷款容忍度提升等方面予以优先考虑,有效满足"三农"领域融资需求,切实提升县域金融服务水平。在评价引导下,辖内农业银行等金融机构加大县域地区倾斜力度,对部分县域分支行下放增量授信和用信审批权限。截至 2016 年 12 月末,全省金融机构本外币涉农贷款余额为 2.8 万亿元,同比增长 7.7%,比年初新增 2446 亿元,比去年同期多增 299 亿元。其中,农户贷款和农村企业(含各类组织)比年初分别新增941 亿元和 1274 亿元,比去年同期分别多增 261 亿元和 546 亿元。

2. 继续推进新型农业经营主体金融服务工作

2016 年,农业发展银行江苏省分行、农业银行江苏省分行、邮政储蓄银行江苏省分行和江苏省农村信用社联社等主要涉农银行机构,积极开展金融支持江苏家庭农场等新型农业经营主体试点工作。积极指导相关机构落实主办行制度,实行县支行(县联社)行长(主任)负责制,坚持"一把手"亲自抓,及时向新型农业经营主体提供"一对一"的金融服务,有效满足各类新型农业经营主体合理信贷需求。进一步要求各银行业金融机构加快农村产品和服务方式创新,积极拓宽多元化融资渠道,大力支持包括种养大户在内的各类新型农业经营主体发展。截至 2016 年 12 月末,全省共有各类新型农业经营主体(含家庭农场、专业大户、农民专业合作社和农业产业化龙头企业)有贷户 3.84 万户,贷款余额 633.9 亿元。新型农业经营主体通过银票、贸易融资、委托贷款、信托贷款等方式融资余额 20.77 亿元。

3. 不断加快农村金融产品和服务创新

2016 年江苏农村金融产品和服务创新不断加快。"阳光信贷"模式方面,金融监管机构继续做好和指导各金融机构切实做到阳光调查,解决农村信贷领域的信息不对称问题;实现阳光授信,有力防范道德风险;推行阳光定价,实行合理利率;阳光放款,提升贷款效率;阳光监督,加强公众沟通。农村经济合作组织贷款方面:加强对农村经济合作组织信用评级管理,通过扩大信息采集率、提高授信测评面的方式,充分发挥合作组织的中介和增信作用,不断增强信贷支持力度。大学生村干部贷款方面:针对大学生村干部贷款"短、小、频、急"的特点,指导金融机构开辟绿色通道,提高贷款审批效率,根据创业项目实际需求特征提供各类期限贷款支持。截至 2016 年四季度末,全省阳光信贷、农村经济合作组织贷款和大学生村干部贷款余额达 3368 亿元,同比增长 31.1%,惠及农户 126.55 万户,企业 3.98 万个。其中,全省阳光信贷、农村经济合作组织贷款和大学生村干部贷款余额分别为 3257 亿元、107 亿元和 3.78 亿元,同比分别增长 32.67%、−3.90% 和 66.27%。另一方面,是继续在全省全面推广"创业富民・阳光育才"信贷模式,促进大学生村干部创业带动农村经济发展。截至 2016 年 12 月末,江苏省大学生村干部创业富民贷款①余额 1.01 亿元,2016 年以来,全省共有 230 名大学生村干部获得创业富民贷款 3120 万元。

4. 继续加快完善农村金融基础设施建设

农村金融基础设施是加强和完善金融支持江苏现代农业经济发展的关键所在,2016 年江苏省继续加快完善农村金融基础设施建设,并取得了积极成效,主要表现在以下几个方面:一是继续加快推进农村信用体系建设。在依法合规的基础上,进一步推动全省农户及农村经济主体信用信息采集和应用工作。截至四季度末,江苏省内已有 68 个县区开展了农户系统建设工作,累计采集 291.3 万农户合计 3557.9 万条信用信息,4405 户农村合作经济组织合计 8.6 万条信用信息;共评定了 6.8 万户青年信用示范户,其中 4.47 万的信用示范户获得了 246 亿元的信贷支持,较上年末增长了 19.7%。二是开展农村金融综合服务站建设"回头看"工作。在已实现全省无银行网点行政村全覆盖目标的基础上,全面梳理和总结农村金融综合服务站建站以来取得的成效和优秀做法,通过金融情况简报、总行信息、新闻媒体等多种形式推广优秀做法、开展成果宣传,及时交流经验。截至 2016 年 12 月末,辖内已建成农村金融综合服务站 1.3 万家。三是提高农村地区支付服务的可得性和满意度。不断强化风险防范意识,继续加强综合服务站和助农取款服务点管理和检查力度,确保各项业务规范运营;强化多方位宣传意识,不断提高综合服务站和助农取款服务点各项功能的使用效率;拓

---

① 是指对大学生村干部本人自办、领办、合办的创业项目提供的金融支持,不包括由大学生村干部向金融机构推荐或提供担保、支持他人开办的创业项目提供的金融支持。

展服务功能,依托综合服务站和助农取款服务点等多种渠道开展防范非法集资集中宣传教育月活动。四是改善农村金融生态环境。中国人民银行南京分行制定并组织实施未来五年金融生态环境建设规划。2016年初,在广泛征求意见基础上,制发了《2016—2020年江苏省县域金融生态环境建设规划》及其配套创建考核办法,明确规划和考核办法是新时期全省金融生态环境建设工作的主要依据和准绳。同时,积极做好2016年度金融生态县考核与评估工作。组织各地围绕金融生态县创建考核的新要求,按照序时进度切实做好申报和初审工作。充分征集省金融稳定工作协调小组各成员单位和主要省级金融机构对各县(市、区)金融生态环境评价意见。目前,正组织开展金融生态县省级非现场审核和县域金融生态环境综合评估工作。

5. 稳妥有序推进"两权"抵押贷款试点工作

"两权"抵押贷款试点工作是近年来金融支持现代农业农村经济发展领域的一项重要工作,该项试点工作2016年在江苏得到了较快推进,主要表现在:一是根据全国"两权"抵押贷款试点工作领导小组工作部署,结合江苏实际,在与各相关部门多次协调沟通的基础上,中国人民银行南京分行提请江苏省政府出台了《关于开展农村承包土地的经营权和农民住房财产权抵押贷款试点的实施意见》(苏政办发〔2016〕62号),以文件形式明确了中国人民银行南京分行、省金融办、省委农工办、省农委等14家单位成立江苏省"两权"抵押贷款试点工作推进小组,全面负责落实全国指导小组有关工作要求,并指导省内试点业务顺利开展。同时,在确权登记颁证、产权交易平台建设、价值评估、抵押物处置、风险补偿和缓释机制建设方面做出具体要求。二是联合省"两权"抵押贷款试点工作推进小组成员单位,分成4组,对辖内12个全国试点地区开展了专项督查,在督促各地深入推进试点工作的同时,切实了解到各试点地区的工作推进情况以及存在的问题和困难,为下一步试点工作的深入推进积累宝贵经验。三是继续做好试点工作的统计监测和宣传。中国人民银行南京分行指导中国人民银行各市中心支行认真做好"两权"抵押贷款业务的监测,按月统计和报送辖内"两权"抵押贷款业务和配套工作推进情况。重点加强对已开办抵押贷款试点业务金融机构的跟踪,及时了解试点过程中出现的新情况、新动态、新问题,动态规范和指导全省试点工作的开展。不定期将全省"两权"试点工作中好的经验做法以工作简报形式向总行汇报,并向省"两权"抵押贷款试点工作推进小组成员单位进行通报宣传,切实发挥正向引导作用。

截至 2016 年 12 月末,全省共有 36 个县(市、区)开展了承包土地的经营权抵押贷款业务,贷款余额 15.5 亿元,同比增长 102%;其中,10 个全国试点地区贷款余额 9.7 亿元,同比增长 88%。10 个县(市、区)探索开展农房财产权抵押贷款(含按揭贷款等,下同)业务,贷款余额 13.9 亿元;其中,3 个全国试点地区贷款余额 4.4 亿元。

专栏 2:《全国农业现代化规划(2016—2020 年)》提出的金融支持政策

(一)完善信贷支持政策。强化开发性金融、政策性金融对农业发展和农村基础设施建设的支持,建立健全对商业银行发展涉农金融业务的激励和考核机制,稳步推进农民合作社内部信用合作。针对金融机构履行支农责任情况,实施差别化的货币信贷政策措施。健全覆盖全国的农业信贷担保体系,建立农业信贷担保机构的监督考核和风险防控机制。稳妥推进农村承包土地的经营权和农民住房财产权抵押贷款试点,对稳粮增收作用大的高标准农田、先进装备、设施农业、加工流通贷款予以财政贴息支持。建立新型经营主体信用评价体系,对信用等级较高的实行贷款优先等措施。开展粮食生产规模经营主体营销贷款试点,推行农业保险保单质押贷款。

(二)加大保险保障力度。逐步提高产粮大县主要粮食作物保险覆盖面,扩大畜牧业保险品种范围和实施区域,探索建立水产养殖保险制度,支持发展特色农产品保险、设施农业保险。研究出台对地方特色优势农产品保险的中央财政以奖代补政策,将主要粮食作物制种保险纳入中央财政保费补贴目录。创新开发新型经营主体"基本险+附加险"的保险产品,探索开展收入保险、农机保险、天气指数保险,加大农业对外合作保险力度。建立农业补贴、涉农信贷、农产品期货和农业保险联动机制,扩大"保险+期货"试点,研究完善农业保险大灾风险分散机制。

第三节　金融支持江苏现代农业发展的政策建议

面对加快农业现代化建设,统筹城乡一体化发展的新形势新任务新要求,应紧紧抓住当前国务院全面推动金融服务"三农"发展的重大机遇,深刻领会金融支农工作的重要意义,转变观念、创新思路,增强金融意识,在不断加强完善财政补贴政策的同时,积极引导和促进加大金融支农力度,更好地发挥市场在资源配置中的决定性作用,激发农业经营主体的内生活力,提升市场竞争力;要把金融支农作为促进农业生产发展的重要举措和强农惠农富农政策的新增长点,针对江苏金融支持现代农业发展中存在的问题,及时提出建设现代农业的金融需求和政策建议,推动出台促进金融支农的政策措施,改善农村金融服务环境,最大限度地调动优质金融资源向江苏现代农业转型发展领域汇集,不断发挥金融创新和金融发展在支持江苏现代农业发展中的积极作用。

一、江苏金融支持现代农业发展中存在的问题

总体而言,当前江苏现代农业金融支持服务和政策体系在不断完善,新的涉农产品和服务不断涌向,金融服务质量不断提升,在江苏现代农业发展过程中发挥了积极作用,但仍然存在一些问题和不足,表现在以下三个主要方面:

1. 涉农金融产品和服务创新仍显不足

随着传统农业转型和现代农业经济的迅速发展,现代农业规模化、产业化经营,农产品精深加工、包装、营销、品牌管理等催生了金融需求多样化,促使贷款对象由农户向新型经营主体转变,专业大户、家庭农场、专业合作社等新型农业经营主体的规模化、集约化对金融服务的需求不断增加;与此同时,贷款金额也由小额分散向大额集中转变,贷款方式由小额信用向资产类抵押转变,贷款期限由短期向中长期并举转变。而江苏原有固化的农村金融服务格局并未被完全的打破,尤其是苏北金融市场相

对欠发达的地区,新型的涉农金融产品和服务仍然缺乏创新动力,涉农金融服务还难以适应农业生产力和生产方式发展及新型农业经营主体的需要,土地承包经营权、林权、农产品认证品牌等非货币化资产权证抵押贷款业务未实质性地推进。

2. 农村金融产品及服务较为单一

现代农业规模化经营,修建灌溉设施、改良土壤、培肥地力等长期发展投资周期长,要求涉农贷款期限延长,而目前江苏涉农金融信贷品种主要是农户小额信用贷款、联保和担保贷款等,不仅普遍金额小(通常几万至十几万不等,大户带小户、种养殖大户和新型农业经营主体等贷款金额稍大)、期限短,与新型农业经营主体的需要在时间、风险与价格上不匹配,许多种养殖户或新型农业经营主体因缺乏抵押物,很难及时获得足额的资金支持。与此同时,目前江苏的农村金融支付结算渠道仍然不畅,传统金融网点支付仍然占据主要地位,支付效率偏低,县域特别是乡镇商业银行网点少,电子银行等金融产品和服务覆盖率偏低,以及城乡无差别的结算收费标准,都难以适应现代农业规模化经营资金规模日益扩大的金融需要。

3. 风险补偿机制不健全

面对涉农金融服务风险及成本高、收益低等特征,金融在支持现代农业转型发展过程中承担着较高的风险,致使农业保险有效供给不足,农业保险供给市场主体偏少,导致农业规模化经营风险保障机制不健全,农业保险在产品设计和具体操作上难以适应农业规模化经营的需要。重要的是,一些农业经营主体缺乏对涉农保险公司、险种及保险条款的了解,对涉农保险存在一定抵触,影响了涉农保险公司承保能力的扩大和经营的稳定。与此同时,许多地方没有金融支持政策,特别是政府担保以及贷款风险补偿等政策,导致许多农村金融机构出于担心坏账等原因,不愿意向规模较小的农户发放贷款,或者发放贷款的利率较高,农村金融机构未充分担负起支持农业农村经济发展的重任。

二、金融支持现代农业发展的政策建议

1. 继续加大对农业农村经济的金融供给，逐步实现涉农金融服务增量扩面

要通过加大农业农村经济金融服务的供给力度，在保证金融服务覆盖面的同时，不断提升金融服务质量。具体来说，一是要不断完善农村金融网点建设及布局，加快建立多层次、广覆盖、可持续、竞争适度、风险可控的现代农村金融体系。要加强政府引导，鼓励各涉农金融机构坚持大胆闯、务实干的经营方向，重视结合自身经营效益，合理设置机构网点，尽快形成既有分工又有合作，兼顾公益性和营利性，为现代农业提供综合化金融服务的组织体系。

二是要继续积极培育新型农村金融组织。支持民间资本参与发起设立村镇银行，提升集约化经营和专业化服务水平，实行经济欠发达地区"一行多县"和在经济发达地区"一县多行"并举，提升村镇银行县域覆盖面。发挥其植根农村，易于与各种类型农业经营主体建立纽带关系，在获取信息、识别项目、控制风险、提高效率等方面优势，降低农村金融服务成本。

三是要健全农业"兜底"的保障机制。政府引导现有保险公司涉足农业保险业务，鼓励专业性农业保险公司增设机构，拓展业务，完善多形式、多渠道的农业保险体系。健全农业保险大灾风险分散机制，探索"保险＋期货"模式，转移化解市场风险。加快客户需求导向型涉农保险产品创新，引导保险机构利用农村金融机构网络，开辟客户投保、续保及理赔快速通道，有针对性地开发一批农村客户用得着、买得起的保险产品。

2. 继续创新农村金融制度，助力农业结构调整

其一，突破涉农贷款抵押担保难的瓶颈。十八届三中全会赋予农村土地占有、使用、收益、流转及承包经营权的抵押、担保权能等金融属性，意味着农村土地产权抵押融资成为可能。涉农金融机构应主动配合农村土地承包经营权流转和农房用地制度改革，稳妥推进土地流转权、宅基地、林权等抵押贷款，将固定在土地上的呆滞资金转化为流动的开发经营资金，激活农村"沉睡资本"，促使传统的土地经济社会向现代货币经济社会转型。

其二,围绕农业结构调整加大信贷投放。农业供给侧结构性改革,既要降成本、补短板,还要消化过高的农产品库存量。面对当前农业高成本时代的到来,以及人多地少、水资源短缺等短板,涉农金融机构应围绕特色农业、高端农业、设施农业、绿色农业、循环农业加大信贷投放,促进农产品生产、加工、销售有机结合、相互促进,以及粮经饲统筹、农林牧渔结合、种养一体化发展,使得土地越来越肥,农产品越来越绿。

其三,推动农村一、二、三产业融合发展。利用金融力量释放农业多种功能,推进农业与旅游、教育、文化、健康养老等产业深度融合,加大对乡村旅游休闲基础设施建设倾斜投入,支持特色旅游村镇发展、发展新型乡村旅游休闲产品,扶持农产品加工、农业仓储物流,从根本上激活农村经济细胞活力。

3. 继续坚持创新发展理念,拉长涉农服务链条

其一,加大综合化金融服务力度。涉农金融服务要由以信贷业务为主,向以信贷投放及增加更多非信贷服务转变,在为土地流转提供存、贷款等基础服务的同时,在人口密集的乡镇布设电子化设备,积极推广非现金支付工具在农村的运用,适当给予农村结算收费优惠,满足土地流转规模化经营需要。

其二,提供农业产业链金融服务。涉农金融机构应针对农业产业链的实际,加大对农资公司、种养大户、合作社、农产品收储和加工企业、农产品贸易公司等各个主体提供全方位服务,而不仅仅是"点对点"的信贷扶持,从而形成链条式的物流服务流和资金流的双向循环。

其三,发展"农村电商＋信贷"模式。农村电商、农产品定制等"互联网＋"新业态在农业领域方兴未艾,成为联结农户和市场的重要平台,这一平台积累的数据和信息,奠定了金融提供"农村电商＋信贷"服务模式基础。涉农金融机构应加快触网进程,深耕"精专细",在互联网金融服务平台、产品和制度、流程等方面探索和创新,重塑银行服务模式,为现代农业提供更加便利的服务。

第七章 经济转型要求改革地方政府与企业负债模式

近年来,我国社会融资规模扩张迅速,但金融对实体经济的支持效应呈现日益下滑的趋势,这与政府平台对实体经济的挤出效应及僵尸企业对金融资源的吸血效应有着密切关系。本文着重从债务角度分析当前地方政府负债模式和僵尸企业对经济转型的影响。平台运作模式下地方政府突破传统财务约束,通过政府投资或安排企业投资加大对经济的干预,导致大量过剩产能及过高债务。僵尸企业耗费了大量社会资源,拉低投资回报率且不利于产业结构调整。更为关键的是,政府平台和僵尸企业对价格信号不敏感,影响了利率对资源的有效配置。经济结构再平衡和增长动力转变的新常态要求理顺市场与政府的关系,强化地方政府财务约束,规范融资平台运作,构建新型的产业扶持机制;同时通过完善破产机制及时根除僵尸企业,建立多层次资本市场,拓宽企业直接融资渠道,更好地发挥市场在资源配置和结构调整中的决定性作用。

第一节 制度背景与问题提出

中国式分权被认为是中国转轨经济高速增长的重要制度基础,通过将经济分权和晋升激励相结合,促使地方政府在推动地区经济增长过程中发挥了积极的作用(林毅夫、刘志强,2000)。财政分权后地方政府主导的投资逐渐演变成为我国投资体系中的一个核心部分,并在初期阶段对地方经济起步和产业布局产生了非常大的影响。在经济分权改革和政治激励机制的双重刺激下,地方政府对GDP增长的追求愈发强烈,由于投资能够在短期内产生明显的GDP增量效应,地方政府通过直接投资和干预地方企业投资来影响区域产业布局和结构调整。尤其是在"创新"了融资平台地方政府负债模式后,地方政府投资突破了传统融资模式的财务约束,得以运用更大规模资金,加大对地方经济的干预力度。

由于政绩考虑经常性地压倒经济合理性考虑,政府投资虽然短期内刺激了地方经济的迅速增长,但因未遵循甚至违背市场原则,未根据地区要素禀赋结构所决定的比较优势来进行产业布局,许多依托地方政府直接或间接投资发展的行业出现较为严重的产能过剩,制约了正常的产业结构调演进。而随着经济的进一步发展和经济环境的不断变化,传统的经济增长模式遭遇挑战,经济发展方式和产业结构亟须调整,经济增长新动力的获得需要市场在资源配置和产业结构调整中发挥决定性的作用,这种"新常态"要求改革现有地方政府负债模式,斩断地方政府直接伸向产业投资的手。

而作为经济发展方式转变和产业结构转型的最终承担者,企业特别是民营企业在这一程中发挥着最为关键的作用。负债经营是市场经济条件下企业为谋求经济效益最大化,实现规模经营而普遍采用的一种经营方式(邱道欣,2013)。由于我国资本市场欠发达,大多数企业一直是以银行借贷为主要负债模式的。但随着经济形势的不断变化,这种负债模式的种种弊端逐渐暴露。特别是近年来在经济下行以及产能过剩的新环境下,实体经济中出现了一批僵尸企业,这些僵尸企业已经丧失了通过自身努力而获得可持续发展的能力,并以"吸血"的长期性、依赖性为主要特点,不仅浪费了大量社会资源,也影响了政策的实施效果,不根除僵尸企业,经济发展方式转型就难以顺利实现。

本文认为地方政府与企业的传统负债模式虽然在经济起步阶段发挥了重要作用,但随着经济结构和增长动力发生转折性变化,传统负债模式的弊端逐步显现。政府平台运作模式对利率价格信号缺乏敏感,进而对实体经济形成挤出效应;经济体系中存在的僵尸企业沉淀了大量金融资源。这也是为什么我国社会融资规模近年来一直处于较快增速,金融市场发展也很迅速,但金融对实体经济的有效支持却呈现日益下降的趋势。基于这一分析和判断,本文提出应理顺市场与政府的关系,强化地方政府财务约束,规范融资平台运作,构建新型的产业扶持机制;同时通过完善破产机制及时根除僵尸企业,建立多层次资本市场,拓宽企业直接融资渠道,更好地发挥市场在资源配置和结构调整中的决定性作用。

第二节　政府投资、地方债务与经济增长

政府与经济、市场之间的关系,始终是现代经济社会发展中最为基本、也最具争议的一个问题。纵观各国的经济发展史,政府对经济的干预始终存在,但其他经济体特别是一些发展中国家的地方政府,缺乏如同中国地方政府这样对经济进行直接干预的权限和力度(刘海影,2014)。这些国家对经济发展机遇的识别和利用通常需要耗费较高的交易成本,但在中国经济分权改革和政治激励机制下,地方政府具有强大的动能与意愿来深度介入地方经济的发展,克服巨大的交易成本,进而迅速把握并实现发展机遇。而作为干预经济活动的重要手段,政府投资对地方经济的起步和腾飞起到了关键的推动作用,而由此形成的政府财政行为特征对塑造地区经济和政策环境发挥着重要影响。

受现收现付的传统模式约束,过去很长一段时间内财政开支与项目未来现金流限制了地方政府的投资规模,许多地方经济发展战略也因为财政约束而无法完全施展。而2008年以中央政府推出激进刺激计划为契机,地方政府创造性地发明了以融资平台为核心的负债运作模式,并开始以公司运作的方式来经营地方经济。在这种模式中,包括财政开支在内的各类资源被整合,用于获得各类信贷资源,从而实现以较小的投入撬动数倍总资产规模。同时可暂不考虑还本付息的压力,依靠资产增值足以说服银行源源不断地提供后续信贷支持。地方政府债务平台模式绕开了早期中央关于地方政府不得举债的规定,经营地方经济的思路由早先的关心经营损益转变为现在的资产负债表管理(刘海影,2014)。

一、当前我国地方政府负债模式的主要特点

依托地方融资平台,地方政府高举投资大旗一路高歌猛进,一系列经济发展战略和产业安排通过政府投资得以实现。但高投资就意味着高债务,大规模经济刺激和政府投资付出的代价是地方财政的持续紧绷与地方债务规模的快速膨胀,并使得地方政府债务表现出三方面的显著特点:

一是地方政府债务规模在短期内的持续快速扩张。根据中央审计署的审计结果,1996 年我国的地方政府债务规模为 4311 亿元,2010 年则迅速激增到 1.07 万亿,年均增速达 23.9%;而 2010 年后的债务规模增速为25.4%,继续保持着高速增长态势。不仅债务维持着高速增长,总规模也相当可观,我国地方政府债务与 GDP 之比从 1996 年的 5.81% 上升至 2008年的 17.73%,2013 年的债务 GDP 比更是达到了 30.43%。根据刘海影(2014)的测算,如果加入中央政府债务和四大资产公司债务之后,我国政府总债务与 GDP 之比已经达到了 56%,这一比例虽然低于欧美等发达国家,但显著高于其他发展中国家。[①]

从地方政府债务的地区结构来看,截至 2013 年 6 月,我国东部、西部、中部地方政府债务分别为 84954 亿、42204 亿和 51387 亿,占全国地方政府债务总额的比重分别为 47.5%、28.7% 和 23.6%,其中东部地区的江苏、广东、浙江、上海和山东排名前五位。以债务总额占比最高的江苏为例,截至2013 年 6 月末,江苏债务总规模为 17468.74 亿元,地方政府债务占全国地方债务总额的比例为 8.3%。

---

① 负有偿还责任债务是指需由财政资金偿还的债务;负有担保责任的债务是指由政府提供担保,当被担保人无力偿还时,政府需承担连带责任的债务;可能承担一定救助责任的债务是指政府不负有法律偿还责任,但当债务人出现偿债困难时,政府可能需给予一定救助的债务。审计署将政府负债进行区分,并认为政府负有担保责任的债务和政府可能承担一定救助责任的债务只在出现违约的时候政府才承担义务,因而在计算政府债务总规模时不能将三者简单相加,而要对后两种债务赋予一定的权重折扣。但许多学者认为,无论是政府负有担保责任的债务还是政府可能承担一定救助责任的债务,基本上都是在政府主导下或基于政府意志发生的。实际上各家机构对地方政府债务的估算与简单加总的审计署数据基本吻合,而与权重加总的审计署数据相差较大。

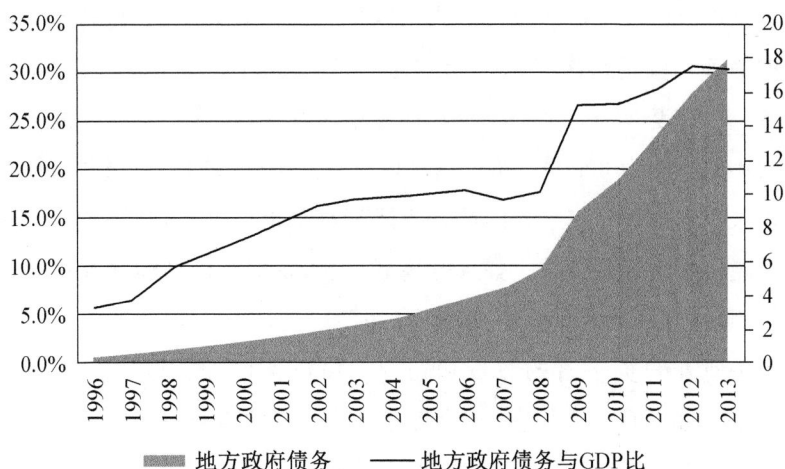

图 7 - 1　我国地方政府债务规模变化情况

数据来源:刘海影:中国巨债:经济奇迹的根源与未来,p179 - 180.

表 7 - 1　2013 年 6 月末全国地方政府债务规模　　　　单位:亿元

	总债务规模	全国占比		总债务规模	全国占比		总债务规模	全国占比
江苏	**17468.74**	**8.3%**	湖南	**7737.29**	**4.3%**	四川	**9229.62**	**5.2%**
广东	10165.37	5.7%	湖北	7680.78	4.3%	贵州	6321.61	3.5%
浙江	9905.05	5.5%	河南	5541.94	3.1%	陕西	6093.79	3.4%
上海	8455.85	4.7%	安徽	5297.32	3%	云南	5954.83	3.3%
山东	7960.26	4.4%	吉林	4248.36	2.4%	内蒙古	4542.07	2.5%
辽宁	7590.87	4.2%	山西	4178.5	2.3%	广西	4329.25	2.4%
北京	7554.14	4.2%	江西	3932.49	2.2%	甘肃	2961.47	1.7%
河北	7514.76	4.2%	黑龙江	3588.12	2%	新疆	2746.15	1.5%
天津	4833.74	2.7%				青海	1057.65	0.6%
福建	4794.45	2.7%				宁夏	791	0.4%
海南	1410.84	0.8%						
东部	**84954.07**	**47.5%**	中部	**42204.8**	**23.6%**	西部	**51387.71**	**28.7%**

数据来源:国家审计署发布的《全国政府性债务审计公告(2013 年 6 月)》。

二是地方政府债务与政府收入不匹配。根据审计署的数据,地方政府债务中的市一级债务总量最大,但增速上则是县级债务最高,近年来地方政府债务下沉趋势明显。2010 年至 2013 年 6 月末,全国广义口径的县级债务规模年均增速为 30.9%,超过地方政府债务年均增速。县级政府债务的快速扩张与地方财权与事权的严重不匹配有着密切联系,县级政府的建设投资只能依靠举债来支撑。如果分地域来看,我国中西部地区县级政府财政力量相对薄弱,导致这些地方的债务风险更高。

三是地方融资平台的数量和融资规模迅速增加。地方融资平台自 2002 年首创于重庆市,并逐渐成为各地政府融资的主要形式以及地方政府债务的主要来源。2009 年末,我国地方融资平台的数量为 8221 家,平台债务规模为 7.38 万亿;[①]2013 年 6 月末我国地方融资平台总数达到了 8708 个,平台债务规模为 6.97 万亿(考虑政府或有负债),占地方政府债务总规模的 38.96%。[②] 以地方政府债务规模最大的江苏为例,其政府负有偿还责任的债务中融资平台债务规模为 3504.58 亿元,占江苏总债务规模的 45.89%。从数量上看,江苏融资平台数量达到 524 个,各地级市都有地方融资平台,但主要集中在苏南相对发达地区。

二、当前地方政府债务模式不利于产业结构调整

首先,大量债务资金通过政府投资流向产业领域,不利于产业结构调整过程中市场机制的有效发挥。只有当市场主体选择进入的产业与技术与现阶段该国家和地区的要素禀赋结构相匹配时,该经济体系才最具竞争力(林毅夫,2013)。而市场主体是利润导向的,要想使其自发进入和选择符合要素禀赋结构的产业和技术,该经济的价格体系就必须灵敏地反映要素的相对稀缺性(Lin,Chang,2009)。但在地方政府投资决策过程中,价格信号并未起到应有的作用。实际许多地方政府在评估、选择与运作项目时,政绩考虑往往会压倒经济合理性考虑,所以往往也不会依据本地区的资源要素禀

---

① 数据来自中国银监会网站。
② 数据来自国家审计署发布的《全国政府性债务审计公告(2013 年 6 月)》。

赋优势来科学、合理地制定产业发展政策,而是通过大规模政府投资驱动一些"短、平、快"项目的开工和扩张,造成的后果是基础设施投资过多、产业结构趋同、产能过剩以及债务风险的积累。[①]

其次,地方政府融资平台对实体经济融资形成"挤出效应",加剧了融资难、融资贵问题。目前银行、证券以及信托等金融机构的地方政府融资平台的主要举债主体,根据 2013 年 6 月全国政府债务公告的结果,在考虑或有债务后,银行、信托等金融机构融资额约为 12.06 万亿,约占全部债务规模的 67.4%,其中:银行贷款约 10.1 万亿、信托融资约 1.4 万亿、证券、保险业和其他金融机构融资 0.33 万亿、融资租赁 0.23 万亿;而发行债券融资额仅为 1.01 万亿,占地方政府债务总规模的 5.7%。由于财务软约束,地方政府融资平台缺乏对资金市场价格的敏感性,加上放贷机构认为中央政府隐形担保和地方政府信用背书的平台贷款风险较低,所以也愿意将大量信贷资源投向政府融资平台,这必然会对实体经济形成明显的"挤出"效应,许多具有更大投资回报率、更高经济合理性的项目或企业反而无法得到融资支持。

以上所论述的地方政府债务模式特点,实质上反映了地方政府不断加大对经济的干预力度,是一种"强政府、弱市场"的体现。在经历了高速增长后,我国经济正进入中高速增长阶段,在增速放缓的同时,经济结构和增长动力正在发生转折性变化,经济增长将更多地依靠企业的生产率提升和创新驱动(刘世锦,2014)。这种经济发展的"新常态"客观上要求政府与经济、市场之间的关系亦须做出相应调整,政府对资源的配置作用应逐渐让位于市场,减少政府对经济的干预,从而使政府主导型经济能够逐步让位于市场机制作用下的企业推动模式,使产业结构的选择和调整最终由市场机制来完成。

---

① 根据地方政府债务资金的投向结构,有 87% 的资金投向了基础性、公益性领域,其余资金则主要投放到工业、能源建设领域。虽然目前地方政府债务资金进行工业和能源产业建设投资的占比还不大,但由于债务规模在不断扩大,实际上用于产业投资的总量资金在持续增加,以 2013 年 6 月末 17.89 万亿地方政府债务规模计算,则约有 4.11 万亿直接或间接用于产业投资。

第三节　僵尸企业、高负债与产业结构转型

大规模投资在推动企业产能不断扩张的同时,也推动了企业负债率的持续攀升,在经济下行环境下,高负债率无法得到支撑,导致一批未能成功转型的企业逐步沦为僵尸企业。这些僵尸企业得到当地政府和银行的支持,并难以通过破产程序退出,它们获得大量的财税和信贷资源,却无助于经济增长,并对产业结构调整产生负面影响。

一、僵尸企业"绑架"了政府和银行

僵尸企业(zombie company)作为一个专业的经济学用语,可能最早源于美国俄亥俄州立大学经济学家 Edward Kane 于 1987 年发表的一篇论文(Kane,1987)。按照维基百科的解释,僵尸企业是指这样一些负债企业,它们虽然可以产生现金流,但是扣除运营成本和固定成本之后,最多只能支付贷款利息,而无力偿还贷款本金。也就是说,僵尸企业是指那些无望恢复生气,但由于获得放贷者的资金支持或政府的财税援助而暂时免于倒闭的高负债企业。不同于因资金、人力等问题暂时陷入困境的企业,绝大多数僵尸企业通常已经丧失了通过自身努力获得持续发展的能力,具有"吸血"的长期性、依赖性等显著特点。如果放弃对僵尸企业的救助,社会局面可能在短期内迅速恶化,因此还具有一定的绑架勒索性。从定量分析的角度,僵尸企业还有两个显著的财务特征:一是企业的盈利能力持续下降,如销售成本利润率等盈利指标恶化;二是居高不下的负债率,负债规模保持在一个较高的水平且仍在不断增加。对于僵尸企业的负债水平目前没有严格的界定,但结合实际经验来看,通常认为资产负债率超出 70% 就已经处于较为危险的水平。①

---

① 以光伏企业赛维公司为例,根据其 2011 年的公司年报显示,赛维公司的负债总额为 302.30 亿元,负债率已经高达 87.7%,其中短期债券就高达 196.71 亿元。

现实世界中的僵尸企业可做进一步细分：一类是企业对政府的"绑架"，由于僵尸企业承载着一定规模的就业人员，政府出于保障就业和社会稳定等方面的考虑，不敢让僵尸企业按破产程序实施破产，而是通过财政补贴、减免税收等形式继续对其进行"输血"，以达到短期内社会局面稳定的目的。另一类是企业对银行等放贷机构的"绑架"，这些企业往往有相当规模的银行贷款，并对这些贷款具有高度依赖性，一旦银行收回贷款或调减对企业的授信额度，就会导致企业倒闭并产生高额坏账。许多银行为了避免不良贷款率的上升，往往被迫采取"缓兵之计"，继续对其发放贷款甚至扩大授信额度。

僵尸企业引起关注可能要追溯到20世纪日本的经济大衰退。20世纪90年代日本经济在资产价格泡沫破灭之后，陷入了衰退状态，出现了"失去的十年"。学术界普遍认为，主要原因就是日本有大量的僵尸企业，占用了大量无效率的银行贷款，甚至挤出了优秀的企业，出现了"逆向淘汰"。直至2014年僵尸企业这个名词才开始出现在中国官方文件或会议中，并引起了学术界的关注。何帆等人介绍了国外文献对僵尸企业的研究状况，并使用2007—2014年中国上市公司的数据估计了僵尸企业的比例大致为10%，且国有企业更容易成为僵尸企业（何帆、朱鹤，2016a，2016b）。聂辉华等人认为如果一个企业在当年和前一年获得的贷款利息率低于正常的市场最低利息率，那么该企业在当年就是僵尸企业。他们使用1998—2013年（2010年除外）中国工业企业数据库和1998—2015年上市公司数据库研究发现，2000—2013年，中国工业部门的僵尸企业比例最高时（2000年）大约30%，此后呈下降趋势，并在2004年之后保持稳定。2005—2013年的工业部门僵尸企业比例大约为7.51%。

二、僵尸企业是传统负债模式与经济形势变化多方作用的产物

僵尸企业的产生，既有宏观经济环境变化的作用，也有地方政府经济发展战略安排的影响，与我国企业过度依赖银行信贷的负债模式也密不可分，是传统负债模式与经济形势变化等多方作用的产物。

一是由于经济形势的变化。在早期的经济高速增长中部分行业通过负债投资不断扩大生产规模,而近些年经济增速趋缓,市场形势发生变化,一些企业积累的大量产能无法得到消化,盈利能力的不断下降使企业的高负债率无法继续得到支撑。其中一部分企业由于未能通过成功实现转型升级来重获新生,只能通过不断地借新还旧来维持生存,并逐渐成为僵尸企业。[①] 根据中国人民银行对全国5000户企业进行的抽样调查数据显示(如图2),2012年至2015年,企业销售成本利润率指标呈现持续下降的趋势,平均利润率从2010年的8.64%,下降至2015年的5.5%;而企业负债率则不断攀升,从2012年的60.66%上升到2015年的62.2%。持续快速上升的企业负债率与不断下降的盈利能力,容易催生僵尸企业。

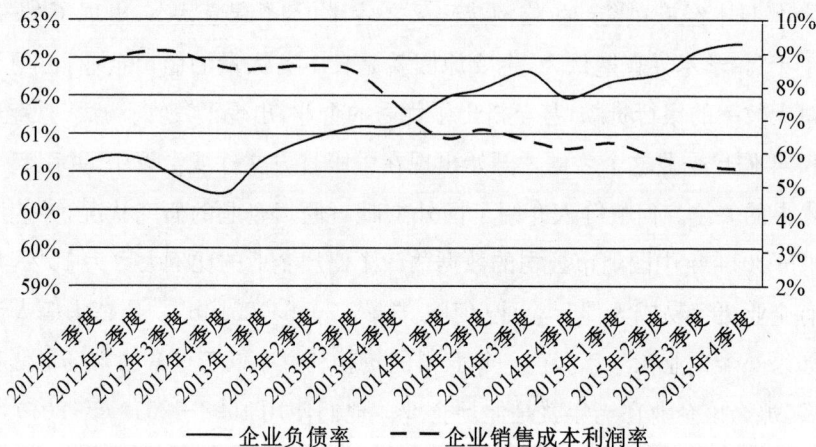

图 7-2　央行 5000 户抽样企业负债率与销售利润率

二是由于地方经济发展战略。出于刺激地方经济发展的目的,一些地方政府用土地和税收政策鼓励企业扩大生产规模或上马新项目,其中相当一部分是钢铁、水泥等产能过剩行业,银行也主动或被动地往这些领域投放了大量信贷资源。当这些企业因为市场环境发生变化而陷入困境后,地方

---

① 但需要指出的是,部分转型升级企业在过渡期内由于具有维持现有经营活动和向新领域转型"两套资金"需求的特点,也会面临一定的债务扩张压力,并表现出较高的负债率。但是这些企业一旦完成了转型升级,就会重获新生并爆发出强大的市场拓展能力,与丧失持续发展能力的僵尸企业有着本质性的区别。

政府和银行实际上也被深度套牢,只能继续通过财税优惠和提供贷款来支持,否则会造成短期内局面的迅速恶化,并可能引发一系列更为严重的问题。

三是企业过度依赖银行信贷的负债方式。长期以来我国企业过度依赖银行信贷的间接融资方式,是僵尸企业产生的重要原因,高负债率也往往成为僵尸企业的典型特征。较高的企业负债率与我国资本市场尚不够发达,企业习惯性依赖间接融资等有着直接关系。分析我国非金融企业的融资结构(图 7-3),2014 年末我国人民币贷款增量为 9.78 万亿,而非金融企业债券和股市融资额分别为 2.43 万亿和 0.44 万亿,可以发现银行贷款占据我国非金融企业融资的绝对主导地位,2011 年—2014 年我国贷款同比增速始终保持在 13%以上,在 2012 年甚至达到 16%,这与我国企业过度依赖银行的负债模式有着最直接的关系。

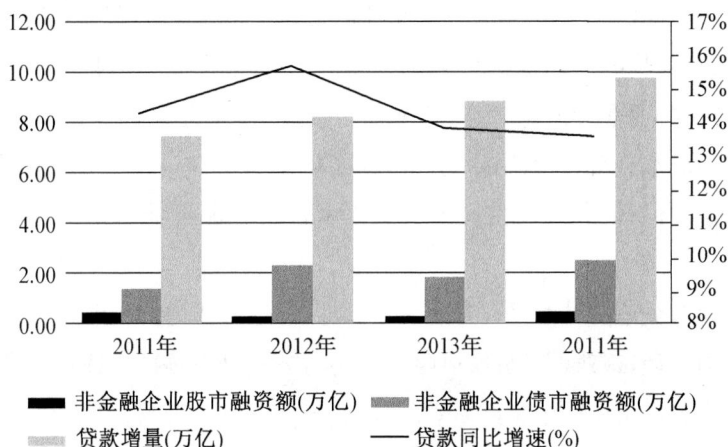

图 7-3　我国非金融企业融资结构(2011—2014)

三、僵尸企业不利于产业结构调整和实体经济振兴

僵尸企业不仅未对经济发展作出贡献,反而在不断消耗原本可以投入新兴企业和部门的信贷、财税等社会资源,对搞活实体经济、实现产业结构调整以及经济发展方式转型都造成了不利影响。具体主要体现在如下几个方面:

首先,僵尸企业"造血"能力丧失,不利于经济的持续健康发展。僵尸企业依靠融资而不是利润生存,对国民经济和社会民生的贡献度不断减小,但仍在消耗大量社会资源,加剧了企业融资难、融资贵的问题;僵尸企业的存在恶化了产能过剩情况,低了投资回报率,制约了整个实体经济的健康发展。根据 WIND 提供的数据,我国企业的投资效率在不断降低,单位产出增加所需资本从 2006 年的 2.9% 上升至 2012 年的 6.2%;而投资平均收益率从 2000—2008 年的 8%—10% 下降至 2012 年的 2.7%;工业部门利润率则由 2011 年的 6.8% 下降至 2012 年的 5.9% 和 2013 年的 6.0%。虽然这与经济形势、行业特征等多因素相关,但实体经济中一定数量僵尸企业的存在是导致总体投资效率下降的重要原因。

其次,僵尸企业的高负债可能触发金融系统性风险。目前银行借贷仍然是我国企业尤其是许多中小企业获取资金的主要方式。一方面,大量的信贷资源流向僵尸企业,导致这些企业的负债率持续攀高,负债规模不断扩张,对银行信贷的依赖也越来越强。另一方面,由于僵尸企业生产效率低下,放贷机构通常会提高贷款利率水平以覆盖贷款风险,这就增加了承贷企业的负债成本,使得其获利空间进一步压缩,最终导致许多企业的盈利甚至不足以偿还银行利息,而由此产生的大量银行坏账可能引发金融系统性风险。

目前对企业负债水平并未有统一标准,但通常认为负债率控制在 70% 以下较为合理,这兼顾了负债风险和利用财务杠杆发展两方面的要求。目前西方主要经济体的企业负债率在 45%—60%,其中美国为 64.22%,德国为 61.38%,法国为 57.68%,加拿大为 49.01%,英国为 51.58%。中国社会科学院使用经济普查数据和上市公司数据来估算中国企业的资产和负债状况,2013 年我国非金融企业的资产负债率约为 61%,其中非金融中小企业平均负债率已达 69% 以上,若考虑到虚假出资、抽逃资本以及虚构资产的情况,我国中小企业的真实负债率可能更高。对企业负债水平的另一种衡量是企业负债规模与 GDP 的比值。OECD 认为,企业负债占 GDP 的比例如果超过了 90%,就比较危险了。根据中国社科院的调查,2011 年我国企业负债占 GDP 比重为 107%;而到了 2014 年 6 月末这一比例已升至

119%，远超 OECD 企业债务比率 90% 的警戒线，而美国约为 72%，日本约为 99%，意大利约为 82%，澳大利亚约为 59%，加拿大约为 53%，德国仅为 49% 左右，在发达经济体中只有西班牙的企业负债率高于我国。

第三，僵尸企业对商业信用体系产生负面影响。僵尸企业偿债能力低下，随着其负债规模的不断增加，会进一步导致其信用意识降低，并成为信用违约的传染源。随着商业信用链条不断拉长，环节不断增多，若链条中某些企业出现债务危机，或将波及整个行业。所以，如果信用链条中存在大量偿债能力低下的僵尸企业，会让越来越多企业变成不讲诚信的企业，导致我国社会信用环境和金融生态环境的恶化，也使经济结构调整难度加大。

最后，大量僵尸企业的存在影响了政策实施效果。虽然中央和地方政府都制定和出台了一系列政策来促进经济结构再平衡和产业结构转型，但由于僵尸企业的存在，政府出于民生就业方面的考虑，在实施企业兼并重组、产业结构升级和鼓励企业创新方面会存在"照顾落后"的考虑，这会对政策的实际执行效果产生负面影响，使得改革政策无法更为彻底的执行，而原本可以通过市场原则和破产机制来倒逼企业加速创新和转型的进程也因此延缓。

第四节　对策建议

一、强化地方政府财务约束，减少政府对经济的不必要干预

历史和实践证明，经济增长的终极动力只能来自市场机制下民营企业的创新与适应性，民营企业在研发创新、提升资本效率等方面都较国有企业、地方政府项目有着巨大优势。但实际中，我国的民营企业在地方政府垄断金融资源、强力掌控社会资源的环境中举步维艰，越是地方政府强势的地方，民营企业的生存环境往往也越差。过于突出政府在地方经济发展中的主导作用，而忽略了市场对资源配置的决定作用，必然会使得产业结构调整遭遇重重阻碍。要减少地方政府通过投资等行为对经济的过度干预，从根

本上说应该加强对其财务行为的约束，加强对地方政府债务的控制，减少因为短期 GDP 崇拜而进行的盲目投资。

具体可考虑如下几个方面：一是强化中央政府对地方政府的财务约束，实现地方政府的政务、财务公开与透明。二是建立规范的举债融资机制，对地方政府债务实行规模控制，严格限定政府举债程序和资金用途。同时建立防止地方债务风险的有效机制，合理定位地方政府融资平台的投资领域并加强监管。三是从法律层面赋予地方政府发债权，使其真正为自己的债务和投资行为负责。[1] 可以考虑将地方债务展期予以债券化并在二级市场交易，不仅可以提升地方政府财务透明度，而且可以通过市场价格准确反映其风险和价值，不负责任的地方政府将被迫付出融资成本不断上升、融资空间不断缩水的代价。

二、重新定位政府与市场的关系，创新政府的产业扶持机制

政府应逐步减少对产业发展的直接干预，并将重点转向为产业转型升级构建良好的制度环境和市场体系。首先，应继续巩固和加强市场经济的法治基础，切实保护各类产权，营造和维护公平竞争环境，将其规范化、程序化和法治化，为投资者特别是民营资本投资者提供以法律为保障的稳定预期。其次，要改变以往直接抓投资、上项目、指定技术路线和产业发展规划的发展思路，而是致力于形成有利于效率提升、创新驱动、可持续发展的制度与政策环境。最后，要立足于提升人力资本质量和加强社会保障体系建设，通过不断完善和创新社会保障体系，增强劳动者的职业转换能力和创新能力，使之成为国家竞争力提升的重要源泉。

三、通过破产机制淘汰僵尸企业，明确市场对资源配置的决定性作用

无论是推动产业结构转型升级还是振兴实体经济，客观上都要求对经

---

① 2014 年，地方政府债券自发自还试点工作启动，为地方政府又增加了一个新的融资渠道，江苏省等 10 个试点地方政府自发自还债券总规模为 1092 亿元，其中，江苏省发行规模最高，为 174 亿元；其次为广东和江西，分别为 148 亿元和 143 亿元。

济体系中的僵尸企业进行一次大"手术",对于确实陷入经营困境而又恢复无望的企业,须严格依照相关制度进入破产程序,减少没有回报的投资,盘活资产存量。要建立和完善规范的企业破产、淘汰和退出机制,进一步明确市场机制的优胜劣汰功能,为僵尸企业的破产和退出提供完善的法律和机制保障。对于上市企业,证监会应指导交易所不断完善相关规章制度,严格落实退市制度的规范要求。而地方政府也要彻底转变职能,从上市公司的"老板"角色转变成监管者,切勿因政绩而充当退市公司的庇护者。与此同时,要完善金融市场风险与收益的多层次体系,建立止损坏账应对机制,提高金融机构应对僵尸企业破产的能力,防止发生系统性金融风险外溢。最后,还应及时完善各项社会保障机制,对破产僵尸企业下岗工人提供培训和再就业机会,确保僵尸企业破产"软着陆",避免发生社会动荡,从根源上解除僵尸企业对政府的"绑架"。

四、构建多层次资本市场,拓宽中小企业直接融资渠道

长期过度依赖银行信贷的间接融资方式,为僵尸企业的产生提供了环境,不利于实体经济的健康发展。建立和发展多层次资本市场,能够有效化解我国当前金融供给同质化与实体经济需求多元化之间的矛盾,拓宽企业的直接融资渠道。完善的多层次资本市场对经济结构转型一个重要的支撑,就在于能够提供多层次的金融服务,从而更加合理地将资源配置到代表未来产业升级方向的企业,尤其是那些无法在现有投融资体系中获得足够金融支持的中小微企业。发展和完善多层次资本市场,一是要大力发展债券市场,稳步扩大债券市场规模;同时要发展中小企业集合债券等融资工具,积极拓展企业的融资渠道。二是应继续完善主板、中小企业板和创业板市场,深化新股发行制度市场化改革,进一步弱化行政审批,强化资本约束、市场约束和诚信约束,完善上市公司投资者回报机制,健全退市制度。三是要积极探索发展股权交易类市场,并坚持服务中小企业的市场定位,探索和构建全国性、区域性市场协调发展的多层次股权交易市场。

第八章 金融支持实体经济的新模式

第一节 中资企业境外发债的背景、原因分析

伴随着我国金融市场改革进程的不断推进,金融市场的对外开放程度明显提升;同时,国家"走出去"战略和"一带一路"倡议的实施,境内企业融资渠道的多样化和融资需求的全球化对金融机构的国际化经营能力既提出来新的要求,也带来了业务发展机遇。近两年,在国家政策的支持下,跨境债务资本市场的规模显著扩大,中资企业境外发债的需求非常旺盛,商业银行应充分发挥境内外集团资源优势,挖掘跨境债务资本市场的债券承销、债券投资、发债资金回流存放、资金交易等业务机会,既有利于贯彻实施国际化转型战略,也有利于满足客户多元化债务融资需求,提高商业银行的综合金融服务能力。

一、跨境债务资本市场发展的原因分析

在人民币贬值预期比较强烈的背景下,中资企业的境外发债热情不减,2016 年中资企业离岸债券的发行数量和规模仍有所上升,累计金额达1271亿美元,较 2015 年同比增长了 18% 左右,离岸债券发行数量为 258 支。跨境债券市场的快速发展既有政府政策的鼓励,也有中资企业强烈的跨境并购融资需求。

1. 跨境债券市场的快速发展具有较强的政策驱动

首先,国家发改委为中资企业境外融资进一步松绑。为了缓解国内企

业融资难、融资贵的问题,统筹用好国内外两个市场、两种资源,进一步发挥国际资本市场低成本资金在促投资、稳增长方面的积极作用,促进跨境融资便利化,支持实体经济发展,国家发改委于 2015 年 9 月 14 日发布了《关于推进企业发行外债备案登记管理改革的通知》。发改委通过取消发行外债的额度审批,实行备案制管理为境内企业通过境外融资提供了政策保障。2016 年 8 月 8 日,国务院印发了《关于降低实体经济企业成本工作方案的通知》,进一步引导企业利用境外低成本资金,在合理调控外债规模、促进结构优化和有效防范风险的前提下,鼓励资信状况良好、偿债能力强的企业赴境外发行本外币债券。

其次,中国人民银行跨境宏观审慎管理政策的实施助力企业境外融资。为了进一步推进本外币一体化和境内外一体化,提高人民币汇率的市场化程度和人民币国际化程度,中国人民银行先后在全国推出了跨境宏观审慎管理的通知,简化了跨境融资的审批流程,扩大了跨境融资的主体范围和优化了资本金结汇的手续。一是在 2016 年 4 月 29 日发布了《关于在全国范围内实施全口径跨境融资宏观审慎管理的通知》,将自贸区试点的全口径跨境融资宏观审慎管理政策推广至全国范围,允许中资企业借入外币结汇使用,由审批制转变为备案制等改革措施拓宽了中资企业的融资渠道。2017 年 1 月 13 日下发《关于全口径跨境融资宏观审慎管理有关事宜的通知》,进一步放松跨境融资政策,将境内机构跨境融资额度由净资产 1 倍扩大到 2 倍;内保外贷按照 20% 纳入银行跨境融资风险加权余额计算。二是国家外汇管理局于 2016 年 6 月 9 日发布了《关于改革和规范资本项目结汇管理政策的通知》,在全国范围内推广企业外债资金结汇管理方式改革,配套央行 4 月 29 日发布的跨境融资宏观审慎管理的要求,进一步明确企业外债资金结汇的相关管理规定,为企业跨境融资扫清了结汇的政策障碍。三是 2017 年 1 月 26 日外汇管理局发布了《关于进一步推进外汇管理改革完善真实合规性审核的通知》,扩大了境内外汇贷款结汇范围,允许内保外贷项下资金调回境内使用。这为境内企业跨境融资提供了新的渠道,可以通过内保外贷从境外融入低成本的外币资金,满足境内的资金使用需求。

再次,人民币国际化战略的实施助推了中资企业境外发债。随着我国经济对外开放程度的不断提高,金融市场化进程的推进,人民币国际化既是中国金融体系融入全球市场的客观要求,又是推动资本市场改革开放的现实需要。中资企业在境外发债,可以为离岸人民币存款创造投资渠道,丰富境外人民币的投资范围,是人民币国际化的有效组成部分。境外人民币存款迅速增长,带来了日益迫切的投资需求。可以说,离岸人民币债券市场迅速发展,与人民币国际化的进程具有相互促进的作用。

2. 跨境债务融资主体的境外融资具有较强的市场驱动

当前,由于国内经济处于下行期,虽然货币政策整体比较宽松,但是信贷资源仍存在一定的错配,导致资产荒与钱荒并存的局面。同时,叠加国家"去杠杆"政策的实施、信贷政策行业管控和政府债务置换等因素影响,部分房地产企业、央企、政府平台公司试水境外资本市场融资,在获得低成本融资资金的同时,了解熟悉国际金融市场的相关监管要求。

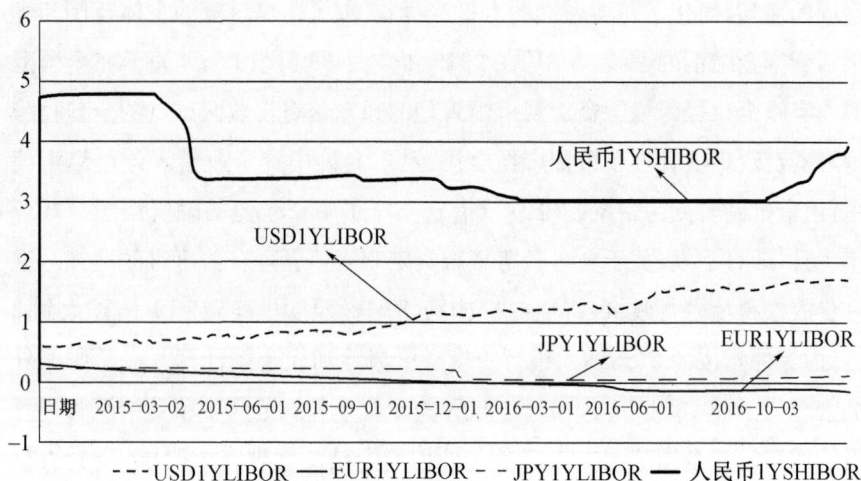

图 8－1　同期限不同币种的利率比较

资料来源:根据 WIND 资讯整理获得

一方面,境外融资成本较低。受美国次贷危机的影响,美国推行量化宽松政策以来,全球主要发达经济体进入了低利率时代,欧元区、日本、瑞士等甚至进入了负利率时代。中资企业在境外发债可以按照非常低的融资成本获得企业发展的资金。与境内相对高企的融资价格相比,企业可以以近乎零成本的价格获得资金(见图8-1)。从一年期的利率来看,人民币 shibor 利率要显著高于同期限的美元 libor 和欧元 libor。同时,自2005年人民币汇率市场化改革以来,人民币汇率持续存在单边升值的预期和压力,也在一定程度上推动中资企业融入相对低成本的软币(美元、欧元、日元等),等债务到期时企业可以用更少的人民币进行归还。企业既可以享受低利率的资金成本,还可以获得人民币汇率升值的好处。

另一方面,政府平台公司积极探索跨境融资新渠道。受2014年9月21日国务院下发的《国务院关于加强地方政府性债务管理的意见》(简称"43号文")的影响,地方政府平台的融资功能受到约束,城投公司的政府背书预期逐渐减弱,逼迫城投公司不得不通过多种渠道拓宽融资方式,间接催生了国内城投公司的境外发债热潮。与此同时,国内经济下行压力较大,叠加我国劳动力、土地等资源成本的不断上升,导致我国资本投资回报率的持续下降,国内招商引资的增速有了一定的下滑,这也导致地方政府招商引资的压力与日俱增,不得不通过各种方式满足招商引资的指标任务。而境外融资市场凭借其融资效率高、资金使用灵活、融资币种多样化、融资成本相对较低等优势逐渐成为完成招商引资任务的新渠道。

此外,市、区城投公司境外发债以沿海城市为主,企业发债可能更多体现的是政治色彩,即在金融市场加快对外开放之际,东部重要沿海城市作为最接近国际市场的地区,借助城投公司这类地区最主要国企,通过打开资本市场,来打造区域经济对外开放的形象。

3. 中资企业的跨境融资具有较强的业务驱动

2015年3月28日,国家发展改革委、外交部、商务部联合发布了《推动共建丝绸之路经济带和21世纪海上丝绸之路的愿景与行动》,旨在充分依靠中国与有关国家既有的双多边机制,借助既有的、行之有效的区域合作平台,借用古代丝绸之路的历史符号,积极发展与沿线国家的经济合作伙伴关系。"一带一路"倡议提出以来,已经有100多个国家和国际组织积极响应支持,40多个国家和国际组织同中国签署合作协议,中国企业对沿线国家投资达到500多亿美元,一系列重大项目落地开花。2016年,中国企业对"一带一路"沿线国家直接投资145.3亿美元;对外承包工程新签合同额

1260.3亿美元。截至2016年底,中国企业在"一带一路"沿线国家建立初具规模的合作区56家,累计投资185.5亿美元,入区企业1082家,总产值506.9亿美元。

"一带一路"倡议的实施,也为我国企业"走出去"创造了难得的历史机遇。中国企业在2016年成为跨国并购领域的一股重要力量,2016年中国境内投资者全年共对全球164个国家和地区的7961家境外企业进行了非金融类直接投资,累计实现投资1701.1亿美元,同比增长44.1%。中资企业境外直接投资带来了境外并购资金需求,但是由于人民币贬值预期较强和资本流出的压力较大,导致我国外汇储备规模持续下降,在此背景下,央行不断加强资本流出的管控力度,导致很多走出去企业的境外并购项目的资金难以从境内汇出,境外资本市场融资成为企业相对较好的选择。同时,部分有存量外债的企业也面临着境内资金难以流出的压力,被迫通过境外融资的方式借新还旧。

二、跨境发债的模式分析和发展情况

2011年5月,北京控股集团的控股红筹企业北京控股通过SPV——Mega Advance Investment Ltd在新交所发行一期30年期的美元债,是有记录的第一笔境外城投债。此后随着政策支持和企业自身融资的需求,境外债发行量逐渐增多。

(一)境外城投债发行模式

根据平台资质与控股结构不同,城投平台一般会通过两种方式发行境外债,即直接境外发债和间接境外发债。其中,直接境外发债是指直接以境内企业作为发债主体赴境外发行债券。因国际债券市场对境内外企业认知的不同,只有资质较高的平台企业直接参与境外发债才能在发行价格方面有一定的竞争优势。相比直接发债,间接发债模式的发行要求相对更低、限制更少、周期更快,境内企业通常采取间接发债的结构,具体模式主要包括以下几种:

1. 提供维好协议和股权购买承诺协议

债券发行主体为境内企业的境外控股公司,境内企业通过提供维好协议和股权购买承诺协议等措施,对该境外控股公司的偿债能力进行增信。该种模式的事前审批较简单,资金回流没有限制,是目前市场上最普遍的发债结构。

2. 红筹结构发行

红筹企业可直接作为发债主体,或者专门为发债成立一家 SPV,并由境外控股公司对债券进行担保。该种发行结构具有事前审批简便的优势,但由于只有少数城投平台拥有红筹结构,采用该发行结构的企业较少。

3. 直接跨境担保

企业成立境外子公司作为债券的发行人,境内企业直接对债券提供跨境担保,成为实际发行人。由于直接跨境担保结构下境内平台需要承担较强的担保义务,因此,通常信用资质较高的城投平台会通过此种方式发行境外债。

4. 内保外贷跨境资本融资新模式

2017 年 1 月,国家外汇管理局为促进贸易投资便利化,发布了《国家外汇管理局关于进一步推进外汇管理改革完善真实合规性审核的通知》,允许内保外贷项下资金调回境内使用。针对目前的政策机遇,借助商业银行集团国际化优势,设计满足企业需求的交易结构,即由境内母公司提供担保,商业银行海外机构通过特定目的载体(SPV),以股权形式投资于客户在境外成立的子公司,子公司获得股权投资资金后,利用内保外贷资金可以回流境内的政策,对境内股权投资。交易到期日由企业按照约定的收益率从商业银行收购子公司股权,既能够免除客户评级、审计等各项债券承销工作的费用和时间,又能够为商业银行带来可观的综合收益,商业银行可在后续以低风险方式先试先行,推广出一条新的跨境资本融资模式。该方式既满足了境内平台公司境外融资的需求,也满足了企业招商引资的资本流入要求。

(二)境外企业发债情况分析——以江苏为例

2016 年,江苏辖内城投企业海外债券发行需求旺盛,全年募集债券共计 12 支,累计境外募集金额达 35.7 亿美元。江苏省境外发债大幅上升的原因主要包括以下三个方面:

1. 政府招商引资的需求

2015 年,江苏省招商引资排名由全国第一下滑至全国第二,省政府加大了对地市级政府尤其是国家级开发新区政府的招商引资考核,各级政府平台公司通过在海外设立子公司、发行债券、募集资金对内直接投资的方式完成任务。

2. 拓宽融资渠道

以扬子国资、扬州城建为代表的优质政府平台,具有拓宽融资渠道,拓展海外市场等业务需求,希望通过海外融资满足其多方面的金融需求,2017年扬州城控及扬子国资均为此类需求。

3. 境外业务经营需求

由于国内经济下行、人民币潜在贬值风险、国内优质资产回报率下行等因素影响,省内优质平台企业具有很强的海外投资需求,受限于目前的跨境资本流出监管限制,部分企业选择通过海外发行债券的方式募集资金,用于境外投资,如无锡建发的境外发债业务。

4. 有利于企业提高国际市场知名度

中资企业的境外发债需要经过准备、评级、路演、簿记定价、发行评价等环节,其中发行路演需要向境外投资者介绍企业经营情况、业绩表现、资金用途等,路演成为境外投资者了解中国企业的一个有利时机。

表 8 - 1 2016 年江苏省城投企业境外发债情况表

序号	企业名单	发债规模	指导价
1	无锡市建设发展投资有限公司	3 亿美元	3.25%
2	徐州经济技术开发区国有资产经营有限责任公司	3 亿美元	6.25%
3	江苏中关村科技产业园控股集团有限公司	2.2 亿美元	6.2%
4	金坛市国发国际投资发展有限公司	1.3 亿美元	6.5%
5	江苏新海连发展集团有限公司	3 亿美元	6.2%
6	江苏方洋集团有限公司	2 亿美元	5.5%
7	淮安市交通控股有限公司	3 亿美元	5.2%
8	淮安开发控股有限公司	3 亿美元	5.1%

（续表）

序号	企业名单	发债规模	指导价
9	盐城东方投资开发集团	3亿美元	5.5%
10	江苏瀚瑞投资控股有限公司	4.9亿美元	4.9%
11	镇江交通产业集团有限公司	5亿美元	5.75%
12	镇江文化旅游产业集团	2.3亿美元	5.3%

资料来源：根据 WIND 资讯整理获得。

三、中资企业境外发债的对金融机构的业务需求

境外债务资本市场作为银行的一项上游业务，商业银行在债券承销、资金回流、汇率兑换、风险防控等环节均存在相应的业务需求。除了可以获得债券承销费收入以外，还可以获得对公本外币存款、国际结算、金融市场资金交易等业务收入，以及后续配套项目介入契机。

（一）债券承销服务

由于境外发债涉及国际市场相关法律法规、评级机构等，相关的流程比较复杂且与国内存在较大的差异，企业的境外发债必须要依托金融机构提供相应的发债服务。对于金融机构而言，目前国内债券市场的承销费率逐年降低，收益空间不断收窄，基本在 0—10 个基点，而海外债券市场的承销费率相对较高，维持在 40 个基点左右，是拓展商业银行债券承销费收入的重要补充来源。按照目前境内城投公司单笔规模 3 亿美元计算，境外发债可以实现承销费收入 800 万元。且江苏辖内的省级和市级平台资质普遍优于国内平均水平，商业银行应该充分发挥现有的平台客户资源，在巩固国内债券承销既有优势的同时，可以将境外发债业务视为重要产品补充，积极推介境外发债服务，为辖内优质客户推荐境外直接融资方案，满足客户在全球债务资本市场的融资需求。

（二）商业银行的债券投资服务

对于中资企业而言，境外发债主要是面向境外机构投资者，但是境外机构投资者对中资企业的了解有限，且部分城投企业的经营主要是承担政府

的基础设施建设功能,企业的经营财务状况很难满足境外投资者的投资要求,这就需要境内金融机构充分利用境内外资金资源为中资企业境外发债提供资金支持。跨境债券承销业务不仅可以拓展承销费收入来源,也可为商业银行带来债券投资的间接收益。商业银行可以发挥"了解客户,了解业务"的优势,对境外发债项目进行投资。

(三)金融市场资金交易服务

辖内客户境外发债募集的资金主要为美元,用于境内企业经营周转或各类项目时,资金回流后需要银行提供配套的资金交易服务,具体分为三类:一是回流资金结汇业务。境外募集的美元资金在境内使用,需先办理结汇交易,需要商业银行提供专业化的市场研判及高效的交易服务;二是资金增值保值业务。一般来说,客户募集资金在前,而项目启动在后,大量的本外币资本金留存账面需要商业银行提供优质的增值保值服务;三是套期保值业务,在目前人民币贬值预期的市场背景下,客户定期支付的美元本息有一定概率出现汇率风险敞口。同时,美元外债到期付息的汇率波动导致企业的财务报表出现汇兑损益,影响国资委对平台公司的指标考核,需要商业银行提供有效的套期保值服务。

第二节　资产证券化的优势及业务模式

2017 年十二届人大五次会议上,国务院总理李克强在政府工作报告中明确提出:"我国非金融企业杠杆率较高,这与储蓄率高、以信贷为主的融资结构有关。要在控制总杠杆率的前提下,把降低企业杠杆率作为重中之重。促进企业盘活存量资产,推进资产证券化……逐步将企业负债降到合理水平。"政府对资产证券化业务的发展重视程度显著提高,从 2017 年政府工作报告中的"探索"升级为"推进"资产证券化的发展可见端倪。资产证券化发展已经与我国经济发展、供给侧结构性改革、去杠杆等政策的推进紧密关联,对于地方政府、企业、商业银行转型都有较强的现实意义。商业银行作为社会主义市场经济金融体系的重要组成部分,在资产证券化市场发挥着多重作用:既是信贷资产证券化基础资产的提供者,又是企业类资产支持证券和 PPP 项目资产支持证券的投资者;既是资产证券化市场中的承销人,又是资产证券化产品托管人。同时,资产支持证券的发行有利于商业银行缓解经济资本和资金流动性的双重约束,有利于商业银行开辟承销、债权投资、财务顾问、资金托管等业务新的增长点,有利于带动商业银行存贷款、结算、资管等业务发展。因此,商业银行更应抓住供给侧结构性改革这一契机,持续提高对实体经济服务能力和服务质量的同时,将资产证券化作为提高资产管理能力的重要手段和拓展业务增长点的重要途径,推进商业银行向"轻资本、轻资产"转型。

一、资产证券化的意义

资产证券化(Asset Securitization)是指企业或金融机构将其未来能产生现金收益的资产进行组合形成基础资产池,再以其资产池现金流为支持发行证券产品——资产支持证券(Asset-backed Securities,ABS)出售给投资者的过程。从投资者的角度看,资产证券化是一种以基础资产现金流为本息兑付支持的标准债券;对发起人而言,资产证券化实际上是一种通过出售存量资产来实现融资的手段。伴随着国内货币政策的逐渐收紧,在资产荒与资金荒并存的背景下,资产证券化也已经从单纯的融资功能发展为"去杠杆"的重要手段。

(一) 有利于商业银行推进资产管理业务的转型

近两年,国家的货币政策从适度偏松向稳健中性转变,供给侧结构性改革中"去杠杆"政策的实施,这对商业银行资产管理能力提出了新的要求,资产证券化既为商业银行提供了盘活资金和资产存量的突破口,也为商业银行提供了新的业务增长点。

1. 有利于提高银行资产负债管理能力

资产证券化为商业银行资产负债管理提供现代化的管理方法和技术手段,使银行在调整资债结构方面具有更大的灵活性和应变能力。资产证券化有利于商业银行将部分资产从资产负债表中转移出去,释放资本占用,提升资本充足水平;资产证券化的流动性创造功能有利于商业银行打破"流动性约束",使银行的内生流动性不断增加,为借款人提供更多的信贷支持创造了条件。尤其是在信贷规模紧张的情况下,商业银行可以将存量的信贷资产证券化实现资产出表后,收回的资金可用于发放更多的贷款,从而提高资金的流动性和利用率,防范因"短存长贷"而造成的资金流动性风险,也有利于商业银行实现贷款规模的腾挪。

2. 有利于防范、分散和转移银行风险

资产证券化的"破产隔离机制"为商业银行提供了转移风险的途径,即商业银行首先对资产负债表上的信贷资产进行组合,随后以"真实出售"的方式(一般出售给特设目的机构,即 SPV)"破产"隔离出自身的资产负债表,从而转移信贷资产的风险。在传统盈利模式中,商业银行需要在贷款到期前对借款人的行为进行监督;资产证券化后,商业银行的经营模式也从传统的"发起—持有"向"发起—销售"转变。资产证券化作为风险管理的一个手段,提前锁定收益。

3. 有利于商业银行拓展新的业务新增长点

"去杠杆"作为当前经济工作的主要任务之一,其实质是杠杆的结构调整,降低企业的间接融资比例,提高直接融资的占比。在此过程中,商业银行必须要顺应去杠杆的政策导向,同时积极拓展为企业提供直接融资的服务模式,资产证券化成为商业银行介入的重要途径。资产证券化业务通过为证券化的基础资产继续提供管理和服务、开拓证券化操作的资管服务等方式实现银行与证券功能的融合,为银行发展中间业务提供介入资本市场的良好平台。

(二)有利于企业拓宽资金来源渠道

2016 年 10 月 10 日,国务院印发《关于积极稳妥降低企业杠杆率的意见》,提出将有序开展企业资产证券化作为盘活企业存量资产、降低企业杠杆率的主要途径之一。

1. 有利于盘活企业的资金流

企业通过将基础资产证券化,把流动性低的资产转化成现金,促进资金周转,可以用筹集的资金去拓展更多的能产生正净现值收益的业务,从而增加公司未来的收益;还可以用于偿还现有债务,降低财务费用,增加当期收益,从而使股东受益。

2. 拓宽资金来源渠道,降低企业的杠杆率

企业资产证券化是将企业流动性较差但预计能产生稳定现金流的资产,通过一定的结构安排,将组合资产的预期现金流收益权转化成可出售和流通、信用等级较高的债券或收益凭证型证券,间接实现企业融资的一种方式。企业资产证券化通过风险隔离机制将资产证券化资产的信用风险与企业的整体风险隔离,增强了企业的借款能力,为那些不具备传统融资条件的企业开辟了新的融资渠道。同时,发起人可以利用资产证券化优化公司资产负债结构,被证券化的资产从发起人的资产负债表移出,因而不会增加发起人资产负债表的规模,实现企业降低杠杆率的目标。

（三）有利于地方政府推进 PPP 项目的快速落地

2014 年国务院印发《关于加强地方政府性债务管理的意见》(国发〔2014〕43 号),加强政府融资的约束,剥离融资平台公司政府融资职能。尤其是 2017 年春节以后,受政府去杠杆宏观调控和财政部大范围调查地方政府违规出函兜底事件影响,很多地方政府无法提供购买服务协议,导致银行项目贷款和结构化基金融资渠道受阻;另一方面,交易所私募债对类平台严格执行"单50％",对现金流进行穿透检查,导致很多平台公司通过公司债途径的融资计划无法继续实施。

43 号文的出台严格限制了地方政府的融资能力的同时,但也鼓励地方政府通过 PPP 模式推进基础设施建设,"鼓励社会资本通过特许经营等方式,参与城市基础设施等有一定收益的公益性事业投资和运营,……投资者或特别目的的公司可以通过银行贷款、企业债、项目收益债券、资产证券化等市场化方式举债并承担偿债责任。"这为地方政府融资提供了新的方式,同时基金业协会在《资产证券化业务基础资产负面清单指引》中对"地方政府按照事先公开的收益约定规则,在政府与社会资本合作模式(PPP)下应当支付或承担的财政补贴除外"进行了豁免,进一步拓宽 PPP 项目资产证券化的基础资产范围。

在此背景下,资产证券化为地方政府基础设施领域重要融资方式之一,对盘活 PPP 项目存量资产、加快社会投资者的资金回收、降低融资成本,更好地吸引社会资本参与 PPP 项目建设,服务国家供给侧结构性改革具有重要意义。2017 年 3 月 11 日,上海证券交易所受理的中信证券-首创股份污水处理 PPP 项目收费收益权、华夏幸福固安工业园区新型城镇化 PPP 项目供热收费收益权、中信建投-网新建投庆春路隧道 PPP 项目三只资产证券化产品符合上交所挂牌转让条件,上交所予以确认并出具无异议函,这标志着国家发展与改革委员会和中国证监会推进的传统基础设施领域 PPP 项目资产证券化产品正式落地。这是 2016 年 12 月 21 日国家发改委联合证监会出台《关于推进传统基础设施领域政府和社会资本合作(PPP)项目资产证券化相关工作的通知》(发改投资〔2016〕2698 号)后首批落地的 PPP 资产证券化产品。

二、资产证券化的业务模式分析

商业银行既可以通过资产证券化实现风险转移和增加流动性,也可以通过对资产证券化项目进行投资,在分散风险的同时介入优质的资产收益权和 PPP 项目等,具体来说,主要包括信贷资产证券化、企业资产证券化和 PPP 项目证券化。

(一)信贷资产证券化

信贷资产证券化是银行进行大资产管理的重要手段,银行通过信贷资产证券化可以调整信贷结构、分散信贷风险和提升综合效益,同时信贷资产证券化也将成为处理不良贷款的重要手段。

1. 信贷资产证券化的基础资产类型

2016 年我国信贷类 ABS 发行量为 3868.73 亿元,占发行总量的 44.71%。信贷 ABS 的基础资产主要包括公司信贷、个人住房抵押贷款、个人汽车抵押贷款、消费性贷款、信用卡贷款以及不良贷款等。其中,公司信贷类资产支持证券(CLO)和个人住房抵押贷款类资产支持证券作为主要发行品种,发行量分别为 1422.24 亿元和 1381.76 亿元,占比分别为 36.78% 和 35.73%。

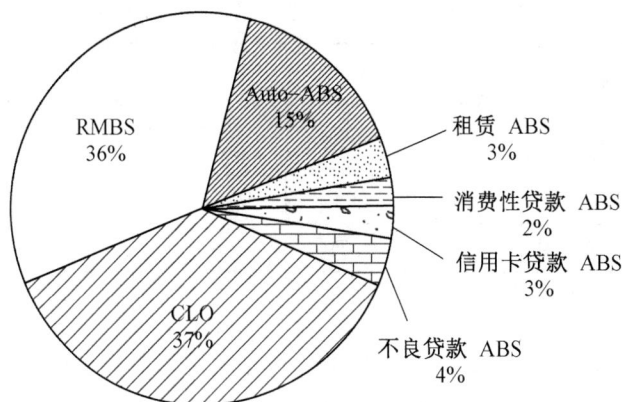

图 8 - 2　2016 年信贷 ABS 发行情况

数据来源：Wind 资讯。

2. 信贷资产证券化的优势

（1）降低经济资本占用

今年仍然继续施行以经济资本为核心的综合经营计划和资源配置体系，弱化规模分配，强调资本回报率和价值创造，引导分行主动优化调整业务结构。资产证券化可以将银行存量贷款通过证券化的真实出售和破产隔离功能置于资产负债表之外，使商业银行资产负债结构得以优化，实现银行大资产的组合管理；还可以通过资产证券化实现资产的出表，提高资本充足率。

以资本充足率为例，根据巴塞尔协议 III 和银监会的规定，商业银行资本充足率不得低于 8%。同时，根据《商业银行资本管理办法（试行）》和《关于规范信贷资产证券化发起机构风险自留比例的文件》的相关规定，商业银行对一般企业债权的风险权重为 100%，符合条件的微型和小型企业债权的风险权重为 75%，而信贷资产证券化后仅需自留各层级的 5%，使得商业银行的风险加权资产大幅度降低。

表 8－2 "资产支持证券"的信用风险评级与风险权重

信用评级	AAA 到 AA－	A＋到 A－	BBB＋到 BBB－	BB＋到 BB－	B＋及以下 或者未评级
企业债权风险	75％～100％				
资产支持证券	50％	50％	100％	350％	1250％
自留 5％的风险暴露	1％	2.5％	5％	17.5％	62.5％

（2）提升资金使用效率

银行业信贷资产证券化可以帮助银行将大量长期贷款转移到资本市场上进行处理,在证券化后,转变成流动性较好的有价证券,在市场上进行交易,实现贷款规模的腾挪,将资金投向综合收益更高的资产项目。尤其是在央行采取稳健中性货币政策后,MPA 考核约束不断收紧,银行的信贷规模管控和资金的合理使用显得尤为重要,更加需要商业银行利用资产支持证券等新型工具提高资产负债管理能力。

（3）化解不良贷款

随着宏观经济下行压力持续,银行业不良贷款规模不断上升。自 2016 年 2 月 14 日,央行、发改委等八部委印发文件重启不良资产证券化的大门,工行、建行、中行、农行、交行和招行 6 家银行获得首批不良资产证券化试点资格。交易商协会也发布了《不良贷款资产支持证券信息披露指引(试行)》,推动了 2016 年不良贷款 ABS 重启,共发行 156.10 亿元,占比 3.99％。从 14 单已发行的不良资产基础资产来看,涵盖了对公不良贷款、信用卡不良贷款、小微不良贷款、个人住房抵押不良贷款和个人抵押不良贷款等五种类型。不良资产证券化的重启预示了信贷 ABS 未来多样化发展趋势,也成为银行批量处理不良贷款的重要渠道之一。

3. 信贷资产证券化交易结构

信贷资产证券化是以银行的信贷资产为基础,主要分为以下 4 个步骤:(1) 筛选银行的基础信贷资产,形成证券化资产池;(2) 银行将需要证券化的信贷资产转移给 SPV;(3) SPV 对基础资产现金流进行重组、聘请评级机构和信用增级机构等中介机构对证券进行信用评级、信用增级等服务,并提交发行有价证券;(4) 寻找合适的证券承销机构制定销售方案并销售证券,签约托管机构管理证券化过程中的现金收支;(5)资产服务商负责基础资产现金流的回收和分配,主要用以归还投资者的本金和利息,剩余部分则作为发起人的收益(交易流程见下图)。

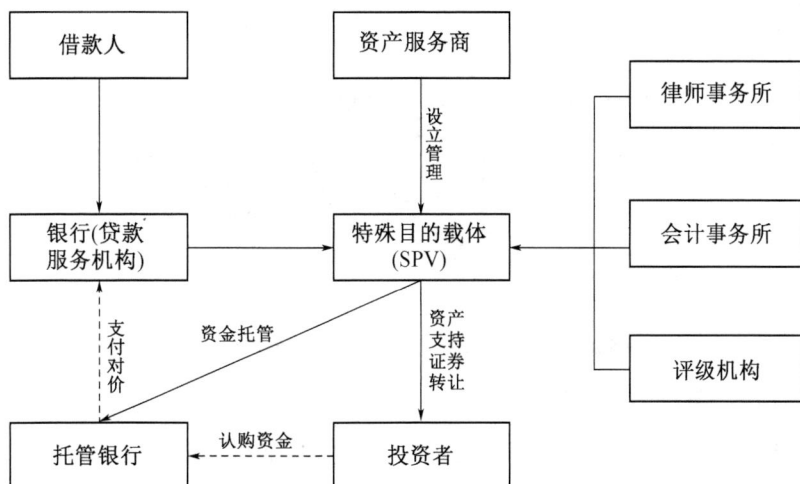

图 8-3 信贷类资产证券化交易结构

(二)企业资产证券化

1. 企业资产证券化的基础资产类型

2016 年企业 ABS 发行规模增长显著,较 2015 年翻一番,成为发行量最大的品种,发行量达 4385.21 亿元,同比增长 114.90%,占发行总量的 52.08%。在市场规模快速增长的基础上,企业资产证券化市场的基础资产类型不断丰富和多元化,从大的方面分为债权资产、收益权资产和不动产资产三种类型,其中债权资产主要包括:租赁债权、保理债权、小额贷款、贸易应收账款、信托受益权、委托贷款、公积金贷款、两融债权、股票质押债权、购房尾款等;收益权资产主要包括:市政收费权、航空客票、电影票款、索道收费、物业管理费、学费收入等;不动产资产主要包括商业地产、保障房等。2016 年发行量较大的基础资产主要是租赁租金、应收账款、信托受益权和小额贷款,发行量分别为 1028.64 亿元、850.45 亿元、758.19 亿元和706.40 亿元,分别占企业 ABS 发行总量的 23%、19%、17% 和 16%。此外,企业债权类产品、基础设施收费类产品、房地产信托投资基金(REITs)、保理融资债权类和委托贷款类产品的发行量均出现了一定幅度的上升。

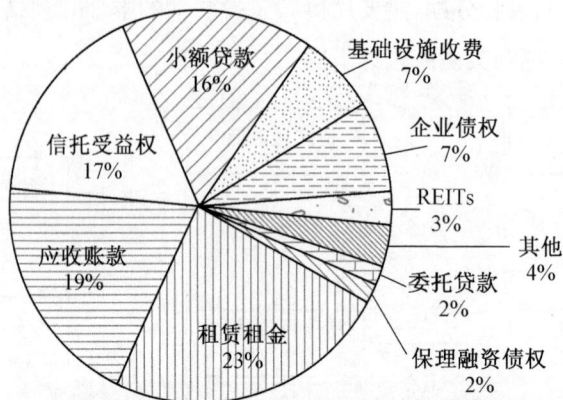

图 8 - 4　2016 年企业类资产 ABS 发行情况

数据来源：Wind 资讯。

此外，为了更好地贯彻落实关于降低实体经济企业成本和降低企业杠杆率的系列政策精神，推动企业有序开展资产证券化，助力企业盘活存量资产，拓宽融资渠道，中国银行间市场交易商协会 12 月 12 日发布《非金融企业资产支持票据指引(修订稿)》及《非金融企业资产支持票据公开发行注册文件表格体系》，完善了 ABN 的业务规则，意味着 ABN 的发行将更加规范，这为非金融企业资产证券化融资提供了新的渠道。

2. 企业资产证券化的好处

积极参与企业资产证券化项目，银行可以在为企业提供全方位的资管服务的同时，获得可观的效益。

（1）作为托管行吸收可观的存款资金沉淀

经办行在营销企业资产证券化项目的同时，就奠定了商业银行作为托管行的地位，在项目的整个周期中，托管行除了可以收取托管费用之外，还可以获得大量资金流的沉淀，在提供全流程的中介服务的同时，为银企的多元化合作打下基础。托管行主要负责设立专项账户为 SPV 代理基础资产的买卖，按照合同规定定期向投资者偿付相应的本金与收益，并负责账户、资产等相关信息的披露工作。

（2）作为投资者获得超额投资收益

在总行审批的范围内开展债权类同业投资业务,积极拓展企业资产证券化的市场。以目前商业银行5年期价格与一般的证券化产品相比,仍有较大的空间,可以带来可观的利息收入和中间业务收入。以近一年发行的"资产支持证券"为样本,与平均期限相同的中票到期收益率对比,可以发现高评级的"资产支持证券"利率大多高于同期限中票的到期收益率,而随着评级的降低,由于次级结构增信,票面利率逐渐降低甚至低于中票到期收益率。其中,"信贷资产支持证券"中AA以上的票面利率高于中票到期收益率30—60 bp,而到AA-及以下,分别低于中票到期收益率100 bp、250 bp和400 bp,而"资产支持证券"中A+以上的票面利率则基本高于中票到期收益率100 bp以上。

（3）提供介入优质企业的渠道

当前对于商业银行而言,优质的资产项目成为商业银行竞争的重要资源,且通过各种价格手段来介入优质项目,导致银行的收益空间不断收窄。但是资产支持证券目前仍然是一个相对新的领域,且市场潜力巨大,商业银行可以通过资产支持证券帮助企业降低杠杆率的同时,盘活企业存量资产,从而实现拓展优质资产项目的目的。

3. 企业资产证券化的交易结构

目前我国的企业资产证券化产品的应以专项资产管理计划作为SPV来开展资产支持证券的发行。其具体操作流程可主要分为以下几个步骤:首先是由证券公司、基金管理公司子公司为开展资产证券化业务设立专项资产管理计划作为SPV;其次由SPV作为载体通过结构化等方式进行信用增级,并在此基础上发行资产支持证券来募集款项,所得款项用于对原始权益人所提供的基础资产进行认购。而专项资产管理计划将以基础资产所带来的稳定现金流向投资人偿付利息和本金(具体流程见图8-5)。

（三）PPP项目资产证券化

在国家出台系列政策推动的基础上,资产证券化凭借融资门槛低、操作简便、期限灵活、资金使用用途不受限制等优势成为我国推动PPP项目融资的重要渠道。

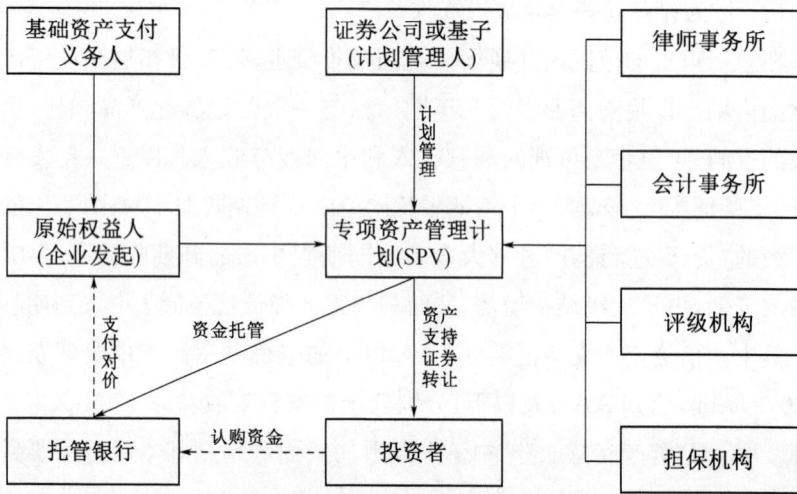

图 8 - 5 　企业资产证券化交易结构

1. PPP 项目资产证券化的基础资产

PPP 项目的资产证券化是指发起人通过对基础资产进行包装组合出售给 SPV,转化成可自由流通的证券,由资产产生的现金流提供担保,销售给金融市场的投资者,从而获得资金的一种创新融资模式。PPP 项目资产证券化的基础资产主要有 3 种类型:收益权资产、债权资产和股权资产。(1) 收益权资产是 PPP 项目资产证券化最主要的基础资产类型,也是最为常用的证券化基础资产,包括使用者付费模式下的收费收益权、政府付费模式下的财政补贴、"可行性缺口"模式下的收费收益权和财政补贴;(2) 债权资产主要包括 PPP 项目银行贷款、PPP 项目金融租赁债权和企业应收账款/委托贷款;(3) 股权资产主要是指 PPP 项目公司股权或基金份额所有权。

2. PPP 项目资产证券化的好处

(1) 拓宽商业银行 PPP 项目的融资渠道

2016 年全省 PPP 项目库共有项目 388 个,总投资 7615 亿元,涉及交通、保障房(棚改)、环境治理、综合开发、旅游、教育、养老、医疗、污水、垃圾处理、综合管廊等 17 个领域。全省已落地 PPP 项目 113 个,项目落地率为 29%,涉及项目总投资 2198 亿元,吸引社会资本 1762 亿元,项目平均合作年限为 18 年,社会资本股份平均占比为 82%,PPP 模式的各项政策功能已得到初步体现。为了争抢更多的市场份额,ABS 为商业银行参与 PPP 项目提供了创新的工具和方法,为 PPP 项目提供了更广阔的融资渠道。

(2)扩大商业银行同业投资的业务范围

根据此前证监会与国家发改委联合发布的《通知》要求,各省级发改委应积极推荐资产证券化项目报送国家发改委,《通知》框架下的首批 PPP 资产证券化项目将于不久的将来正式落地。2017 年 2 月 17 日,上海证券交易所、深圳证券交易所也发布公告,成立 PPP 项目资产证券化工作小组,建立绿色通道,提升受理、评审和挂牌转让工作效率。由于 PPP 项目一般以公共服务的为基础,大部分情况下与政府特许经营权密切相关,整体风险可控,同时 PPP 项目与资产证券化结合是政府鼓励发展机制,市场需求空间较大,投资的范围较广,商业银行也应顺应业务发展的潮流,重点研究 PPP 项目的资产证券化模式,为全行 PPP 项目建立"信贷＋ABS"的全流程金融服务体系,并向综合积极推动总行加快制定"资产支持证券"同业投资业务的操作规程,力争在 PPP 资产证券化项目中实现债权类同业投资新的突破。

(3)提升商业银行 PPP 项目投资收益

PPP 项目在建设阶段需要很大金额的融资资金支持,PPP 项目未来产生的现金流(比如收费收益权或财政补贴)作为还款来源保障,银行通过 PPP 项目投融资可以获得长期的资产投放和未来的资金沉淀。然而,PPP 项目贷款通常受贷款规模和价格的限制,导致经办行的中间业务收入空间极其有限。但是通过 PPP＋ABS,后端利用债权类同业投资认购 PPP 项目证券化后的标准化资产,将极大地提高商业银行的综合收益。

3. PPP 项目资产证券化的交易结构

PPP 项目资产证券化与一般类型基础资产的证券化在基本原理和操作流程方面基本相同,主要区别在于基础资产的特点不同,以及资产证券化在项目产业链中的定位有所不同。PPP 项目在资产证券化中主要基础资产类型为收益权资产(具体流程见图 8-6)。

```
┌──────────┐      ┌──────────┐      ┌──────────┐
│  资管机构 │      │  托管银行 │      │  承销机构 │
└────┬─────┘      └────┬─────┘      └────┬─────┘
     │                 │                 │
     │            ┌────┴─────┐            │
┌────────┐  ┌──────────┐ 权益转让 ┌──────────┐ 计划份额 ┌──────────┐
│PPP项目发│  │PPP项目的债│────────→│资产支持专│────────→│  投资人  │
│起人     │──│权/收益权  │ 募集资金 │项计划    │ 募集资金 │          │
└────────┘  └──────────┘←────────└────┬─────┘←────────└──────────┘
                                        │
     ┌──────────┬──────────┬───────────┼───────────┐
┌────────┐ ┌──────────┐ ┌──────────┐      ┌──────────┐
│ 评级机构 │ │ 担保机构 │ │ 会计事务所│      │ 律师事务所│
└────────┘ └──────────┘ └──────────┘      └──────────┘
```

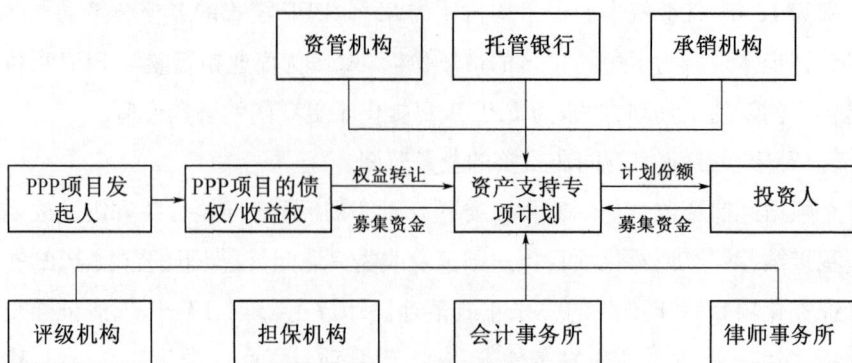

图 8-6　信贷类资产证券化交易结构

第三节　中资企业跨境融资新途径

近年来,我国金融市场化改革进程持续推进,尤其是资本项目对外开放持续深化,境内企业融资也呈现出多样化、全球化的特点。2015 年四季度以来,伴随监管层"扩流入"导向的宏观审慎政策的出台,我国境内企业在跨境融资方面的自由度及便利性得到了显著的提升,也在客观上为商业银行资金业务的发展提供了难得的契机。

一、跨境宏观审慎政策改革的主要内容

为便于境内企业利用境外低成本资金、支持实体经济的发展,同时为实现本外币一体化管理及跨境资本流动的均衡式发展,监管层陆续出台了便利企业借入外资的跨境宏观审慎系列政策。2016 年 1 月 22 日,中国人民银行发布了《中国人民银行关于扩大全口径跨境融资宏观审慎管理试点的通知》(银发〔2016〕18 号),自当年 1 月 25 日起,面向 27 家金融机构和注册在上海、天津、广州、福建四个自贸区的企业扩大本外币一体化的全口径跨境融资宏观审慎管理试点,标志着监管层"扩流入"导向系列政策层面陆续落地的开始。

1. 全口径跨境融资宏观审慎管理政策释放了跨境融资的政策红利

在人民币资本项目开放的进程中，国家对企业外债的放开一直比较慎重，在跨境融资管理改革之前，外债一般只有外资企业可以举借、且不能超过外资企业的投注差（投资总额与注册资本之差），中资企业较难举借外债。在经过一系列试点（18 号文）后，加之"扩流入"的政策导向，央行最终于2016 年 4 月发布《关于在全国范围内实施全口径跨境融资宏观审慎管理的通知》（银发〔2016〕132 号，以下简称 132 号文），标志着本外币一体化的全口径跨境融资宏观审慎管理制度正式在全国落地，对金融机构和企业（除房地产企业和政府融资平台），中国人民银行和国家外汇管理局不再实行外债事前审批，而是由金融机构和企业在与其资本或净资产挂钩的跨境融资上限内，自主开展本外币跨境融资。132 号文的出台，一是扩大了跨境融资主体范围，有利于扩大资本流入；二是提升了境内企业跨境融资的便利性，有利于拓宽中资企业的融资渠道；三是简化了跨境融资的业务流程，切实落实了简政放权。

2. 资本项目结汇政策改革扫清了外债结汇的政策障碍

在央行发布 132 号文之后，国家外汇管理局于 2016 年 6 月 16 日发布了《国家外汇管理局关于改革和规范资本项目结汇管理政策的限额》（汇发〔2016〕16 号，以下简称 16 号文），明确境内企业外债资金均可通过意愿结汇的方式办理结汇，同时对资本项目收入的使用实施负面清单管理。在此之前，境内中资企业借入的外债资金一般不得结汇使用。16 号文的出台，大大提升了境内企业在使用外债方面的便利度和自由度。

3. 进一步加大了宏观审慎管理政策的力度

2017 年以来，监管层又相继下发《关于全口径跨境融资宏观审慎管理有关事宜的通知》（银发〔2017〕9 号）及《关于进一步推进外汇管理改革完善真实合规性审核的通知》（汇发〔2017〕3 号）。一是对此前 132 号文的相关境内企业融入外资的要求做了进一步的放宽，例如将企业的境内企业的跨境融资额度上限从 1 倍净资产，扩大为 2 倍净资产、除人民币贸易融资外，企业和银行的外币贸易融资也不计入跨境融资风险加权余额等；二是扩大了境内外汇贷款结汇范围，允许具有货物贸易出口背景的境内外汇贷款办理结汇;三是明确允许内外贷资金以债权或股权的形式调回境内使用。可以说,年初 9 号文及 3 号文的出台,是对于既有跨境融资宏观审慎系列政策的进一步加码。

二、监管政策变化对企业融资的影响

跨境宏观审慎政策在进一步推进本外币、境内外一体化,提高人民币汇率市场化程度的同时,也为企业拓宽融资渠道,降低融资成本创造了有利的条件。

1. 为中资企业提供了跨境融资的便利性

《关于在全国范围内实施全口径跨境融资宏观审慎管理的通知》(银发〔2016〕132 号)及《国家外汇管理局关于改革和规范资本项目结汇管理政策的限额》(汇发〔2016〕16 号)的出台对于跨境宏观审慎政策的推进及商业银行资金业务的发展具有重要意义。一是放开了对于可以借入外债主体的限制,由此前的外资企业扩展到除房地产企业和政府融资平台之外的所有境内企业,扩大了跨境融资的客户群体;二是将审批制度改为备案制度,提升了中资企业跨境融资的便利性,为其拓宽了融资渠道;三是明确企业外债资金结汇的相关管理规定,为企业跨境融资扫清了结汇的政策障碍。132 号

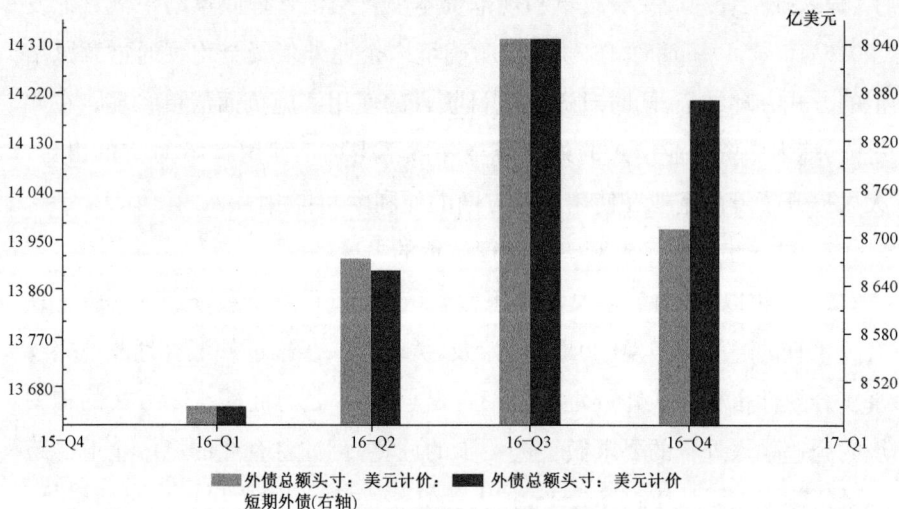

图 8-7　我国外债头寸变化趋势图

数据来源:Wind 资讯

文及 16 号文的出台令境内企业能够通过"跨境融资＋境内结汇"的模式借入外币资金至境内并结汇为人民币以满足自身经营周转使用的需求,为境内企业的融资打开了另一扇大门,扩大了商业银行资金业务的潜在客户群体。

2. 拓宽中资企业融资渠道,解决境内企业融资难、融资贵的问题

为抑制金融泡沫、促进去产能和去杠杆工作的推进,我国于 2016 年开始实行稳健的货币政策。2017 年以来,央行货币政策更是把防风险放在更重要位置,并强调"货币政策＋宏观审慎政策"双支柱政策框架,在新货币政策框架下启用货币市场"软加息"。首先,2017 年 2 月 20 日,中国人民银行在发布的 2016 年货币政策执行报告中表示,下一阶段将实施好稳健中性的货币政策。同时,将加强和改善宏观审慎管理,将表外理财业务纳入宏观审慎评估,并表示将逐步探索把更多金融活动和金融市场纳入宏观审慎管理;其次,3 月 5 日的政府工作会议提出,2017 年 M2 的目标增速为 12％,较 2016 年下调 1％,中性偏紧的货币政策取向基本确立;最后,去年 8 月以来,央行以公开市场操作(例如重启 14 天、28 天逆回购)的方式取代了降准降息,在向市场释放中性偏紧的货币政策意图外,也通过提升拉长逆回购期限的方式提升了市场资金的成本,实现货币市场"软加息"的效果。

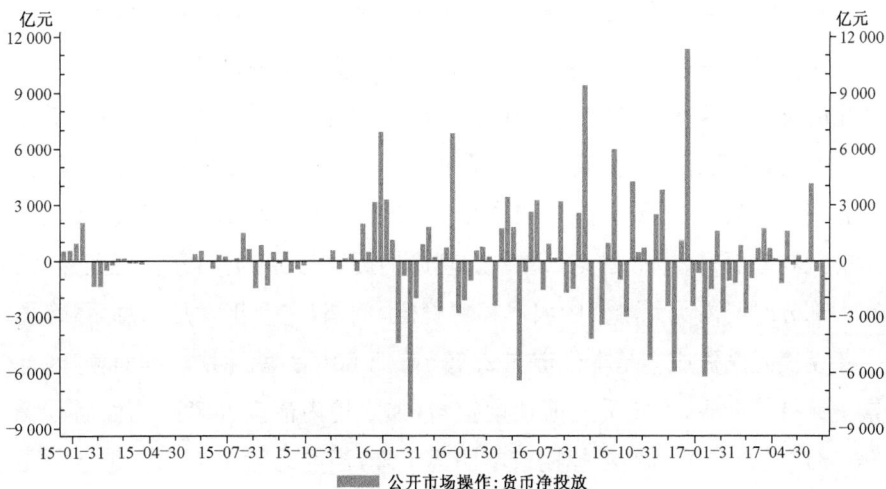

图 8-8　央行公开市场操作货币净头寸

数据来源:wind 资讯

央行中性偏紧的货币政策导向、趋严的 MPA 考核标准传导至市场上表现为银行信贷规模收紧,以及境内企业获得银行信贷资金的成本较高。在这种情况下,通过充分利用跨境融资这条新的融资渠道,既能带动商业银行资金交易业务的发展,又能有效解决境内融资难、融资贵的问题,进而支持了实体经济的发展。

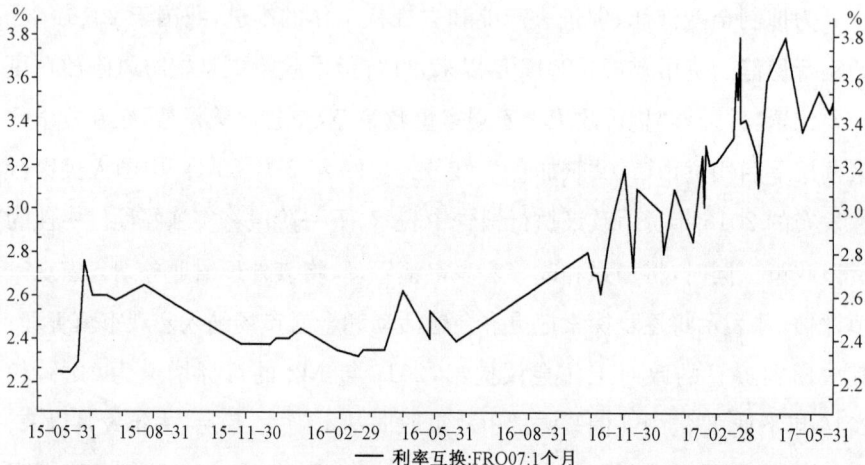

图 8 - 9　我国利率互换价格

数据来源:wind 资讯

3. 有利于依托境内外、本外币一体化政策红利,降低企业融资成本

跨境宏观审慎系列政策的出台,有力地推动了境内外市场、本币外币一体化的进程。这在为境内企业拓宽融资渠道的同时,也为其依托境内境外两个市场,降低综合融资成本提供了机会。以"跨境美元融资＋境内掉期"的融资模式为例,主要的融资成本由美元融资价格及境内掉期成本组成。就美元利率而言,尽管在美元进入加息周期后,美元融资利率有所上升,但在大部分时间内美元融资的成本相对稳定,例如,在今年六月加息后,跨境一年期美元融资成本基本稳定在 2.50％—2.60％。就掉期成本而言,因近期美元持续走弱,人民币贬值预期扭转,加之境内流动性紧张局面略有缓解,导致境内人民币外汇掉期成本明显下降,当前约为 1.45％。结合美元融资成本,当前综合组合融资成本约为 4.25％(即 2.60％美元融资价格＋1.45％掉期成本＋约0.2％利息税成本),同境内 4.35％的贷款基准利率

相比存在明显优势。因此,跨境宏观审慎政策有利于商业银行充分利用境外市场融资价格或境内锁汇成本的优势,在帮助客户降低融资成本的同时带动商业银行代客资金业务的发展。

参考文献

1. 朴松花. 金融发展与经济增长关系研究综述[J]. 理论前沿,2009 (21).

2. 李生校. 金融、金融体系与经济增长的效率[J]. 数量经济技术经济研究,2004(5).

3. 李延凯,韩廷春. 金融环境演化下的金融发展与经济增长:一个国际经验[J]. 世界经济,2013(8).

4. 黄智淋,董志勇. 我国金融发展与经济增长的非线性关系研究——来自动态面板数据门限模型的经验证据[J]. 金融研究,2013(7).

5. 杨友才. 金融发展与经济增长——基于我国金融发展门槛变量的分析[J]. 金融研究,2014(2).

6. 胡海峰,王爱萍. 金融发展与经济增长关系研究新进展[J]. 经济学动态,2016(5).

7. 李强,李书舒. 政府支出、金融发展与经济增长[J]. 国际金融研究,2017(4).

8. 王仁祥,王婧. 县域视角下的贫困、金融发展与经济增长——基于系统 GMM 方法的再检验[J]. 经济理论与经济管理,2017(1).

9. 李成;张琦. 金融发展对经济增长边际效应递减内在机理研究——基于"两部门划分法"的理论框架[J]. 经济科学,2015(5).

10. 唐清泉,巫岑. 银行业结构与企业创新活动的融资约束[J]. 金融研究,2015(7).

11. 徐建波,夏海勇. 金融发展与经济增长:政府干预重要吗[J]. 经济问题,2014(7).

12. 吴言林,陈崇.农村金融发展与经济增长关系实证研究——来自于江苏省的实际样本数据分析[J].学海,2010(4).

13. 纪志宏.存贷比地区差异研究——基于商业银行分行数据的研究[J].金融研究,2013(5).

14. 方先明,孙利,吴越洋.江苏民间金融风险及其形成机理[J].河海大学学报(哲学社会科学版),2014(3).

15. 洪银兴.以改革支持实体经济领域民营经济的发展[J].南京大学学报(哲学.人文科学.社会科学版),2012(2).

16. 李琦.经济转型、资本体现型技术进步与要素收入分配[J].学海,2016(5).

17. 赵牧,董丹丹,孙武军.江苏实体经济转型发展的金融支持研究[J].西藏大学学报(社会科学版),2015(2).

18. 张良贵,孙久文.金融加速器效应的经济区域特征与区域产业转移[J].产业经济研究.2013(3).

19. 陈志勇,陈思霞.制度环境、地方政府投资冲动与财政预算软约束[J].经济研究,2014(3).

20. 谢问兰.县域金融中介发展与经济增长的关系研究——以江苏为例[D].南京农业大学,2012年.

21. 成春林.江苏金融发展空间差异研究[D].南京师范大学,2013年.

22. 李伏安.关于银行业支持实体经济的探索与思考:以河南为例[M].中国经济出版社,2014年版.

23. 钱水土,李义超等.服务实体经济的区域金融创新:基于浙江经济金融协同发展视角的实证研究[M].经济科学出版社,2014年版.

24. 王婷,叶军.金融发展差异与中国区域经济增长非均衡性研究[M].南开大学出版社,2012年版.

25. 范祚军.区域开发与金融支撑:以环北部湾经济区开发为例[M].人民出版社,2011年版.

26. 许涤龙.新常态下的区域金融发展——珠江三角洲金融改革发展报告(2016)[M].中国金融出版社,2016年版.

27. 唐松.区域金融与城市发展研究:以广州为例[M].西安电子科技大学出版社,2015年版.

28. 史晋川,何嗣江.区域金融发展战略[M].浙江大学出版社,2014年版.

29. 王景武.中国区域金融发展与政府行为:理论与实证[M].中国金融出版社,2007年版.

30. 董长瑞,张金英.金融产业优化支撑重点区域发展研究[M].经济科学出版社,2016年版.

31. 黄解宇.金融集聚影响区域经济发展的机制研究[M].中国社会科学出版社,2015年版.

32. 张昕.平台企业"探路"境外发债[J].中国外汇,2014(16).

33. 许洪智.城市基础设施建设境外融资方式[J].经济研究参考,2016(25).

34. 王春萍.境内机构境外发行人民币债券政策研究[J].吉林金融研究,2016(5).

35. 季辉.审批制改为备案制,境内企业境外发债松绑[J].上海经济,2015(12).

36. 陈苗洁,邱梦.境内企业境外发债新规简析——《关于推进企业发行外债备案登记制管理改革的通知》(发改外资[2015]2044号)[N].律师视角,2015-09-24.

37. 吴冬雯,邵威.城投企业境外发债情况梳理及展望[N].和讯名家,2016-08-12.

38. 杨国强.中国企业境外发债特点、问题及建议[J].债券,2016(3).

39. 王汉齐.境外发债管理体制变身[J].中国外汇,2015(21).

40. 陈友平.新常态下商业银行金融市场业务发展策略分析[J].清华金融评论,2016(1).

41. 牛锡明.关于金融市场业务转型发展的几点思考[N].金融时报,2016年10月13日.

42. 何大勇,陈本强等.完美公司银行2020:危中有机、转型发展[N].

波士顿咨询公司,2016 年 11 月.

43. 安苑,王珺.财政行为波动影响产业结构升级了吗? ——基于产业技术复杂度的考察[J].管理世界,2012(9).

44. 王燕武,王俊海.地方政府行为与地区产业结构趋同的理论及实证分析[J].南开经济研究,2009(4).

45. 刘金林,王春明,黄刚.优化我国政府债务的政策建议[J].管理世界,2014(1).

46. 刘海影.中国巨债:经济奇迹的根源与未来[M].中信出版社,2014年版.

47. 林毅夫.新结构经济学[M].北京大学出版社,2013 年版.

48. 邱道欣.我国企业负债经营的现状与对策分析[J].开发研究,2013(4).

49. 范小云,郭步超.政府债务适度规模与增长模式转型[J].南开学报,2014(1).

50. 宋一淼,赵洋.公共债务与经济增长[J].财经科学,2014(10).

51. 刘世锦.新常态下强而有道政府才能支撑强而有效市场[J].求是,2014(9).

52. 唐雪松,周晓苏,马如静.政府干预、GDP 增长与地方国企过度投资[J].金融研究,2010(9).

53. 谢思全,白艳娟.地方政府融资平台的举债行为及其影响分析[J].经济理论与经济管理,2013(1).

54. 云鹤,胡剑锋,吕品.金融效率与经济增长[J].经济学季刊,2012(1).

55. Edwards S. Shaw.经济发展中的金融深化[M].上海三联书店,1988 年版.

56. 王国刚.城镇化:中国经济发展方式转变的重心所在[J].经济研究,2010(1).

57. 汪小亚.中国城镇城市化与金融支持[J].财贸经济,2002(8).

58. 陈元.开发性金融与中国城市化发展[J].经济研究,2007(7).

59. 成思危. 虚拟经济的基本理论及研究方法[J]. 管理评论,2009(1).

60. 杜厚文,伞锋. 虚拟经济与实体经济关系中的几个问题[J]. 世界经济,2003(7).

61. 洪银兴. 虚拟经济及其引发金融危机的政治经济学分析[J]. 经济学家,2009(11).

62. 洪银兴. 2 资本论现代解析[M]. 经济科学出版社,2005 年版.

63. 康文峰. 金融资本与实体经济:"脱实向虚"引发的思考[J]. 当代经济管理,2013(1).

64. 李晓西,杨琳. 虚拟经济、泡沫经济与实体经济[J]. 财贸经济,2000(6).

65. 吴晓求. 实体经济与资产价格变动的相关性分析[J]. 中国社会科学,2006(6).

66. 马克思. 资本论[M]. 人民出版社,2005 年版.

67. 王国刚. 城镇化:中国经济发展方式转变的重心所在[J]. 经济研究,2010(12).

68. 鄢斗. 社会资本"脱实就虚"的特征、原因及效应分析[J]. 金融理论与实践,2012(12).

69. 叶祥松,晏宗新. 当代虚拟经济与实体经济的互动——基于国际产业转移的视角[J]. 中国社会科学,2012(9).

70. 余永定. 从当前的人民币汇率波动看人民币国际化[J]. 国际经济评论,2012(1).

71. 张维迎,盛斌. 企业家:经济增长的国王[M]. 上海人民出版社,2014 年版.

72. 吕炜,刘晨晖. 中国经济转轨中的游资规模变动:测度与解释[J]. 经济学动态,2012(6).

73. Northam, R. M. , 1979, Urban Geography, New York: John Wiley and Sons. Chenery, H. B. and Syrquin M. , 1975, Patterns of Development: 1950—1970, Oxford University Press.

74. John Maynard Keynes, 1936: The General Theory of

Employment, Interest and Money, London: Macmillan.

75. James Tobin, 1969: A General Equilibrium Approach to Monetary Theory. *Journal of Money*, *Credit and Banking*, No. 1.

76. Emmanuel Veirman, Andrew Levin. , When Did Firms Become More Different?

77. Time-Varying Firm-Specific Volatility in Japan, Working Paper No. 351.

78. Ahearne, A. G. , Shinada, N. , Zombie Firms and Economic Stagnation in Japan.

79. International Economics and Economic Policy 2 (4), 363 – 381, 2005.

80. Comin, D. , Mulani, S. , Diverging Trends in Aggregate and Firm Volatility. *Review of Economics and Statistics* 88 (2), 374 – 383, 2006.

81. Fukuda, S. , Nakamura, J. , Why Did "Zombie" Firms Recover in Japan? *The World Economy* 34 (7), 1124 – 1137, 2011.

82. Comin, D. , Philippon, T. , The Rise in Firm-Level Volatility: Causes and Consequences. NBER Macroeconomics Annual 2005, 167 – 201.